2017 年度教育部人文社会科学研究规划基金项目
（项目编号：17YJA880068）

层级式创业教育与大学生就业

万长云　张雪青　著

北　京
冶　金　工　业　出　版　社
2019

内 容 提 要

本书对创新、创业、创新创业教育以及创业教育进行了深入系统的理论研究，梳理了各自领域的边界和内涵，厘清了创新创业教育与创业教育的内在关联，并明确使用“创业教育”作为研究用语。研究内容从理论上构建了层级式创业教育模式和层级式创业教育体系，论证了开展层级式创业教育的关键要素及其逻辑关系。本书的一个重要突破是将以通识教育为载体的素质教育作为创业教育的核心，从不同层级创业型人才培养的角度研究扩大大学生就业效应，并对实施层级式创业教育面临的瓶颈问题提出了破解思路。

本书可供教育研究机构、教育培训机构、高校的研究者、教育者和管理者以及政府政策制定者阅读参考。

图书在版编目(CIP)数据

层级式创业教育与大学生就业／万长云，张雪青著．—北京：冶金工业出版社，2019.6

ISBN 978-7-5024-8137-7

Ⅰ.①层… Ⅱ.①万… ②张… Ⅲ.①大学生—创业—研究 Ⅳ.①G647.38

中国版本图书馆 CIP 数据核字(2019)第 106655 号

出 版 人 谭学余
地　　址 北京市东城区嵩祝院北巷 39 号 邮编 100009 电话 (010)64027926
网　　址 www.cnmip.com.cn 电子信箱 yjcbs@cnmip.com.cn
责任编辑 张熙莹 美术编辑 郑小利 版式设计 孙跃红
责任校对 卿文春 责任印制 李玉山
ISBN 978-7-5024-8137-7
冶金工业出版社出版发行；各地新华书店经销；三河市双峰印刷装订有限公司印刷
2019 年 6 月第 1 版，2019 年 6 月第 1 次印刷
169mm×239mm；12 印张；232 千字；182 页
59.00 元
冶金工业出版社 投稿电话 (010)64027932 投稿信箱 tougao@cnmip.com.cn
冶金工业出版社营销中心 电话 (010)64044283 传真 (010)64027893
冶金工业出版社天猫旗舰店 yjgycbs.tmall.com

前　言

在知识经济时代，创新创业成为我国转变经济发展方式的内在动力，是新常态下推动经济结构调整和加快经济发展的引擎。国务院于2015年6月16日发布《关于大力推进大众创业万众创新若干政策措施的意见》，创新创业理念引起社会高度关注，“大众创业、万众创新”成为强国富民的国家战略，也是当今经济社会发展的重要议题。应经济社会发展要求，培养不同层次、综合素质高且创新创业能力强的创业型人才成为推动实施“双创”战略的迫切任务。大学生是最具创新创业潜力的群体，是激发创新潜力、市场活力、扩大就业的生力军，高校作为创业型人才培养基地，承担着“育人、育才”的社会使命。本书在这样的时代背景下，将面向全体学生、开展层级式的创业教育作为高校开展创业教育的重要原则，从变革高校创业教育模式的角度对分层分类培养创业型人才进行了系统研究，旨在为高校培养创业型人才探索出一套行之有效的层级式创业教育理论和实践体系，以提升高校人才培养质量，推动经济社会发展和扩大就业。整个研究体系顺应经济社会发展要求，以“通识教育”和“人的发展”作为核心，将创业教育回归教育本质，体现了层级式创业教育“育人”“育才”的教育精神，研究内容具有经济性、社会性和教育性的特点。

本书对创新、创业、创新创业教育以及高校创业教育进行了深入系统的理论研究，梳理了各自领域的边界和内涵，形成了关于上述理论的清晰架构，厘清了创新创业教育与创业教育的内在关联，并明确使用“创业教育”作为研究用语。通过获取大学生创业就业现状的数据资料并加以系统分析，作者从理论上论证和开发了层级式创业教育模式和层级式创业教育体系，区别于现有的研究成果，该模式和体系围绕“面向全体、分类施教”的教育原则，具体明确地阐述了开展层级式创业教育的关键要素和逻辑关系，具有较强的可操作性。本书的一个重要突破是将层级式创业教育模式和体系紧密结合到大学生就业问题上，从扩大大学生就业效应的角度开发了层级式创业教育的实践路径，并对实施层级式创业教育面临的瓶颈问题进行了深入分析，提出了破解思路，保证了层级式创业教育理论研究的实践价值。

本书可供教育研究机构、教育培训机构、高校的研究者、教育者和管理者以及政府政策制定者阅读参考，期待相关理论可为其开展创业教育提供参考思路，并引发创业教育变革的思考、探讨创业教育理念。书中第一章、第二章、第四章到第七章由浙江越秀外国语学院的万长云撰写，第三章由浙江越秀外国语学院的张雪青撰写。作者历时两年的调研完成了本著作，在此感谢本校管理部门、温州大学、上海理工大学、上海交通大学、苏州大学和义乌工商职业技术学院等单位对大学生创业就业调研活动的支持和相关重要数据的提供。

限于作者的经验、视野和学识，本书的理论深度和层级式创业教育模式、体系的构建难免有肤浅和不足之处，在写作过程中，作者也在不断地发现、思考、重构，该领域的研究还有进一步拓展的空间。期待未来能在业界同行的指正和建议的基础上，形成更加科学严谨的理论体系，让我们共同为“大众创业、万众创新”国家战略的实施和高校的创业教育实践贡献力量。

万长云

2019 年 4 月 25 日

目　录

第一章

创新与创业的思辨研究

这是一个“大众创业、万众创新”的时代，国家持续将创新创业摆在经济发展的核心位置。近年来，我国创新创业蓬勃发展，区域创新创业向纵深发展，创新绩效不断显现、提升，同时企业主体地位进一步巩固，大众创新创业的热潮持续高涨，当前创新创业已成为推动我国实体经济转型升级、培育新动能的重要力量。同时，高校普及创新创业教育成为国家的一项长期政策导向，研究创新创业是形势所需，更是大势所趋。

第一节　创新理论探究

一、解读创新

创新是人们改变世界、发展生产的基本途径。2017 年 10 月 18 日，习近平总书记在中国共产党第十九次全国代表大会上指出：要瞄准世界科技前沿，强化应用基础研究，拓展实施国家重大科技项目，突出关键共性技术、前沿引领技术、现代工程技术、颠覆性技术创新，为建设科技强国、质量强国、航天强国、网络强国、交通强国、数字强国、智慧社会提供有力支撑。创新是新时代的强国论。

创新不是一个新概念，古老的创新词汇可以追溯到拉丁语“innovare”，它就表达了更新、制造新事物或改变的含义，与现在所提的创新的概念近似。创新是一个动态发展的概念，Joseph Alois Schumpeter 基于经济学视角提出的早期创新理论主要以生产体系的技术创新为主，从实体产品的生产和推广方面定义不同程度的创新形式，关注点是新技术在产品、工艺和商业系统方面的应用和市场价值实现。随着科学技术在经济发展中的价值日益凸显和创新研究领域的日益活跃，学者们从不同角度研究创新理论，从美国学者曼斯菲尔德、切萨布鲁夫、德鲁克和英国科技政策研究专家克里斯托弗·弗里曼的创新理论中，可以概括出当时创新研究的主要视角聚焦在创新的首创性、创新过程和创新价值方面，这三个方面存在递进的逻辑关系，这也是创新理论发展的历史轨迹。

当前对于创新的理解更注重创新价值的实现，创新价值的边界也有所拓展，除包括创造新的商业价值，还包括创造新的社会价值、个人价值和生态价值。国内主流的创新理论是一种创新方法论，与早期 Joseph Alois Schumpeter 的创新研究内容有高度重合。清华大学的陈劲教授[1]从技术创新角度定义创新概念："创新是从新思想（创意）的产生、研究、开发、试制、制造到首次商业化的全过程，是将远见、知识和冒险精神转化为财富的能力，特别是将科技知识和商业知识有效结合并转化为价值。"此概念更侧重创新的步骤和过程，融入了人的要素，人的创新意识和创新能力被提到一定高度，单纯从技术创新的角度看，此定义对创新的概括是全面的，但在创新价值边界不断突破的今天，作为一个通用术语，创新概念内涵应该与创新价值内涵保持一致，也就是创新除了创造财富的价值，还应包括非商业化的创新，即考虑个人价值实现、新思想和新事物的产生等，如现在创客们的各种创新活动，很多不以盈利为核心目标，而是个人兴趣爱好使然，开放、分享是这类创新的理念，创造美好生活是他们的理想，这也是一类生机勃勃的创新实践，创新边界的理论延伸有助于厘清创新的本质，拓展实践领域的创新活动。

创新活动涉及的范围很广，它既是思维方式也是行为方式，存在于物质文明、精神文明的一切领域。使一个创新定义适用于各行各业有一定难度，虽然国内外学者给出很多创新的定义，但每个人所处的历史阶段不同、地域不同、经验不同、研究角度不同，其定义的创新内涵都会存在不同的理解，事实上不可能有一个让所有人认同、所有行业适用的创新范式，但创新要素是可以被概括的，综合专家学者的研究结论，本书从 5 个维度进行阐释。

（一）创新思维

创新的前提和基础是创新思维，它与创新者个人特质、个人或团队的知识经验有关，既依托现有的思维模式，也是对常规思路和通常见解的突破。创新思维是创新活动的导向性因素，创新活动的出发点和目标源于创新思维，它具有禀赋属性、学习属性和偶然属性。也就是说创新思维是人的天性，但禀赋有高低，通过学习可以后天获得创新思维模式，激发创新理念和创新灵感的产生。

（二）创新条件

实现创新的基本条件包括创新者的素质和能力、资源条件和制度条件。关于创新者的创新素质和能力，李雄杰[2]总结杰出创造型人物的 12 种人格特点，可以理解为对创新素质的一种全面归纳，这 12 种人格特点是：远大的理想和坚定的信念、赤诚的爱心、团队合作精神、批判继承和综合创新、探索精神、冒险勇

---

[1] 陈劲，郑刚．创新管理［M］．北京：北京大学出版社，2017：23.

[2] 李雄杰．创新教育探索［M］．北京：中国水利水电出版社，2014.

气、求实精神、抗压精神、勤俭艰苦精神、开拓精神、敬业精神、自强不息精神。具备这些素质的创新者更容易胜任创新工作和顺利完成创新活动任务，这些人格特点是有效开展创新活动所必需的主观条件。人是创新的首要条件，硅谷的创新无法复制，是因为创新人才无法被复制，创新归根结底是由人推动的。创新资源是指从事创新活动需要的各方面投入，不同的创新活动所需的创新资源有所不同，总体来说包括时间、信息、人力、物力和资金资源，这些都是创新活动赖以开展的支撑条件。创新制度包括从法律、政策和环境方面保证创新的自由，完善知识产权保护等。埃隆·马斯克的 SpaceX “重型猎鹰” 登顶世界最强运载火箭，改写历史，其中一个最重要的支持条件就是创新自由的制度保证。管理者要允许并鼓励创新者开展创新活动，减少审批层次、保持信息渠道畅通，允许失败，建立激励、提倡和鼓励创新的制度环境，保证个体和团队创新的可持续性。

（三）创新方法

创新方法是开展创新活动和实现创新价值的手段和行为方式，是有效创新的技术保证。创新方法不同于创新技巧，它具有一定规律性和普遍性，同时具有发展性。随着创新领域和类型的扩展，创新方法也不断变化，说法也不统一，综合归纳起来有以下几种：

（1）模仿创新法。模仿创新的基础是他人的成功经验和先进技术，在市场上已经存在的产品、服务、工艺、模式等启发下，产生相似的或完全质变的创新事物，这是一种容易被采用的创造方法。

（2）延续创新法。延续创新依托现有技术，提升产品性能或服务质量，这是在自身原有的产品、服务、工艺、流程上进行微小创新，目的是维持和增强企业现有的市场地位。延续创新法不确定性很小，风险较低，通常处于前一个创新的市场末期。

（3）变异创新法。变异创新不是颠覆性的创新，它是连续性创新的一种。这种创新方法通过对原有技术进行组合、集成，将已有的原理、技术、方法、结构、功能等移植到新的领域，产生新的产品或工艺流程等，变异创新的程度高于延续创新法。

（4）颠覆创新法。颠覆创新法有两个突破口，即低端颠覆和新市场颠覆。两种方法都在于它们满足了未曾满足过的需求，创造出了旧产品类别或旧商业模式未能提供的新价值维度，如简单、方便、易得、价廉或易于使用等，本质上是价值体系的创新。这两种创新入口是密切关联的，颠覆性产品刚推出时，吸引的一般是新用户或原本要求不高的用户（低端颠覆），但产品会不断改进，直到满足主流消费群体的要求，而且价格通常低于以前的同类产品，性能、品质更优于旧产品或服务（新市场颠覆）。

（5）工具创新法。这种创新方法借用各种理论工具，激发创新思维，产生有效创意。在创新领域广泛使用的工具手段包括创意列举法、头脑风暴法、六顶思考帽法、检核表法、12 口诀法、组合创新法、TRIZ 理论法等，通过选用相应的支持工具，打开创意思路。

（四）创新实践

创新价值的实现依靠创新实践活动的开展，才能完成从创意到市场价值的转化。从创意到创新价值的实现是一个过程，这个过程由战略制定、计划制定、项目组合、创意开发、研发设计、生产制造、商业化等阶段构成。创新实践过程是非线性的、循环发展的，在这个总体部署、详细计划、项目运作和总结提高的循环往复过程中，组织机构不断找到创新的切入点和控制点，持续推动企业进步和提升。

（五）创新评价

创新评价是创新持续开展、保证企业紧跟市场的关键环节，是创新的重要要素。通过对创新过程的总结、评价，企业控制创新方向和创新程度，规避创新风险，促进创新实践活动循环开展，保证研发、生产和营销紧密关联。

因此，创新是一个包含多要素的、综合性的实践活动。创新内涵是多维度的，包含类型、时间、空间、要素、程度等。李克强总理曾指出：创新不单是技术创新，更包括体制机制创新、管理创新、模式创新。成功的创新不是乍现的灵感，而是具有战略性、计划性、整体性、广泛性和主导性的系统工程。综合目前世界上的创新活动，从创新价值类型的角度将创新类型归纳见表 1-1。

表 1-1 创新类型

<table>
<tr><th colspan="2">商业化创新</th><th colspan="2">非商业化创新</th></tr>
<tr><td rowspan="4">技术创新</td><td>产品创新</td><td rowspan="3">理论创新</td><td>意识形态理论创新（哲学、思想、文化等）</td></tr>
<tr><td>工艺创新</td><td rowspan="2">科学基础理论创新（物理、化学、医学等）</td></tr>
<tr><td>生产方式创新</td></tr>
<tr><td>服务创新</td><td colspan="2">文化创新</td></tr>
<tr><td rowspan="2">营销创新</td><td>价值创新</td><td colspan="2" rowspan="2">社会创新</td></tr>
<tr><td>市场创新</td></tr>
<tr><td>制度创新</td><td>人事、分配、财务、投资、机制创新等</td><td colspan="2" rowspan="4">个人创新（个人设计、个人制造、共享互动、美好生活）</td></tr>
<tr><td rowspan="2">管理创新</td><td>流程创新</td></tr>
<tr><td>组织结构创新</td></tr>
<tr><td colspan="2">商业模式创新</td></tr>
</table>

表 1-1 所列的创新类型划分是以商业化和非商业化的标准进行的，但两个标准并不是完全割裂开来的，如社会创新是“非商业的”，但它不是“反商业的”。社会创新是非营利性组织运作的核心策略，但它不是非营利组织的独家专利。作为服务社会和创造公共财富最有潜力的方式，也会被一些成功的商业企业采用，他们在实现经济价值之后开始追求承担社会责任，从而进入社会创新领域，这时创新的商业性和非商业性就不具有明显的边界。所有创新类型中，通过理论或实践创新推出新的理论成果和物质产品，是创新的实质内涵，也是普遍意义上的创新，受到广泛重视。

二、创新的社会背景

创新是一个民族进步的灵魂，是一个国家兴旺发达的不竭动力。创新已成为经济社会发展的第一驱动力，创新能力已成为综合国力的核心要素。全球新科技革命和产业变革的步伐正在加快，新一代信息、绿色智能制造、新能源、新材料、生物医药等领域的科技突破创新和应用，成为催生新兴产业的强大引擎，科技创新、产业变革的威力已在国际竞争中日益显现。谁在这样的时代变革中抓住机遇、勇于创新发展，谁就可能成为新的竞争规则的制定者、新的发展方式的引领者。未来我国新兴产业将逐步替代传统产业而成为国民经济的支柱，对现代科技的突破发展、创新能力和体制机制创新提出了更高的要求。因此，我国的创新驱动发展战略既是顺应世界发展潮流做出的科学判断，也是一种发展战略的选择。

十八大明确提出：“科技创新是提高社会生产力和综合国力的战略支撑，必须摆在国家发展全局的核心位置。”至此，创新驱动被提升到国家战略高度，成为社会关注的焦点。2015 年 6 月 11 日，国务院以国发〔2015〕32 号文件印发《关于大力推进大众创业万众创新若干政策措施的意见》，意见提出“支持各类市场主体不断开办新企业、开发新产品、开拓新市场，培育新兴产业”、“实现创新驱动发展，打造新引擎、形成新动力”。这明确了全社会树立创新意识的重要意义和开展创新活动的总体思路，国家要实现高质量发展，迫切需要用创新驱动改造发展的动力系统，改变我国产业在全球价值链中的位势，推动劳动生产率持续提高。

当前，我国低成本优势不再，支撑中国经济高速增长的人口红利、全球化红利和模仿式创新等传统优势正在衰减，经济发展不稳定、不协调、不平衡和不可持续的问题已经严峻地摆在我们面前，中国需要重塑自己的竞争优势。将经济推向价值链高端的途径只有创新，实行创新驱动、促进产业变革成为改变经济发展模式的必然选择。

三、创新的本质

创新因解决问题的需求而出现，是满足社会需求、改进或创造新事物的人类活动，无论何种创新，最后的本质都是有关效率、进化和发展。从宏观和微观的角度看，创新是节省成本、增加价值和优势的探索。

（1）创新是无限的创造实践。创新是存在于物质世界的一种创造过程和结果，以解决现实世界矛盾或问题为核心。矛盾或问题是创新的基石和动力，物质世界的矛盾具有普遍性，并且始终存在于经济社会发展的过程中，因此只要存在社会经济活动，创新实践便不会止步，具有无限性。

（2）创新是积极和发展的。创新是激发社会活力的催化剂，赋予劳动者创造力，在当前良好的创新创造环境下，创新有利于调动一切生产要素，引领经济向前进步。在理念创新、科技创新、制度创新、服务创新等领域，创新的成果及应用是积极和正面的。创新是造福人类社会和推动社会向前发展的动力源，与此相悖的所谓变革和创造不能称之为创新。

（3）创新是实体经济发展的基石。实体经济是国家经济发展的主体，创新是引领实体经济发展的第一动力。创新有利于形成竞争优势，创新能力的强弱反映企业竞争水平和整体竞争实力的高低，创新决定着企业的市场拓展能力、成本水平和技术水平，这些是构成企业竞争力最重要的决定因素。创新可以促进企业组织形式的变革、经营模式的改善和管理效率的提高，不断推出创新产品和服务，适应经济发展的要求，这对企业自身的健康发展和我国实体经济由大变强具有重要意义。

（4）创新是一种人才集聚效应。人才是创新的第一资源和核心要素，创新驱动战略的实施、万众创新氛围的营造，有助于培育、吸引、凝聚一批创新人才，从长远来说有利于建设富有创新精神、具有国际视野的创新型人才队伍，为经济而可持续发展构建强有力的创新人才支撑体系。创新人才队伍的培育和形成，使我国的劳动力数量减少的同时，转向以人力资源的质量优势支撑实体经济高质量发展，实现创新创业的经济价值和社会价值。

创新是参与国际竞争、赢得主动的必然选择，从长远来看，提高国家综合竞争力必须建立在创新基础上。创新是引领社会发展的首要驱动力，也是“创新、协调、绿色、开放、共享”新发展理念的重要内容，作为促进我国社会经济发展迈上新台阶的战略支撑，谋创新就是谋未来。

第二节 创业理论探究

一、解读创业

对于创业的理解，不同的研究者有不同的角度和观点，创业的内涵呈现出不同的描述。经典的创业定义是杰弗里·蒂蒙斯所著“New Venture Creation”（《创业创造》）的解释：创业是一种思考、推理结合运气的行为方式，它为运气带来的机会所驱动，需要在方法上全盘考虑并拥有和谐的领导能力。这个定义被国内很多研究创业和创业教育的学者引用，具有一定认可度。但创业是一个发展的概念，不同的时代赋予创业概念不同的内容，创业所包含的要素和创业活动类型都在不断发生变化。该定义将创业作为一种行为方式，强调个体的思维和行动，也提倡系统性的协调组织工作。但定义中对于创业机会的获得归于“运气”，使创业带有偶发性、被动性的色彩。创业机会在今天也是创业活动最重要的构成要素，但我们更倾向认为创业机会是被主动发现和识别出来的，创业是一种创造性的行为。这种认识的差异源于不同的社会背景，也提示学术界对于创业的研究应本着动态、科学的精神，使研究成果立足现实，服务于社会经济发展。

关于创业，在我国学术领域还没有对“创业”的定义达成一致，各类研究者都从自己的研究角度来描述创业。综观国内外对创业概念的界定，更多是将创业理解为一种创立商业企业的行为。如国内各类媒体和学术成果对创业普遍表述为“创业是指发现、创造和利用适当的创业机会，借助有效的商业模式组合生产要素，创立新的事业，以获得新的商业成功的过程或活动”。从这个层面理解，创业是创造新事物的商业活动，包括创造新产品、新市场、新生产过程或原材料、新方法等，创业也和创新有着密不可分的关系，专门针对开拓创新实体产业。有外国学者把创业定义为“创业是发起、维持和发展以利润为导向的企业的有目的性的行为”。这个表述频繁出现在国内的学术领域，虽然上述表达与中文习惯有一定差异，但还是被颇多引用，这从某个侧面反映了创业定义缺少权威性和科学性的现实。回到这个定义本身，它将创业活动聚焦在企业获取利润的角度，从创业类型（即创立新企业）和创业目的（即获取利润）两个方面界定了创业的类型和商业性质，与国内普遍认为的创业内涵相吻合。

随着社会变迁和经济发展，单纯地将创业理解为创立新企业、用获取利润的多少评价创业成功与否是有局限性的，创业是包含多元化要素的行为方式和生活方式，这种行为方式和生活方式更多地反映出人的全面发展、社会价值和人生价值的实现，因此创业涵盖的范围和性质都应有所拓展。能够成功创立企业的人毕竟是少数，参与社会经济建设、创造美好人生的人都是创业者，他们从事着不同类型的开创事业的实践活动，他们的社会实践活动属于创业活动的范畴。所以广义的创业是指创业者发现新的市场机会，整合资源创办新的企业，谋求商业利润和新创企业的生存、成长与发展，或在现存企业内以相对独立的岗位职责开创新的事业，谋求现存企业的持续成长与发展，以及参与其他社会经济活动的工作实践。创业除了包括自主创业、岗位创业（企业内创业），还包括以创业的心态开展的各项工作和选择的生活状态。

人们对创业的理解主要集中于创办商业企业或社会企业，这种类型的自主创业虽不是完整意义上的创业概念，但自主创立商业企业或社会企业却是推动社会经济发展的中坚力量，国家、社会和高校也都非常重视实体创业活动，其地位在所有创业类型中举足轻重。成功创业是一系列要素促成的结果，不同学者有不同的认识，基于对国内外学者关于创业要素的分析判断提出以下创业必须具有的实质组成要素：

（1）创业者。由于创业是个体的主动性和创造性的实践行为，创业者是创业的首要条件，个体的创业素质和创业能力决定了创业质量。创业素质是创业者自身的内在禀赋特征，不同的个体有不同的人格特质，这样决定了创业类型和质量的不同。总体来说，创业素质包括坚强自信、健康乐观、诚实勇敢、智慧敏锐等综合素质。创业能力是创业者开展创业活动所具有的才能或主观条件，影响创业活动的效率，包括创业意愿和偏好、知识掌握、学习创新、判断思考、人际沟通、资源获取、领导决策、组织协调等能力构成要素，不是每个人都全部具有这些创业能力，创业能力存在个体差异。此外我们需要识别的一个理论误区是“不是所有的人都具有创业素质和能力，不是每个人都适合创业”。这个论点如果从成功创业和实体创业的角度有一定的适用性，但随着对创业概念、创业人才和创业类型认知的拓展，该说法准确性值得商榷。

（2）创业机会。创业机会是创业者可以利用的有价值的商业入口，并凭此创造价值。对于创业机会的寻找和把握，一方面取决于创业者对创业信息、机会的搜寻和认知能力，另一方面取决于政府创业机会的供给能力。最主要的是创业者根据行业与市场趋势、经济因素决定的市场容量、自身竞争优势和最少竞争标准、市场风险以及个人标准进行判断和选择。影响创业机会识别的因素是：创业者的前期经验，这对创业者的判断会形成一种自我参照的效果，影响机会识别；创业者自身的认知因素，这有先天的成分，也有后天习得的部分，知识基础便是影响创业者识别判断能力的后天条件；社会关系网络承载着创业机会，个人社会关系网络的深度和广度影响机会识别，这是创业者搜寻创业机会的主要来源；创新思维是发现和创造机会的优势要素，创业机会的搜寻和识别是一个创造性的过程，具有创新思维的创业者更能创造机会和把握机会。

创业机会影响创业价值的实现，但它是未明确的市场需求，具有一定风险性，自主创业者需要对创业项目进行革新和提升才能将潜在的机会变成现实，创新是把握创业机会的基础条件。

（3）创业资源。创业资源是创业者在创业过程中需要的有形和无形的支持条件，是帮助创业者实现创业目标的资源总和，它具有异质性，不同的企业和个人有不同的资源组合，难以被他人复制，资源差异性构成了组织或个人的竞争优势。创业资源包括创业信息、创业人才、创业资金、关系网络、硬件技术、知识经验等。这些资源中人才对企业发展和目标实现是关键资源，拥有各个层级的创业人才就拥有了创造价值和财富的保证条件，创业者应认识到人力资源是创业管理的核心资源，要进行必要的人力资源规划，做好选用、培育、激励、留住人才的工作，通过优秀的团队协作实现企业发展。创业资金是创业的基本资源，有形资源的购置和无形资源的构建都需要资金投入，再好的创业机会和创业项目，如果资金缺乏都将无法启动，并导致失败的风险。对于实体企业来说，硬件技术是企业的重要资源，硬件技术包括场地、配套设施、创新的科技成果等，其中的技术资源是构建企业竞争优势和保证获利能力的战略性资源，技术与人才密切相关，都是企业创立、创新和持续发展的重要基础。

创业资源大多为外部资源，创业者普遍面临资源短缺的局面，如何整合并获取关键性的外部资源是创业成功的有效途径。创业者必须善于在创业过程中以人为载体，注重识别、获取、整合、利用各类创业资源以建立竞争优势。

（4）创业环境。影响创业的环境因素很多（见图1-1），既有内部环境如人员、资金、技术、产品、组织管理等，也有外部环境，涉及市场、行业、政治、经济、社会、自然等各个方面。这些创业活动领域对大众创业意识的形成和创业活动的开展具有直接和间接的影响。创业环境为创业活动提供基本条件，决定创业的过程和成败，并且处于动态变化的状态中，创业者需要根据现实情况适时灵活应变。

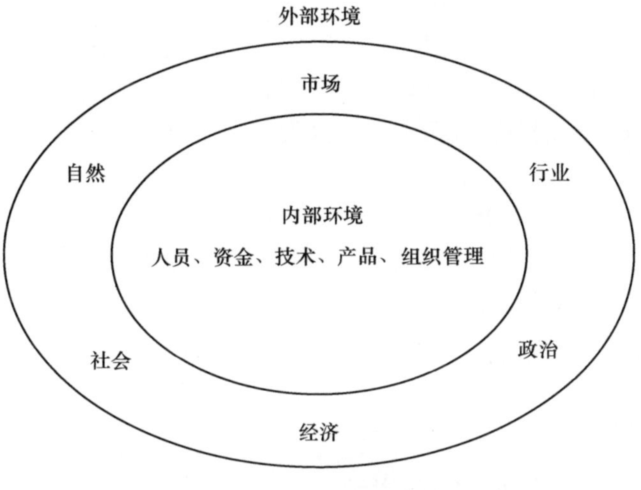

图1-1　创业环境

外部环境往往是企业不可控的因素，如社会环境和自然环境作为创业的宏观背景，会对创业活动的开展产生巨大的影响，但创业者只能适应它们，无法凭自身愿望和能力去改变，其他外部环境要素也是如此。市场环境包括生产环境与消费环境。生产环境是创业者在创业项目运作过程中所处的外围环境如劳动力供应、生产技术、物流服务、社会基础设施等状况；消费环境包括特定地区人们的消费观念、消费水平、生活方式、产品和服务构成等方面的状况。行业环境包括行业内的供应商、生产商、经销商、技术所有者、风投企业及新闻媒体等单位形成的合作与竞争态势，这关系创业者拓展业务、寻求发展、建立协作伙伴关系的环境氛围，是新创企业生存与发展都无法脱离的重要外部环境。另外上述政治、经济环境也是与创业不可分割的外部宏观环境，包括国家政策、融资环境、投资环境、特定地区的经济发展水平等。融资环境是创业者增强创业实力进行聚集资金的社会条件，投资环境是创业者投资地点的客观条件，这些环境因素受特定的国情影响，对创业成效产生根本性影响。内部和外部创业环境相互交织，要求创业者全面认识和把握整体的创业环境，紧跟时代脉搏，实现创业目标。

1）创业项目。创业项目是创业者围绕明确的创业目标，在限定的资源条件下所开展的一系列具有特定模式、相互关联的活动。创业项目系统地集成创业要素，是实现创业目标、创造价值的载体，是创业最核心、最具体化的操作任务。创业项目是在创业机会的寻找和识别过程中不断打破、重组后产生的，是一项有价值的商业机会，在考虑各类创业资源的基础上最终确定并实施的。创业项目有不同的类型和层次，具有不确定性、风险性、创新性和可操作性，适用于实体企业的创业。选择创业项目考验创业者的综合素质和能力，对创业的成败至关重要。

2）创业过程。创业是一个过程化的概念❶，是一个持续循环的过程。实体创业是一个过程，包含一系列的实践活动。作者认为创业过程是经过机会的识别、开发之后，围绕创业项目进行计划制定、创立企业或事业、组织管理的系统实施路径。不同的新创企业有不同的发展过程，根据企业生命周期可以将创业过程分为四个时期：初创期，处于责权利分配和制度规范的阶段，在这个时期，虽有创业方向和创业目标，但商业模式和内部构建都处于初步形成状态，资源相对匮乏，很多初创企业止步于这个阶段；成长期，经历初创期之后，企业开始摆脱生存困难，步入正轨，资源相对充裕，内部管理相对规范并开始规划下一步发展目标；成熟期，创业项目步入成熟阶段，组织结构完善，在市场上占有一定份额，盈利大幅增加但也存在衰退的风险；蜕变期，企业开始着眼未来发展而调整商业模式，进一步拓展市场形成经济规模，此时拥有的资源较为丰富，运营风险降低。这四个过程相互迭代，循环上升，引领企业不断发展壮大，走向成功。

二、基于大众创业看创业类型

我国自实施改革开放经济政策以来经历了四次创业大潮。第一次始于 1984 年，城市个体户和乡镇企业迎来了创业高潮，主要解决吃穿用问题，产生了一批致富带头人；第二次始于 1992 年，很多体制内的人才走到体制外创业，如潘石屹、冯仑、柳传志、任正非等人的创业，为民营企业的发展树立了典范，房地产

❶ Shane Ven Kataraman. 创业作为一个研究领域的未来展望［J］. 管理学评论，2000.

商崛起于这个阶段；第三次始于1998年，是由新技术推动形成的创业浪潮，此时以互联网企业为主，百度、阿里巴巴、新浪、搜狐、腾讯、网易、京东等都是在1998年前后成立的，这批学历高、知识广、勇于开拓创新的创业者至今还在引领时代变革；第四次始于2015年“大众创业、万众创新”的国家号召，这是一个移动互联网的时代，具有创新理念、自主创业、追求美好生活的“创客”涉及各行各业，而且很多是新兴产业，如美团、滴滴、陌陌、美图、高德地图、饿了么、唱吧、大众点评等，形成了我国未来创新型产业的发展方向。

随着产业过剩、人口红利衰退等经济现象的出现，高科技、高融合、全球化的创业机会已来临，新零售、新物流、新制造领域创新不断，未来将催生大量人工智能、机器人、现代服务业的创业领域。同时在“大众创业，万众创新”的时代背景下，由于创业者的大众属性，创业类型不局限于实体企业的创立，随着创客群体的壮大，创业类型逐步扩展，出现了新的创业方向。目前对于创业类型的划分大多从创业者、创业模式、创业目标等角度进行区别，为了从更广阔的社会背景和创业环境审视大众创业，我们应该立足创业属性将创业类型分类如下：

（1）商业创业。商业创业是创业者发现实体创业机会，整合创业资源，创办以营利为目的的实业，解决自己和他人的就业问题，实现利润和创业价值。商业创业是研究创新和创业的学者和大众普遍专注的领域，一定程度上人们所说的创业都是指这种商业创业，创业要素的描述也主要立足于实体商业创业。商业创业基于有价值的商业机会，借助有效的商业模式整合各类资源，通过提供有价值的产品和服务获得商业成功，实现企业的可持续发展。创业类型按照创业者、创业动机、创业项目和创新程度进行分类：

1）按照创业者划分，商业创业分为返乡、下乡人员创业、无业人员创业、离职人员创业、科研人员创业、大学生创业、海归创业、外商创业等。

2）按照创业动机划分，商业创业分为生存型创业（为了生存的被动型创业）、发展型创业（维持和发展企业、创造利润）、机会型创业（机会驱动型创业，起点较高，资源丰富，具有高成长性，能创造更大的价值）。

3）按照创业项目划分，商业创业分为传统产业创业、互联网创业、农村创业、加盟创业等。

4）按照创新程度划分，商业创业分为模仿式创业（创新程度很低，类似于已有商业模式和技术水平）、渐进式创业（新创企业虽有创新但变化不大，是风险较低的创新创业，能够提供更好的产品和服务）、突破式创业（难度较大、风险较高，伴随有产品、服务、组织结构等的显著创新）、颠覆式创业（颠覆现存市场，创造和重塑新市场）。

（2）社会创业。社会创业是一个新的自主创业概念，是组织或个人以解决社会问题或满足特定社会需求为目标，创造社会价值和经济价值的创业模式。当前社会企业在不同的地域、以不同的方式解决着不同的社会问题。目前有很多人将社会创业理解为在社会上创立实体企业，这种字面解读是片面的，与学术概念有很大差异，也没有反映社会创业的实质。社会创业有着广泛的包容性，它既有创造经济价值、以盈利谋求企业发展的商业性，也有非营利性慈善组织致力于社会公益的社会性，它不同于商业创业，也超越民间非营利组织的范围，是采用传统商业手段创造社会价值的社会创新形式，它跨越了商业创业和公益创业的边界，社会性是其主要特征。不同于商业创业，社会创业直接服务于社会问题，由社会使命驱动，具有核心资源要素如合作关系网络、社会支持、志愿者等，这些社会资本决定社会创业的成功与否。社会创业虽然从 20 世纪 90 年代以来才在全球范围内兴起，但它在弥补政府公共服务供给不足、创造就业机会、促进社会和谐发展方面影响深远。

（3）继承创业。创业者直接利用前人创立的企业资源、社会网络来传承和发展原企业，这种创业类型可称为继承创业。中国的第一代创业民营企业家在历经几十年的奋斗后，目前无论是企业资产还是家族财富都积累到一定程度，民营家族企业已进入交接传承的历史阶段。站在父辈肩膀上的创业者拥有先天的优越条件，但家族企业未来的升级发展和壮大依然有赖于创业者自身素质和努力，需要继承、批判和拓展地重新开始创业活动。

（4）岗位创业。岗位创业也叫内创业，创业主体是企业内部员工，大多是企业中层管理者，他们利用企业现有资源，在企业的支持下，对企业内部的某些业务内容或项目建设进行创新管理，并与企业共享创业成果。相比自主创业的商业创业和社会创业，岗位创业具有一定的优势，在利用资金、设备、人员等资源方面具有显著的有利条件，免除了创业者在筹集资金、创建关系网络和组织管理方面的初期创业困难。同时岗位创业者熟悉企业内部环境，创业失败所需承担的责任较为宽松，创业者的创业心理负担相对较小，这增加了岗位创业者成功创业的概率。岗位创业对于企业来说体现的是企业科学的管理理念、良好的企业文化，对于企业留住优秀人才、节约成本、开拓市场、保持企业可持续发展创造了一个广阔空间，鼓励岗位创业是员工与企业双赢的管理战略。

（5）保守创业。保守创业人数在大众创业群体中占大多数，这类人才属于事务性人才，他们并没有创立新企业或开创新事业，不是自主创业者或岗位创业者，他们处于被雇佣状态，在企事业单位或其他组织机构中从事事务性工作。从大众创业的视角，这种守业性质的工作应被纳入一类创业类型，是自主创业、继承创业和岗位创业得以成功开展的支撑和基础。保守创业者尊重权威和规章制度，习惯接受指挥和领导，自身不谋求领导岗位，而是忠实、准确地执行指令，他们的工作对于组织结构的正常运行和社会稳定具有重要作用。

（6）自由创业。自由创业是独立于企业或其他组织机构之外的创业形式。

自由创业者的工作岗位、工作时间、收入报酬、工作场所、保险福利、劳动关系不固定，根据《韦氏国际词典（第三版）》对于自由职业者的解释，自由创业者符合自由职业者的特征，即“独立工作，不隶属于任何组织的人”。将自由职业者从事的工作列入创业的范畴首先是基于大众创业概念的理解，即大众持续为个人从事产生个人价值与个人财富的工作；其次是基于95后大学毕业生择业现状来理解，他们思维活跃，以自我为中心，团队合作意识较弱。据有关数据显示，有高达48%以上的95后毕业生选择不到固定的单位就职，他们的工作去向五花八门并且呈现出新趋势，如间隔年、学习深造、网络化娱乐化创业等，这种新趋势符合自由职业者的工作特点，但自由创业者群体又超越自由职业者群体，他们虽然独立于固定单位之外，但也不是政府解决就业问题的累赘，他们的工作具有就业、创业的属性，因此学术界有必要引入自由创业的概念，以揭示创业活动全貌。

三、创业的本质

从草根大众到研究学者对创业的本质都有不同的看法，有人认为创业是成就新事业、创造新价值，也有人认为创业是一种价值观，是做自己喜欢的事。本质上创业是一个价值创造过程，也是一种生活方式。

（1）创业是一个价值创造的过程。创业需要把握机会、整合资源、创立新企业并实现预期目标，但所有这些实践活动都是为了一个终极目标，那就是创造经济价值、社会价值和个人的人生价值，满足他人和自我实现的需要。整个创业过程是曲折和艰辛的，创业者所有的努力和创造都是在追求价值的实现。一些学者认为，在过去的几十年里美国经济由于创业革命而发生了根本改变，创业者们创造出前所未有的巨大价值，当今美国财富中超过95%是各个层面的创业者的创业活动创造出来的，可见创业的价值高度可与国家发展的重要性比肩，是一种有效的强国战略。无论哪种类型的创业活动，追求价值是创业的永恒主题，审视谋生、发展、自我实现、服务社会、贡献国家等各个层面的创业动机，无不与积极的价值创造相关。

（2）创业是一种生活方式。很多人认为创业是一条充满艰辛的历险之路，具有不确定性和风险性，许多成功的创业者在登上事业顶峰时也是叫苦不迭，这是创业者选择的生活方式之一。实体创业是会让创业者面临失败或成功的结果，而且大部分心怀梦想、富于开拓的创业者都倒在了追求成功的途中，但创业是创业者怀揣人生追求的一种生活方式的选择。各种类型的创业活动都是创业者在不同的环境中寻找存在价值的途径，在各自的轨道上毅然前行都是创业价值的体现。使用量化的方式评价创业成功与否不符合大众创业的内涵，也是违背创业价值观的。创业价值的维度是多元化的，创业也是一个多元生活方式的集成体。

（3）创业是一种健康的生存状态。创业能力是一种生存能力，无创业不生活，六种创业类型代表了不同的人生状态。每个创业个体都在自身因素和外部因素的影响下形成一种综合的生存状态，创业活动是与人的生存伴生的状态，是一种积极、健康的精神面貌和追求。每个创业者都在不同的生存状态中追求各自的价值目标，无论最终能否实现这个目标，但这种创业生存状态却一直客观存在着，并具有积极和健康的特征。从本质上说，勇于开拓、拼搏合作、个性坚韧等创业精神就是生存的精神，创业本身是一种积极进取和健康向上的生存状态。

第三节 创新与创业的关系

创新是基于创新思维，进行创造价值的实践。人类社会的进步过程就是一个不断创新的过程，创新一直伴随着人类的生产和生活。创业是创造财富和价值，实现某种追求和目标过程，是一种劳动方式和生活方式。创新和创业都是人们社会实践和生活的一个过程，二者在内涵边界上是高度一致的，存在着紧密的对应关系。

一、创新与创业的边界比较

任何理论和系统都有内涵和边界，忽略边界谈事物是囫囵吞枣、不得要领的。创新与创业互相重叠又各自具有边界，明确创新与创业的边界对于解决创新与创业的关系问题至关重要，我们对于创新与创业的困惑与争论大多源于没有将创新的边界和内涵进行清晰地梳理。

分析创新与创业边界要素应该考虑外围边界，也要考虑内涵边界，从这两个维度，可以将创新与创业边界要素归纳如下：

（1）从外围边界看，创新的边界要素是营利性和非营利性。营利性创新是将创新成果用于商业化，实现利润的目标，从宏观角度就是实现经济价值；非营利性创新是将创新作为一种工作状态或生活状态，目标是服务社会和创造美好生活感受。创业的外围边界要素是创立或创造实业和工作或生活状态的创业形式，其非营利性的属性要低于创新，因为创业的基础是生存，保证生存条件是创业的重要指向。创新与创业的外围边界如图 1-2 所示。

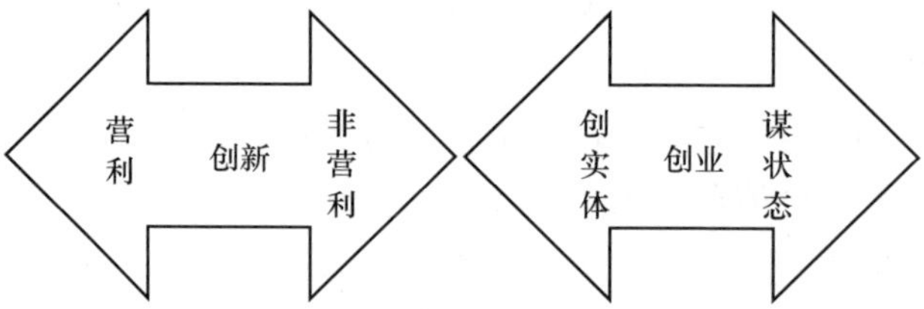

图 1-2 创新与创业的外围边界

（2）从内涵边界看，创新和创业的内部边界要素各有不同。创新的内涵边界要素（见表1-2）中有的与商业化有关，如技术领域、营销领域、制度领域、管理领域和商业模式都是商业化的创新，使商业组织谋求发展、实现盈利的革新手段；有的边界要素不以营利为目的，如理论领域、社会领域和个人兴趣，这些创新主要创造社会价值或个人价值，创新过程中如果有商业营利的考虑，那也是围绕有利于实现社会价值和个人价值开展的创新活动。非商业化创新的价值目标，不是经济效益，而是追求理论价值、社会价值或个人价值的实现。因此一切科学的创新，包括商业化和非商业化的创新都是与合法的价值密切相关，创新总是体现着多元的价值。

表1-2　创新的内涵边界要素

创新的内涵边界要素							
技术	营销	制度	管理	商业模式	理论	社会	个人

创业的内涵边界要素见表1-3。实体商业要素包括自主创立实体企业、继承并发展实体企业和实体企业内部的岗位创业，这个创业领域主要追求经济效益，实现经济价值。社会公益要素以服务社会为特征，区别于实体商业的营利目标，它融合了经济价值和社会价值目标，使经济目标服务于社会目标，主要追求创业的社会价值。个人要素主导的创业实质是健康生活、美好人生的一种状态，同样体现价值，即个人人生价值的实现，是个人工作和生活的状态。从一定意义上讲创业价值观与创新价值观是一致的，都属于包容和广义的价值体系，涵盖经济价值、社会价值和个人价值的价值维度。

表1-3　创业的内涵边界要素

创业的内涵边界要素		
实体商业（含自主创业、继承创业、岗位创业）	社会公益	个人（工作和生活状态的广义创业）

创业的内涵边界要素中创立、继承实体商业或在实体商业内部的岗位创业与创新的内涵边界要素——技术、营销、制度、管理、商业模式有着相同的商业属性和价值目标，而社会公益、个人要素与创新的内涵边界要素——理论、社会和个人要素有着相似的社会属性和价值目标。创新和创业的内涵边界要素比较见表1-4。

表1-4所列的两个层次的创新和创业范畴体现了一个广义和狭义的创新与创业架构，即广义的创新和创业包括两个层次，而狭义的创新与创业是指层次1的内容，两个层次有一定的对应关系，但不完全覆盖。表1-4扩展了创新型创业的范围，突破了熊彼特关于创新创业的论点：只有当创业者行使构造“新的生产函数”和“创造性摧毁”的经济职能时，他的行为才是企业家意义上的，他的创

业才是基于创新的。表 1-4 从广义角度界定了创新和创业，显示创新和创业的内涵是近似等价的，从事实体创业实质也是在从事创新，但创新的内涵大于创业的内涵。因此，从狭义上的创新和创业来讲，即上述层次 1 范畴的创新和创业，二者是紧密地联系和高度重合的，但从广义的角度看，创新与创业的内涵有错位区，如层次 2。以下对二者关系进行进一步分析。

表 1-4 创新和创业的内涵边界要素比较

基于不同价值目标的创新内涵边界要素与创业内涵边界要素								
价值目标	层次 1：实现经济价值					层次 2：实现社会价值和个人价值		
创新	技术	营销	制度	管理	商业模式	理论、文化	社会	个人
创业	实体商业（含自主创业、继承创业、岗位创业、部分社会创业）						社会公益	个人

二、创新与创业的相关性

通过对创新和创业边界要素的比较，发现创新的外部和内涵边界要素与创业的外部和内涵边界要素有很多相互呼应的领域，存在一定程度的关联性。以实现经济价值为目标的边界要素中，实体商业的创业和技术、营销、制度、管理和商业模式的创新性活动都是以实现经济价值为目标；以实现社会价值和个人价值为目标的边界要素中，社会公益类创业和一般个人工作生活状态的创业与社会创新和基于个人兴趣爱好的个人设计、开发都是以创造社会价值和个人价值为目标。虽然这些边界要素具有相同的驱动因素，但不代表这些边界要素涵盖的创新和创业就互为充要条件。这里我们只讨论具有相同价值目标的边界要素涉及的创新与创业的相关性：

（1）在层次 1 中各边界要素涉及的创新与创业活动都具有追求经济价值目标的核心特征。从这个层面的创新和实体创业角度看，创新和创业有如下相关性：

1）创新与创业的价值目标具有一体性。创新包含了创新理念、创新价值目标、创新过程和创新成果等，其中蕴含了创新者大量的智慧和努力，也承载了创新者的价值期待，创新价值体现在经济价值、社会价值、个人自我价值，这些价值期待也是创业价值的体现，创业者的创业目标也是上述价值范畴，创新与创业追求的价值本质是一致的。创新与创业的活动过程有时是一体化的，而且创新与创业的融合具有必然性，创新中的革新、改造、突破需要创业作为途径体现并实现创新的初衷，创业同样需要借助创新实现创业目标。因此，虽然创新过程和创业过程有时可能是分离的，有时可能是同步发生的，但二者追求经济价值的目标我们可以合二为一地来看，创新的价值目标也就是创业的价值目标，二者是互相依存、不可分割的。

2）创新与创业在一定层面上存在互相融合、相互交错的关系。当创新具有实践价值、能创造出市场机会时，这种创新本身就会自然导致创业活动。在创新过程中，创新理念、创新要素等很难完全独立于创业理念和创业活动要素，对于技术、营销、制度、管理、商业模式的创新几乎涵盖了商业创业的各类活动，尤其是企业自主创新时，创新与创业是一个系统性的体系，二者相互融合、相互交错地存在着，并且相互促进以实现共同的价值目标。

3）创新是成功创业的有力保证，成功的创业以创新为基础。创新是新创企业竞争力的重要体现，是决定创业能否成功的主要因素，依托创新可以使企业在激烈的市场竞争环境中立于不败之地。在经济高速发展、消费不断升级的今天，传统的产品功能和一成不变的运营模式无法满足市场的新消费趋势，当前市场的消费群体、消费理念、消费结构和消费渠道都发生了深刻的变化，产品服务个性化、消费诉求多元化、全渠道整合等市场现象层出不穷，这推动着创业必须立足创新，创新成为企业生存和发展的唯一出路。

4）创新成果通过创业体现，创业推动创新持续发展。创业是一个艰辛的创造性过程，创业者需要对技术、工艺、管理、制度、营销等生产或商业要素进行创新，没有实体组织运营就无法验证创新成果，此时创业将创新成果转化为实践，成为实现创新价值的手段，否则创新将成为无意义的创新。创新具有时效性和无限性，没有哪一种创新是一劳永逸的，创新需要不断推陈出新才能保持创新的属性，并保证创新的应用价值。创新这种螺旋上升的动力是由创业提供的，创业最接近市场、最了解市场，创业可以推动新产品或新服务的不断涌现，创造出新的市场需求，从而进一步推动创新，实现创新和创业在创造价值和财富方面的经济目标，为国家和世界经济增长作贡献。

5）基于科技创新的创业是真正实现国家富强的利器。创新和创业都是一个广义的概念，在广义范畴内从事任何创新和创业活动都会对社会经济发展和个人的全面发展产生重大影响，但真正提升国家实力和社会经济发展水平的手段是科技成果转化，利用先进科技成果成功创业以及基于科技创新的实体经济发展是国家强大必经之路，没有捷径。因此与技术创新相结合的创业是经济发展的核心，鼓励创新、鼓励技术创新并通过创业实现其价值应成为全社会的价值观。

（2）层次 2 中各边界要素涉及的创新与创业活动都具有追求社会价值实现的本质特征。从这个层面的创新和广义创业的角度看，创新和创业有如下相关性：

1）该层面的创新和创业都处于非生产领域。熊彼特定义的创新都是在生产领域的创新，适用于产品、服务、企业管理等，但在非生产领域同样存在实现社会价值的创新和创业活动，如表 1-2 和表 1-3 中的社会创新、公益创业、某些领域社会创业等。社会创新和公益创业追求社会价值实现是毫无疑义的，之所以说某些领域的社会创业属于层次 2 的范畴，是因为社会创业具有双重价值属性，既区别于商业创业，又不同于非营利性公益组织，当社会创业在围绕解决社会问题和满足社会需求开展商业经营、侧重经济价值获取时，解决社会问题、满足社会需求是社会创业的一种市场机会，它不是单纯地追求社会价值实现的创业活动，不能作为层次2中的边界要素。只有社会创业围绕解决社会问题，以获取经济利润作为服务社会的手段时，社会创业才属于层次2的范围。所以表1-3中使用了社会公益的边界要素定义，侧重解决社会问题的社会创业和非营利性公益创业。

2）在该层次的边界要素中，创新和创业都涉及同一个领域，即个人工作和生活状态下的创新和创业。这里的创新是基于个人兴趣爱好并以创新思维进行个人设计、开发、制造的创新；这里的创业是广义上的创业，是个人以良好职业素养，遵守规则、服从组织制度开展有质量的雇佣工作或遵从自己内心偏好自由安排职业生活，基于个人要素划分的创新和创业可以说是高度重合的，它们都是个人的选择，以营造美好人生为目标，同时对社会稳定和社会健康发展贡献自己的力量。

综上所述，在层次2中创新和创业的相关领域见表1-5。

表1-5 基于社会价值和个人价值的创新与创业关联领域

基于社会价值和个人价值实现的创新与创业		
社会创新		个人创新
以服务社会为宗旨的社会创业	公益创业	高质量的个人工作、生活状态的广义创业

三、创新与创业的非相关性

今天我国社会蓬勃兴起的大众创业、万众创新热潮，创新和创业体现出基础性、大众性、开放性和前沿性，创新和创业成为经济领域、社会领域、科研领域最常见的名词，二者的关系也成为热议的焦点话题。大多数情况下，人们将追求经济价值的创新与商业创业进行对比分析，这是人们对于创新和创业最普遍的认知，虽有局限性，但体现了创新和创业最具影响力的构成领域，这个领域的创新、创业紧密关联，为我国经济发展提供了有力而持久的支撑，也给我们的社会发展带来巨大而深远的影响。创新与创业的关联性在前文分两个层面进行了深入分析和论证，但创新与创业不是两个相等的要素集合，是有不相交的领域的，具有不完全相关性。从某种角度看，创新与创业的非相关性主要体现在以下方面：

（1）不是所有的创新都用于创业。创新可以创造经济价值、社会价值、文化价值和个人价值，从创造经济价值的角度讲，不是所有追求经济价值的创新都能够顺利用于实体商业创业，因为创新不能保证一定有创新成果，创新是试错的过程，有些创新最后是失败的，创新的初衷无法实现也就谈不上创业。另外有些创新具有革新、改变和破坏的特点，但没有积极意义，无法促进社会经济发展，创新本身的价值不值得肯定，这样的创新不会被用于创业，也不会取得创业的成功。因此，失败的创新和不具有积极意义的创新谈不上创业。

此外，在以实现社会价值为本质特征的创新、创业领域，理论和文化创新没有对应创业领域，他们以输出理论成果和促进人的全面发展为宗旨，促进社会发展，创造出文化价值和人类文明，不以创业作为理论创新和文化创新成果的出口，与创业没有很直接的关联性。通过前文对于创新和创业边界要素的对比分析可以清楚看到，理论创新和文化创新不是为了取得经济效益，不以创业为直接目标，理论创新和文化创新的动力是社会推动，有别于个人选择，与基于经济价值实现的商业创业没有对应关系，与社会创业也没有直接的承续关系。

（2）有些类型的创业不具有创新属性。虽然创新是成功创业的前提和基础，创新与创业也有紧密的交互关系，但创新与成功创业并不互为充要条件。有些类型的创业如生存型创业、传统创业、模仿式创业、连锁加盟等都不是必然具有创新基础，这类创业有的规模很小、有的只求实惠便利、有的仅仅维持现状，它们是大众创业、草根创业的主要创业类型，在社会上的数量庞大。他们由于资金限制或企业本身性质不热衷于追求创新，创业价值的获得不是通过创新，而是保守经营，通过价格套利谋求生存。因此不是所有的创业都具有创新属性，没有创新的创业也是社会经济活动的重要组成部分。

（3）创新重构想和开发，创业重实践应用。创新的起点是创新思维，创新思维外化、物化便形成创新成果，如果没有创业，创新便是实验室产物，或者是没有付诸行动的创业构想。任何一种创业都是以实践为核心的表现形式，创业的实战特征是从根本上区别于创新的行为特征。这使二者在表象上具有完全不同的活动形式，如果说创业实践过程中，创新与创业同步发生、融为一体，那么创新与创业也是针对同一目标实践活动的两个阶段，创新是创业的前期设计、构想和准备，创业是真正的实施阶段，二者具有完全不同的两重行为属性。

创新和创业促进人们物质生产和生活方式的变革，促进整个社会不断产生新的消费需求，反之这也是创新和创业活动无限发展的根本动力。创新与创业从根本上无法完全割裂开来，二者的区别是有限的、相对的，二者的关联性是广泛的、普遍的。在今天“大众创业、万众创新”的时代，创新和创业应该成为经济生活和社会生活的常态，成为人们工作和生活的基点。

第二章

创新创业教育理论

第一节　创新创业教育的发展溯源

创新创业是经济转型升级和国家发展的根本路径，开展创新创业教育是推进高等教育综合改革、提高大学生创业和就业质量的重要举措，也是当前高校的重要任务之一。然而在实施创新创业教育的过程中，人们对创新创业教育的理解常有失偏颇，创新教育和创业教育活动开展也出现各自独立、效果不佳的现象。有效地开展创业教育的前提是分清创新、创业教育的发展脉络、内涵和本质，这是切实落实创新创业教育的逻辑起点。

创新创业教育无论作为一个理论术语还是一种教育理念和教育模式在我国都是近几年才出现的，人们对于创新创业教育的理论认知和实践运用都存在模糊性，创新创业教育的理念和内容亟待丰富和发展。创新创业教育出现之前就有创新教育和创业教育的理念存在，这个新概念在2010年的教育部文件《关于大力推进高等学校创新创业教育和大学生自主创业工作的意见》中出现以后，人们对创新教育、创业教育和创新创业教育的理解依然不清晰，导致教育实践活动的开展目标不明确，管理无所适从，效率低下。因此，有必要对创新创业教育进行理论梳理，并将上述三个概念做出辨识。

创业教育、创新教育、创新创业教育三个概念和相关教育实践的出现表现出一定的时间顺序，首先出现创业教育，然后是创新教育，最后是创新创业教育。创业教育萌芽最早出现在美国，1919年美国商人摩西创立Junior Achievement，针对有创业意愿的高中生实施初创企业教育，这是最早的自主创业教育，带有短期社会培训的性质，这是世界上最早的创业教育实践。1947年哈佛大学商学院教授Myles Mace开设了一门“Management of New Enterprises”，这是美国高校针对MBA学生第一次开设创业教育课程，之后创业教育便随着美国经济的起起落落经历了不同的发展阶段。20世纪60年代末，受美国经济增速减缓的影响，创业教育在MBA教育和本科教育中都日益受到重视，1967年MBA创业教育课程体系由斯坦福大学和纽约大学开创，第二年，美国第一个面向本科教育的创业教育课程“Entrepreneurship Concentration”由百森商学院开设，之后其他大学陆续开设创业方面的课程，旨在培养商业创业的企业家。在20世纪70年代的探索阶段，随着美国政府对创业活动的政策扶持，以及社会上的风险投资企业对创业活动提供大量资金来源，创业浪潮在美国社会涌现，社会对创业管理知识和技能的需求扩大，这推动了美国高校对旺盛的市场需求做出教育变革，满足社会对创业教育的需求，开设创业课程的商学院数量大量增加，但此时缺乏完整的课程体系，没有形成创业教育独有的教学内容和教学方法。到了20世纪80～90年代，美国创业教育进入快速发展阶段，政府通过各种途径支持创业环境的优化并支持创业教育的发展，大学得到很多外部资金的资助，创业教育平台建设取得长足进步，绝大多数高校开设创业教育课程并得到广泛认可。21世纪以来，美国高校创业教育逐渐完善、走向成熟，美国高校创业教育课程和项目急剧增长，创业教育课程日趋系统化，目前创业教育是贯穿美国大学教育的基本教育模式。美国创业教育的主要驱动力是社会和市场需求，是从下至上的教育探索，区别于我国政府主导的自上而下型的创业教育发展路径，但教育理念和教育模式有本质上的相似性，都是基于社会经济发展需要的责任担当。

创业教育的发展是由社会经济发展需求决定的，当社会经济发展需要借助教育承担创业人才培养义务时，教育机构自然会顺应时代要求，创新教育理念和教育实践。因此在借鉴美国创业教育经验之前，由于我国20世纪80年代的经济体制改革、科技体制改革和教育体制改革的推动，创业教育在我国本土出现了萌芽。1988年，我国陶研界的泰斗人物胡晓风在陶行知的生活教育理论指引下，在四川省合川县（现重庆市合川区）开展“生活教育整体实验”，在各级各类教育中开展创业教育实验，这是对1980年邓小平提出的“艰苦创业”教育思想的继承和发展。这个时期胡晓风等人出版了《创业教育——教育整体改革的新构思》《陶行知教育思想与合川教育整体改革》《创业教育论集》等著作，比较明确、系统地提出“创业教育”学术概念。《创业教育简论》是胡晓风等人最早以创业教育为主题发表的论文，文章对创业教育宗旨、创业教育的本质内涵、创业教育原则和实施方法进行了阐述，至今对创业教育的实施都具有指导意义。胡晓风提出“创业教育以培养合理的人生为宗旨”“德育为本，创业为用”等创业教育理念，构建了中国早期比较系统和成熟的创业教育理论，与当前的创业教育思想和理论极其相似，其创业教育实验的探索成果，也成为后来开展创业教育研究和实践的重要借鉴。我国作为联合国教科文组织“创业教育”课题的成员国，在1991年再次开展了基础教育阶段创业教育的研究，当时在6省、20个县乡和30多所学校进行了创业教育的实验，但是未能推广和坚持实验，没有成为全国教育改革的主流。

创新教育是在创新思想基础上出现的一种教育新模式。1989年12月，江泽民总书记在国家科学技术奖励大会上讲话指出“科技进步对社会生产力发展越来越具有决定性的作用，并且正对人类社会生活的各个领域发生广泛而深刻的影响”“世界范围的经济竞争、综合国力竞争，在很大程度上表现为科学技术的竞争。科学技术长期落后的国家和民族，不可能繁荣昌盛，不可能自立于世界民族之林”。这在全党全社会树立了科技创新意识，明确了科技创新对国家经济发展的重要意义。1995 年，江泽民总书记在全国科技大会上强调了一个重要命题：“创新是一个民族的灵魂，是国家兴旺发达的不竭动力。”创新人才的培养成为社会各界关注的问题。1997 年底，中国科学院向中央提出了建设国家创新体系的报告，其主要内容是三大工程：一是技术创新工程，二是“211”工程，三是知识创新工程，国家创新体系的基础是教育，就是通过创新教育的开展培养创新型人才。创新教育为了适应知识经济时代的到来和世界范围的竞争而被提出，1999 年中央教育科学研究所牵头，所长阎立钦教授作为总负责人启动了“创新教育的研究与实验”大型教改实验课题，由 20 多个省市参与研究，课题旨在深化教育改革，配合国家创新体系建设。在该课题研究使用了“创新教育”的提法，将创新教育定义为“以培养人的创新精神和创新能力为基本价值取向的教育”。课题的核心是在全面实施素质教育的过程中，着重研究和解决基础教育如何培养中小学生创新意识、创新精神和创新能力的问题，为将来成为创新型人才奠定全面的素质基础。至此创新教育正式进入理论研究和实践领域。2008 年，教育部、财政部批准了 32 个人才培养模式创新实验区建设项目，以此推进人才培养模式的综合改革，激励高校创新教学理念、培养模式和管理机制，促进形成有利于多样化创新人才成长的培养体系。这是一项教育创新工程，实质上是将创新教育作为高校提高人才培养质量的重要变革举措。

2015 年“大众创业、万众创新”被写入当年政府工作报告，并被提升到中国经济转型和稳增长的“双引擎”之一的高度。创新创业是目前政府施政用语中出现频率最高的词语之一，也被广泛用于高校教育革新的理论与实践中。创新创业的说法具有很强的中国特色，目前还没有关于创新创业这个学术概念的成熟定义和实践架构体系，虽然字面上包含了创新和创业两个含义，但两个学术领域的术语合成一体表述时，它不是简单的概念叠加，而应是一个严谨的学术概念和实践体系。目前人们在使用这个用语时在理论内涵和实践应用上具有一定的片面性和盲目性，我们有必要研究并厘清这个概念涵盖的内容，以利于科学理论发展和实践操作。追溯创新创业用语的发端，它始于 2014 年 9 月，李克强总理在达沃斯论坛上首次提出要推动“大众创业、万众创新”，把“双创”作为结构性改革的重要内容，此后在中国逐渐掀起“大众创业”“草根创业”的新浪潮，形成“万众创新”“人人创新”的新态势，创新创业的说法在社会经济的各个领域频繁出现，2016 年政府工作报告中首次出现“大众创业、万众创新”这样的关键词。创新创业这个政府施政用语出现前，教育部的文件中也存在创新创业教育的说法，2010 年，教育部颁布《教育部关于大力推进高等学校创新创业教育和大学生自主创业工作的意见》(教办〔2010〕3 号)，该意见指出“在高等学校开展创新创业教育，积极鼓励高校学生自主创业，是教育系统深入学习实践科学发展观，服务于创新型国家建设的重大战略举措”，并对统筹做好高校创新创业教育、创业基地建设和促进大学生自主创业工作提出意见。2015 年，国务院办公厅印发了《关于深化高等学校创新创业教育改革的实施意见》，提出了要建设具有中国特色的创新创业教育体系。因此，创新创业教育是一个时代命题，既体现了国家战略的要求，又是教育界对社会需求做出的即时反应，是引领高等教育改革和发展的全新教育理念和模式。

通过上述梳理，创业教育、创新教育和创新创业教育形成图 2-1 所示的发展脉络。

图 2-1　创新创业教育发展脉络

综合分析上述创新创业教育发展，可以看出美国的创业教育发展先于中国，我国在开展创业教育的过程中借鉴了美国创业教育的经验，但中国的创业教育不完全是舶来品，而是适应国家经济社会发展需要的本土创造。创业教育、创新教育和创新创业教育是一个动态演进的发展形态，在创业理论和实践不断向前发展的过程中，获得了越来越丰富的内涵，形成了创新创业教育的理念和模式，这是以新的形式和内容肯定创业教育和创新教育，是带有时代印记的创业教育。

第二节　创新教育与创业教育的比较研究

创新教育与创业教育都是关于人的教育，二者都是有层次的，是提升受教育者人生质量和助其全面实现人生价值的教育。创新与创业不是完全覆盖的关系但也不是完全独立的关系，创新教育与创业教育具有一种无法割裂也无法等同的关系。从发展源头看，创新教育和创业教育并不是同时出现的，各自有其特定的发展背景和宗旨，但在育人这个本质问题上是一致的，现谈及创新教育和创业教育应立足广义的创新和创业理论范畴，将“人的全面发展”作为开展创新教育和创业教育的核心，创新教育和创业教育就是让每个人在社会需要体系中都能实现个人价值，达到个人发展和社会发展的双重效果。正是创新教育和创业教育这种相对的互生关系，人们一直对二者的概念、内涵和实践困惑重重，有的高校甚至出现混为一谈或完全分离的教学状态，这是令人担忧的教育现实。

一、论创新教育

创新教育的内涵应该包括两个层面，第一个层面是“教育的创新”，第二个层面是“关于创新的教育”。

从“教育的创新”层面看，创新教育的核心是教育本身的创新，它是一种现代教育思想、教育哲学和教育实践，是整个教育思想、教育目标、教育模式的转变。实施创新教育必须首先对一系列教育要素创新，包括教育理念、人才培养模式、教育管理、教育内容、教育方法等的创新。如果沿用传统的教育体系，教育自身没有创新机制，创新教育的实施就是空洞的。教育的创新就是赋予整个教育过程创新的特征，形成创新的教育体系，从而实现培养创新人才和素质教育的目标。实施教育创新是有效推动创新教育的方法和途径，“教育的创新”是社会经济发展的需要，也是教育改革的需要，是教育将创新作为一种价值追求，用于自身和受教育对象。要真正实施创新教育，教育本身的创新是基点，教育教学过程中要将创新作为基本要求和准则贯穿于教育工作的各个方面，这是开展“关于创新的教育”必需的硬件条件。

从“关于创新的教育”层面看，创新教育是教育机构开展一系列培养创新素质的教育活动，旨在创造一种育人的价值：使教育适合人性发展、提升人的生存质量。因此创新教育对个体综合素质的形成有重要意义，这种综合素质包括创新精神和创新能力，创新精神影响创新能力的形成，而创新能力外化了创新精神。创新精神和能力虽然受遗传因素的影响，但个体潜能的激发、素养的养成和价值取向的形成主要来源于创新教育的馈赠，在创新教育过程中，受教育者不断重新认知、追求探索和完善自身，形成创新意识和实践能力。创新教育不仅仅是知识和技能的教育，更是塑造学生人格和精神状态的素质教育，所以创新教育的本质特点可以归纳为：

（1）创新教育属于素质教育的范畴。素质教育是面向全体学生，促进学生在生理、心理、社会层面上的素质都得到健康发展的教育。创新教育是培养人具有创新精神和创新能力的教育，具有知识教学“教”的特征，也具有素质教育“育”的特征，创新教育是培养创新人才的素质教育。创新教育对人的全面发展具有重要作用，通过创新教育，学生获得创新知识，具有创新意识、创新思维、创新人格特征和创新的精神状态等综合素质，这些综合素质的形成不是立竿见影的过程，所以创新教育是逐渐渗透的教育，具有时滞性。

（2）创新教育是突破传统教育的开放教育。创新教育注重培养学生研究知识、创造知识并实现创新的才能，在创新教育中知识学习是认识科学本质、训练思维能力和掌握创新方法的手段，其价值维度是多元化的，商业价值、社会价值、个体价值都是创新教育的价值目标，此外创新教育在教学手段、教学活动、教学内容、教学方法和教学评价方面也是多元化的，充分体现了创新教育开放的特征。有别于传统教育的封闭式教学，创新教育是人与人、人与环境的互动，创新教育贯穿于学生的生活和学习全过程，突破课堂局限，将教育视角和教学实践活动扩展到人生、社会和自然领域，学生的主动性和主体性被提到重要地位。而传统教育以记忆知识、积累知识为目标，采用传输和灌输的单向式教育模式，强调识记过去知识信息的数量和准确度，忽视学生思维训练和能力培养，而且教学内容具有稳定性和单一性，却缺乏创造性。传统教育教学没有重视学生创新能力的培养和唤醒其潜藏的创造性，对学生心理和精神层面的引导缺失，这种应试教育后果是削弱知识转化成创新成果的教育功能。

（3）创新教育具有层次性。创新是有不同的类型，如第一章第一节所述，创新分为商业化创新和非商业化创新共九个类别，多种类型的创新活动形成了创新的分层结构，产生了不同层级的创新，如个体级别的创新、团队级别的创新、社会级别、世界级别的创新。创新的层次性决定了创新教育的层次性，创新教育不能被限定为围绕一个层次的统一模式，那样就把学生中的大多数都排除在创新的门槛之外。不同层次的创新教育有不同的价值目标，如商业价值目标、社会价值目标、个体价值目标，这些价值目标也是不同层次创业教育的价值所在，不分高低，同等重要。每个层次的创新教育都不是各个孤立的，而是相互依赖的，他们相互支持、引导和促进，共同形成一个全面完整的创新教育体系。

（4）创新教育是面向个体和全体的教育。创新教育面向个体的含义是每个学生都有独特的、稳定的、本质性的个性特征，创新教育要尊重个体的自由意志和个性，使创新教育的开展因人而异，做到因材施教。从另外一个角度来讲，善于创新的人才都有独特的个性，创新教育应该释放学生不同的创新潜质，注重塑造具有独特创新个性的高素质人才。创新教育是面向全体的教育其实是与上述层次性相呼应的，创新教育的层次性将众多不同类型和层级的创新都纳入创新范畴来，而这关系到接受创新教育的受教育者，创新教育基于创新范畴从个体层面、团队面层、不同创新类型的层面覆盖了所有学生群体，因此创新教育是一项面向全体学生的综合性素质教育。

二、论创业教育

创业教育是20世纪50～60年代发达国家提出的一种全新教育理念，是高校改革和发展采用的全新教育模式。创业教育可以被看作是“教育的创新”，从形式上来说，创业教育是创新教育的一个侧面，体现了教育本身的创新形态，但创新具有丰富的教育内涵，是同时被赋予经济属性和教育属性的教育实践活动。创业教育在国外有“enterprise education”和“entrepreneurship education”两种表述，我们在使用时随机选用任何一个语义表达，也有对这两个国外的创业教育用语进行背离真实含义的解读。两个不同的创业教育英语术语体现出在国外对创业教育的理解也有不同程度的认知，“entrepreneurship education”字面的表述是创办企业的教育，是对受教育对象进行从事创办事业、企业的教育，注重实体创业的规划、活动、过程和结果。“entrepreneurship education”描述的是企业家精神教育，是对受教育对象进行事业心、进取心、探索精神和创业能力等创业品质的教育，这个层面上的创业教育目标是培养具有创新创业精神和气质的人，是针对人的教育。在国内对创业教育的理解也同样有上述两类范畴。

第一类是狭义的创业教育，这也是人们最主流和最常规的认识。这与“enterprise education”类似，是对学生自谋职业、开创事业和开办企业能力的培养，在这个过程中提供创业知识、创业技巧、平台支持等课堂教育、社会实践和扶持措施。这个层面的创业教育是对学生进行创立企业的教育和孵化，为学生提供良好的创业环境和条件支持，它主要针对实体经济创业的目标，自主创立的实业是否成功、新创企业经济效益的大小是评价学生创业效果和创业教育价值的主要标准。对兴办实业的重视有其现实意义和合理性，因为实体经济直接创造物质财富，是社会生产力和经济发展的集中体现。繁荣发达的实体经济对改善人们生活、提供就业岗位、实现社会经济持续健康发展具有重要作用。创业教育是社会发展对高校提出的责任担当要求，创业教育承担着满足社会经济发展和解决社会就业问题的政治任务，因此狭义的创业教育被当作主流意识贯穿于高校的创业教育实践、反映在人们认知和实施的方方面面也是可以理解的了，鼓励学生创立企业的教育是目前我国高校创业教育的核心组成部分。

狭义的创业教育面对的是有创业意愿、有创业潜质、将来会自主创业的学生群体，他们在校期间接受创业知识的学习、创业技能的训练，有的在校期间就利用校内外资源和平台开始独立创业。高校通过改革教学内容、教学方法、教学手段等对部分学生开展创业教育，这对于此类学生的创业型人格特质的形成具有重要意义，对于他们未来走入社会后的创业之路做了很好的铺垫，学生在接受创业教育的过程中迅速成长，综合素质提升也很快。因此狭义的创业教育不是偏废的教育，不是创业教育的误区，教会学生创办企业或公司并没有扭曲教育的本质和内涵，它促进、引导和支持了广义创业教育的开展，其存在有着深厚的社会背景和教育价值。

第二类是广义的创业教育，即培养创造工作岗位的人、培养具有开创个性的人、促进学生全面发展和全体学生综合素质整体提升的教育。当前创新和创业被提到了前所未有的高度，“大众创业、万众创新”是时代对每一个社会公民的召唤，高等教育的人才规格也出现了特定的时代变化，要让每一个受教育对象作为社会的一分子，能在不同的社会层次和领域有所作为。创业教育是顺应政策导向、经济社会发展需求和高校自身改革需要的新型教育模式，创业教育的本质定位是对于人的教育，是对人价值观的培养，在育人的同时育才。

开展广义的创业教育是教育规律的体现，符合人的发展规律，服务于社会物质文明建设和精神文明建设。教育家陶行知曾说过："我心中只有一个中心问题，这问题便是如何使教育普及，如何使没机会受教育的人可以得到他们所需要的教育""中国要发展，中国要强大，靠小众，靠精英是不行的了，只能靠大众，只能发展大众教育、平民教育，最终要进行大众教育。"普及大众教育是陶行知毕生为之奋斗的目标，这是一种全面教育理念，意味着教育群体的全面性、人的全面发展和教育内容的全面性。广义的创业教育也是全面教育，是对陶行知教育思想和教育理念的继承和发展，也是科学的教育定位。四川省陶行知研究会首任会长胡晓风在《创业教育简论》一文中指出："创业教育以培养合理的人生为宗旨""创业教育是全民教育""人人都是受教育者"。他认为这是创业教育的出发点和归宿，这为我们研究和解决创业教育对象提供了本土理论前提。2006 年 3 月"两会"期间，温家宝总理说："国家的发展最终要靠提高全民素质。"他强调了"平民教育"问题，指出："世界上绝大多数人都是平民，平民素质关系到一个国家国民的整体素质。使教育成为面向平民的教育，从而使人人都能受到教育。"2012 年教育部《普通本科学校创业教育教学基本要求（试行)》中提到创业教育的教学原则是"面向全体、注重引导、分类施教、结合专业、强化实践"，其中的"面向全体""分类施教"原则与陶行知的"普及大众教育"、胡晓风的"全民教育"、我国政府提出的"平民教育"在理念和目标上都是高度吻合的，都是寻求让全体人民相应的教育，以此提升全民素质和生活质量，使每一个人为国家和社会的发展都能作出自己的积极贡献。广义的创业教育面向全体学生，培养不同类型的创业人才符合教育的本质精神，在理论和实践上都是一种科学合理的教育创新模式。

综上所述，可以将创业教育的特点归纳为以下几点：

（1）创业教育是面向全体学生的素质教育。创业教育是高校推行素质教育的一个有效突破口，是实施素质教育具体有效的途径，创业教育通过创新教学体系来提升学生的创业素养、人生态度，使学生具有创业精神和能力、创业心理品质、创业就业的知识结构和谋求幸福人生的人文素质。创业教育是可具体实施的素质教育模式，它以全体学生为中心，从观念、品格、知识、能力、方法等方面培养学生的专业素质和非专业素质。创业教育贯彻素质教育提倡的以学生为主体的教育理念，将学生的主体性作为落实以人为本、因材施教的出发点，重视全体学生基本素质的提高，创业教育不仅培养有创造力的自主创业者，还培养众多有良好修养和素质的就业者，创业教育是更贴近时代、社会和生活的素质教育新模式。

（2）创业教育的培养目标是多元化的。2012 年《普通本科学校创业教育教学基本要求（试行）》(教高厅〔2012〕4 号）提出创业教育教学目标是：“通过创业教育教学，使学生掌握创业的基础知识和基本理论，熟悉创业的基本流程和基本方法，了解创业的法律法规和相关政策，激发学生的创业意识，提高学生的社会责任感、创新精神和创业能力，促进学生创业就业和全面发展。”创业教育既培养具有创业精神、创业知识结构和创业能力的自主创业者，也培养在生理、心理、社会就业方面有良好素质的普通从业者和营造幸福生活的社会公民。创业教育是面向全体学生的，不同的个体特质决定了创业教育的培养目标是多元化的，它不可能采用统一的、可复制的教育模式培养单一类型的创业人才，创业教育应通过技能性教育和综合性素质教育开展多层次的创业型人才培养工作，使不同类型的创业人才都能在各层的社会就业结构中找到自己的位置。多元化的创业人才对社会经济的健康稳定发展和整体民族素质的提升都具有不可或缺的价值，任何一类创业型人才都不应被创业教育所忽视。

（3）狭义的创业教育包含在广义的创业教育概念中。狭义的创业教育是培养自主创业者的教育，对狭义创业教育的理解和认知具有一定的普及度，人们在理论和实践中聚焦的都是这个范畴的创业教育。目前广义的创业教育在学术界和教育界达成了一定的共识，理论内涵也逐渐稳定成熟，人们越来越倾向于认同创业教育是面向全体学生的综合性素质教育，它通过革新教学体系、利用校内外资源和平台培养多层级的创业型人才，使输出的人才拥有创业知识、创业精神、创业品质、创业能力，每个个体都能融入社会。当前对创业教育的研究逐渐深入，创业教育的概念逐渐稳定成熟，我们在提及创业教育时应将其理解为广义的创业教育，是包括狭义的创业教育在内的新型教育模式。

（4）创业教育是一种教育创新。1988 年胡晓风在《创业教育——人才、人生、人师》的序言中这样阐释创业教育：“创业教育是立志于在教师这个职业岗位上进行创造性劳动。”即创业教育强调教师开展创新性教育活动的重要性。今天我们依然认为创业教育是一种新的教育理念和新的教育模式，创新体现在创业教育的方方面面。创业教育的目标是要培养学生的创业精神、创业人格、创业技能，鼓励和培育学生自主创业、创造幸福人生。上述育人目标的实现需要在教育理念、教育机制、教学制度、教学内容、教学方法和手段等方面进行革新，教育的创新是开展创业教育的前提条件。因此对传统教育体系的创新是创业教育的前提条件和突出特点，创业教育是教育创新的体现。

三、论创新教育与创业教育的关系

谈论创新教育与创业教育的关系离不开对创新与创业的研究结论，人们往往通过社会媒体和政策用语的传播来使用和理解创新和创业的概念，这容易使我们脱离教育学、管理学和经济学内涵，将简化印象作为理论与实践的依据，这就导致我们还未完全弄清各自内涵范畴的情况下盲目地开展创新教育和创业教育，在前提不清和边界不明的情况下设计与实施了创新教育和创业教育。目前，这种情况在国内高校非常普遍，在相当程度上制约了高校创新教育和创业教育的专业化发展和实践开展效果。

我国的创新教育和创业教育承担着各个层面宏观和微观的教育责任，这有别于几乎所有发达国家的创新与创业教育，他们的创业教育和创新教育是一体化的，创业教育包含了创新教育的内容，创业教育是基于创新的教育，是创新型的创业教育，在说法上也是单一性地描述为创业教育，是在狭义的创新创业范畴内开展的，但这也不妨碍它面向全体学生开展创业教育，这与我们对创业教育的主流认知是一致的，也与我们无意识中所倾向的创立基业的创业教育实践是一致的，但我国的创业教育担负着更多的社会责任，包含的范围更广。

从理论上讲，根据创新与创业的界定，创业教育和创新教育在内涵上有高度重叠，教育目标趋同，都是育人的教育，都指向相似的特定价值目标。目前有一种非常普遍的认知与实践，秉持这种认知的人认为创新教育与创业教育服务于不同的教育目标，二者的教育内容各不相同，运作体系各自独立。这种理念主张创新教育和创业教育应该按照各自的目标、规律和范围去组织开展，创新教育与创业教育是各司其职的关系，将其融合便是混为一谈、便是“胡子眉毛一把抓”。这种论断在当前创新教育与创业教育的理论与实践中普遍存在，与前文对创新、创业、创新教育和创业教育的理论研究完全相悖。关于创新教育和创业教育的相关关系，基于前期的理论研究论述如下。

首先，创新教育与创业教育都是基于素质教育的全面教育。这里的全面教育是指学生范围的全面性、教育内容的全面性、学生身心素质提升的全面性、学生发展的全面性。无论国内还是国外，创业教育在理论和实践上都证明了面向全体学生的必要性。任何教育都是为振兴经济和社会进步服务的，受教育对象是承担这项任务的使者，每个学生都应该是创新教育和创业教育的受教育者，他们都有责任和义务为经济发展和社会进步贡献自己，创新教育和创业教育不应该偏向部分受教育者，这将与教育使命背离。同时创新教育和创业教育逻辑基点是素质教育，是育人和育才的教育，没有这个前提，面向全体学生开展创新教育和创业教育的实践便不具有科学性和合理性，因为局部的、狭义的创新教育和创业教育是不可能适合所有学生的，分类开展创新教育和创业教育是经济社会发展的需求，是全面培养具有开拓精神创业人才的必然之选，也是以人为本教育原则的体现。

其次，创新教育与创业教育的教育目标是一致的。从广义和狭义的范围看，创新教育和创业教育在不同层面都有重合的价值目标，即实现经济价值、社会价值和个人价值的目标，二者本质上都具有经济功能、社会功能和个体发展功能。创新教育和创业教育都是通过创造人的价值、实现人的全面发展从而实现上述教育价值的，都是为了培养具有创新意识的创业型人才、促进社会和谐发展而开展的教育活动，它们在教育目标上高度重合而在教育内容上各有特点。

第三，创业教育包含创新教育。创业教育包含了创新教育两个层面的内涵，即创业教育包括了教育创新，是关于教育的创新。创新教育对传统的应试教育进行系统革新，改变了纯理论学习、教师主导进行讲授、考试以知识记忆为主的教学状况。创业教育是对传统专业教育环节的技术调整，从而形成教育制度的结构性改变，是一种教育创新。此外创业教育融合创新教育的内涵和理念，没有创新的创业就是没有可持续的未来。创业本身就意味着超越和突破，众多创业者就是创新者，单纯的创业教育是不存在的，创业精神、创业知识和创业技能的教育都与创新教育密不可分，脱离创新教育的创业教育是不科学也是不合理的，创业教育的价值体现在引领社会创新、创造并实现人的价值。只有培养了学生的创新性思维与创新意识，才能够提高创业教育的成效，高校应该创新教育与创业教育一手抓，整合优化形成创业教育势能，而不是在思想上忽视二者的内涵和关联，在实践中也将二者独立分割开来。虽然高校在实践中对创新教育和创业教育越来越重视，但是创新教育与创业教育分离的情况也是普遍存在的现象，如工科院校注重创新教育的同时忽视创业教育，创新基本上是教育学生在实验室进行发明创造而缺少创业教育；有的经管类院校则注重创业教育而意识不到创新教育的重要性，比如创业街区建设、创业孵化园建设、创业比赛等都是直接服务于学生在校自主创业，是片面和狭隘的创业教育，也是脱离创新基础的创业教育，其运作具有短视特点，这种现象目前是一种普遍现象，值得引起我们注意并将其改变。事实上我们在谈论创业教育时也是在谈论创新教育，我们在开展创业教育时也在开展创新教育，开展创新教育是创业教育的前提和基础。

第三节 论创新创业教育

谈起创新创业教育，我们总是把创新、创业、创新教育和创业教育的内涵赋予这个名词，从实践意义上讲，它是关于创新和创业的素质教育，并且源自创业教育。“创业教育”在 1989 年由联合国教科文组织在北京召开的“面向 21 世纪教育国际研讨会”上正式提出，1991 年联合国教科文组织亚太地区办事处东京会议报告指出：“创业教育，从广义上来说是培养开创性个性，重视学生的冒险精神、创业能力、独立工作能力以及技术、社交和管理技能。从狭义上说，就是通过各种教育手段，不断提高学生的综合素质，增强学生的创新意识、创造精神和创业能力，以满足知识经济时代对大学生创新精神、创新能力的需求。”从这个表述中，我们可以明确知道创业教育的一个核心内容是创新教育，是对学生创新精神和创新能力的培养，创业教育融合了创新教育的内容，并且超越创新教育的功能，创新引领着创业教育的开展。上述创业教育概念作为一种新的教育理念，不但体现了素质教育的内涵（培养开创性的个性、不断提高学生综合素质），而且突出了教育的创新（通过各种教育手段）和关于创新的教育（创新精神、创新能力），并重视学生实际能力的培养（创业能力）。

1991 年联合国教科文组织亚太地区办事处东京会议的主题是“提高青少年创业能力的教育联合革新项目中期研讨会”，会议对创业教育的内涵进行了进一步的研讨和界定，而在追溯创新创业教育的概念和内涵发展时，普遍将这次会议的名称和会议的内容与创新创业教育直接联系起来，将会议主题巧妙地描述为“东京创业创新教育国际会议”，将会议对创业教育的探讨归纳为对“创新创业教育”的探讨，直接将会议中关于创业教育的描述替换为对创新创业教育的描述。虽然这种主观照搬行为不够恰当，但这从一定程度上反映了人们对创业教育和创新创业教育的本质具有一致性的认同，当年提出的创业教育概念与现在我们所理解和践行的创新创业教育是相同的，当年确定的创业教育边界也是今天我们倡导的创新创业教育的边界。从科学和广义的角度，我们可以将我国高校创业教育视为创新创业教育，无论哪一种表述，它都是我国高等教育人才培养模式的新切入点，是一项培养高素质创业人才的系统工程，作为一种新的教育理念正引起政府、高校和社会的高度重视。

2010 年教育部颁发了教办〔2010〕3 号文件《教育部关于大力推进高等学校创新创业教育和大学生自主创业工作的意见》，这是第一个推进创新创业教育的全局性文件，文件中提出“创新创业教育”这个概念，指出“创新创业教育是适应经济社会和国家发展战略需要而产生的一种教学理念与模式”。另外，文件对创新创业教育的意义和推进措施进行了阐述：“在高等学校中大力推进创新创业教育，对于促进高等教育科学发展，深化教育教学改革，提高人才培养质量具有重大的现实意义和长远的战略意义。创新创业教育要面向全体学生，融入人才培养全过程。要在专业教育基础上，以转变教育思想、更新教育观念为先导，以提升学生的社会责任感、创新精神、创业意识和创业能力为核心，以改革人才培养模式和课程体系为重点，大力推进高等学校创新创业教育工作，不断提高人才培养质量。”这实际上是内在规定了创业教育的创新应用属性，创新创业教育是基于创新的创业教育，是指向创业的创新教育，在“创业教育”前面加上“创新”二字，其实是统领了创业教育的方向，强调了以创新精神去创业的教育内涵，这与联合国教科文组织所倡导的创业教育理念是一致的。

根据前期研究结论，创新创业教育的内涵边界可做以下辨析。从表 2-1 中可以看出创新和创业在层次 1 中价值目标是吻合的，在层次 2 中，部分创新活动不再与创业叠加，但价值目标都是一致的，在不叠加的理论文化这部分内容不应属于创新创业教育的范畴，因为创新创业教育的实质内容是广义的创业教育，即基于经济价值、社会价值和个人价值实现的创业教育，这里的创新是指向创业的创新，不以创业为目的的创新不属于创新创业教育的内容。因此创新创业教育虽然是创新教育和创业教育的有机融合，但它不包括所有的创新活动，而是表 2-1 中的阴影部分。

表 2-1 创新创业教育的内涵边界

<table>
<tr><th colspan="9">基于不同价值目标的创新内涵边界要素与创业内涵边界要素</th></tr>
<tr><td>价值目标</td><td colspan="5">层次 1：实现经济价值</td><td colspan="3">层次 2：实现社会价值和个人价值</td></tr>
<tr><td>创新</td><td>技术</td><td>营销</td><td>制度</td><td>管理</td><td>商业模式</td><td>理论、文化</td><td>社会</td><td>个人</td></tr>
<tr><td>创业</td><td colspan="5">实体商业（含自主创业、继承创业、岗位创业、部分社会创业）</td><td></td><td>社会公益</td><td>个人</td></tr>
</table>

表 2-1 中阴影部分的创新和创业内涵是一种耦合关系，它们互相影响、互相作用，创新创业教育的内容就是表 2-1 中基于创新的创业和以创业为目的的创新领域，创新创业教育不包括文化创新和理论创新。当今我们处于知识社会，以知识和创新为核心，创业和创业教育不会离开这个核心。1994 年，美国管理学家 Peter Druke 在《后资本主义社会》中指出："人类社会正在进入知识社会。知识社会是以知识经济为主体，强调借由知识的不断创新、累积、应用与分化，促进产业进步，引导个人、组织和社会的成长与发展。"解读上述知识社会的概念时，知识的创新、应用是值得我们注意的亮点，我们处于一个创新的社会，而人们的创新恰恰是为了有价值地应用，如促进个人、组织和社会的进步与发展，这也充分说明了创新创业教育中所包含的创新、创业概念是一种耦合关系，在知识社会没有脱离创新的创业教育，创新教育必定会以创业作为实现创新价值的载体和目标。我们完全可以基于前期研究结论和学者们对于知识社会的界定来确定创新创业教育的内涵：它是将创新教育与创业教育相结合而提出的教育理念，是高等教育的重要内容，以培养富于创新精神和创业实践能力的创新创业型人才为己任。知识社会的创新创业教育和创业教育在内涵上没有冲突，在表述上的不同不影响本质一致的逻辑。

我国的创新创业教育按照时间可分为四个阶段：第一阶段，1988 ~ 1998 年是中国创新创业教育萌芽期，该时期以胡晓风为代表最早提出了创业教育概念，并进行了创业教育实验，这是中国创业教育的萌芽阶段。第二阶段，1999 ~ 2014 年是创新创业教育的启蒙期，高校学生的"勤工俭学"演变为"创业"，创业大赛开始兴起并拉动创新创业教育的开展，部分高校开设了"创新班"和培养创业精神的通识课，这个阶段为创新创业教育的启蒙期，人们越来越了解创新创业教育理论，并在教育实践中逐渐体现该理念。第三个阶段是政策期，2014 年 6 月 ~ 2016 年 6 月，国务院下发“国办发〔2015〕36 号文”开始，教育部和地方教育主管部门出台大量创新创业教育政策，“大众创业、万众创新”时代来临，这个阶段以国家政策引导为主，高校肩负政治任务的色彩浓厚。第四阶段，2017 年初至今是创新创业教育全覆盖阶段，各种类型的高校全面开展创新创业教育，创新创业教育引起了高校和社会的广泛热议，“育人”和“育才”成为高校创新创业教育的宗旨，对创新创业教育的内涵认识回归到“关于人的教育”层面上来，这个时期的创新创业型人才培养成为高校的重要任务。

创新创业教育在 2010 年作为政策用语出现后，高校更多是执行政策精神、操作相关具体环节，当我们对该概念和实践进行溯源时，无法超越上述萌芽期创业教育概念形成和开展创业教育实践的阶段，也无法超越启蒙期创新教育的开展，因此创新创业教育源于创业教育和创新教育，是关于创新者进行创新型创业、机会型创业、高增长创业的高层次高水平的创业教育，也是高层次的素质教育。创新创业教育是高层次的素质教育，因为创业与创新虽在价值目标和内涵边界方面有高度重合，但创业不一定必然有创新，创新也不是必然导致创业，这不是高层次创新或创业所具有的属性。创新创业教育将创新教育和创业教育进行高度融合，旨在提升创新和创业的成功价值，从广义上将成功的创业和成功的创新作为教育担当，因此基于创新的创业教育和通过创业实现创新价值的教育特色使创新创业教育成为高层次的素质教育，它兼有经济、政治和社会意义，教育内容包括创建新企业、内创业、和社会创业的教育之外，还将创新创业作为渗透于学生生活中的一种思维方式和行为模式，让他们在工作、生活和学习中都能开展创造性的活动。

创新创业教育更加强调学生实际能力的培养，具有“实效性”的特征，既充分体现素质教育的理念又依托专业教育。我们要避免将“时效性”误解为职业技能教育，从而过度实践，又要避免将其定位为素质教育或通识教育而背离教育经济性的属性。创新创业教育是在强调向学生传授创新创业知识与技能的同时，更关注学生人生态度与创业价值观的教育，是实现“创新引领创业、创业带动就业”目标的人才培养模式，是素质教育的具体实施路径。

当前创新创业教育是我国建设创新型国家一系列战略举措的重要组成部分，对于高校来说，是创新办学机制、全面推进教育改革的新课题，是全面提高人才培养质量、寻求自身发展的重大机遇，高校应出于内因发挥自觉性和积极性开展创新创业教育，构建开放式育人环境。创新创业教育除具有教育的本质特征，还从属于教育学的学科范畴，育人是其根本宗旨，这个宗旨决定了创新创业教育是面向全体学生的一种创新的教育模式。《教育部办公厅关于印发〈普通本科学校创业教育教学基本要求（试行）〉的通知》（教高厅〔2012〕4 号）规定普通本科学校创业教育教学原则之一就是“面向全体，把创业教育融入人才培养体系，贯穿人才培养全过程，面向全体学生广泛、系统开展”。《教育部关于大力推进高等学校创新创业教育和大学生自主创业工作的意见》(教办〔2010〕3号)也指出“创新创业教育要面向全体学生，融入人才培养全过程”。政府部门一系列关于创新创业教育的纲领性文件为开展创新创业教育确立了“全面性”的政策导向，因此创新创业教育的核心教育原则应是面向全体学生，实现全覆盖。该原则着眼于创新创业教育的广泛性、普及性，旨在惠及每一个学生，增强和提高全体学生的创新意识、创业精神和创业能力，这是一场具有创新意义的教育改革。

面向全体实施创新创业教育的一个挑战是学生数量众多，个体差异较大，如果高校采用统一的、可复制的、规模化的生产线式教育模式将完全违背创新创业教育的宗旨，将使教育和受教育对象失去活力，抑制学生天性，谈不上创意创新和真正创业。高校要深化和拓展大学教育和管理功能，立足学生本位，更新教育观念、科学设置课程、强化实践操作，发挥教育特色，使学生成为掌握创新创业的“知”与“行”，富有“开拓个性”创新创业性人才。因此，根据学生个体的差异性，分层次、分阶段地设计创新创业教育体系是高校的首要任务。这是体现“面向全体”教育原则的具体行动，是有效覆盖全体学生、使受教育对象普遍受益的必经之路，是创新创业教育可持续发展的切实保证。

上述教育理念和政策导向与“大众创业、万众创新”的时代潮流存在根本的一致性，当我们谈论创新创业教育时我们是在谈创业教育，无论从内涵、目标、理念、方法上还是教育本质上，二者具有完全一致性。

第三章

高校创业教育及大学生就业现状

第一节　国外高校创业教育开展现状

创业教育作为一种人本教育，其育人功能越来越被人们重视，如何在中国这样一个具有特定国情的国家有效开展创业教育是当前紧迫的教育任务。目前摆在政府、社会、企业、高校面前的一个关键问题是，要让创业教育既发挥“育人”功能，服务于全社会的健康稳定发展和全体学生人生目标的实现，也要让创业教育发挥“育才”功能，服务于解决社会就业问题的国家需要。要解决这个问题，需要研究中国的国情、高校的资源条件和大学生群体的时代特征，开发具有自身特色的、切实有效的创业教育模式，建立符合我国实情的创业教育体系。要摸索出一套在“大众创业、万众创新”时代具有连贯性的创业教育模式和体系没有可套用的模式，但是“知人者明，自知者智”，知人而自知是我们科学开展创业教育实践活动的前提，借此可以了解和借鉴他国经验，扬长避短，提速增效。

一、美国高校的创业教育

创业教育的理论研究和实践最早兴起于美国，美国是世界上创新创业教育发展较为成功的国家之一。美国高校创业教育的历史，可以追溯到 20 世纪 40 年代。第二次世界大战后，从太平洋战区回来的哈佛大学教授迈尔斯·梅斯发现，政府急需大量新企业刺激经济，为此，他在 1947 年开设了一门名为《新企业管理》的选修课，这被视为创业教育的起源。从哈佛大学最早开设创业教育课程至今，已经有 80 多年的历史，美国高校的创业教育也经历了从课程教学到专业教学，再到学位教学的过程，现已经形成非常完善的创业教育体系。美国高校创业课程的设置、大学创业中心的建立、各种商业计划竞赛、创业基金会的保障和支持等，为美国社会的创业活动提供了可持续发展的动力，创业精神的倡导及创业教育的实践对美国经济飞速发展起到了举足轻重的作用，美国高校开展创业教育的经验也为其他国家高校的创业教育提供了很好的参考。

（一）美国高校创业教育模式

美国高校创业教育模式经过长时间的不断探索，形成了与各个院校发展目标相一致的、行之有效的不同创业教育模式。美国高校开展创业教育主要以建设创业学学科、培养专业化的创业型人才和提升学生创业素养、创业能力为宗旨。主要模式有以下 3 种：

（1）聚焦模式。聚焦模式也叫聚集模式，是美国开展创业教育的初期模式，与我国初期开展创业教育的模式类似。这种传统的创业教育模式将创业教育作为独立的教学活动在商学院和管理学院开展，接受创业教育的学生限定在商学院和管理学院并经过一定的筛选，具有纯粹自主创业的特点。聚焦模式所用的创业教育课程内容呈现出高度系统化和专业化特征，具有实际创建企业和教授创业技能的特征，该模式下教学所需的师资、经费、课程等都由商学院和管理学院负责。这种创业教育的纯专业性决定了聚焦模式下，创业教育的内容是进行创业方面的理论与实践教学，毕业生的从业方向基本上是创业型的职业生涯，未来都是开展真正的创业活动，创立企业。

（2）磁石模式。磁石模式的理念是相信商学院和管理学院以外的学生也可以创业，创业活动不仅是商学院和管理学院学生的专利。磁石模式先在商学院和管理学院成立创业教育中心，使其成为大学开展全校性创业教育的管理机构，该机构通过整合全校所有资源和技术吸引来自全校范围内的、不同专业背景的学生，向全体学生开放创业教育，吸引具有创业兴趣和创业潜质的跨专业学生群体，具有很强的开放属性。该模式下，商学院和管理学院是运营主体，全校性创业教育的开展主要依托商学院和管理学院的校内资源和校外网络关系。磁石模式的大部分创业教育课程以学生个性偏好为中心，给予全校学生自由选择课程的空间，满足各种专业背景全体学生的创业学习需求。该模式由创业教育中心负责整个创业教育项目的规划和运行，既能有效整合有限的资源，又能开展外向型合作，面向广泛的学生群体打造优质创业教育项目，目前美国高校采用此模式的比例超过一半。

（3）辐射模式。辐射模式是一种全校师生参与的创业教育模式，与我国当前提出的“面向全体”开展创业教育具有本质上的一致性。辐射模式教育理念是不仅要创造良好的条件和氛围，还向商学院、管理学院以外的学生提供创业教育，不同学院的教师和学生都参与到创业教育过程，形成跨学科、跨专业的创业教育运作机制。该模式下创业教育的管理工作是由参与创业教育的所有学院共同完成的，参与创业教育的学院要负责创业教育的实质性的工作，如根据创业教育需要筹备资金、师资和课程，促使学生能够结合自身的专业背景进行创业。相较磁石模式的创业教育中心由商学院和管理学院成立，辐射模式成立了全校性的创业教育委员会，负责协调和指导全校范围创业教育的开展。在具体实践过程中，美国有些高校建立了不同类型的创业指导中心，共同为全校学生提供创业教育教学和创业指导服务。

（二）美国开展创业教育的特色高校

从哈佛大学在1947年开设第一门创业课程后，其他高校也陆续开设创业教育课程，开始了创业教育。这期间比较知名的高校有：斯坦福大学于1949年开始了创新创业教育；百森商学院于1967年开始设立全球第一个创业管理研究生课程，1968年第一次在本科教育中增加创业方向；此后美国各个大学都如雨后春笋地开始设立相关的创业研究中心，出现了美国百森商学院、滨州大学、斯坦福大学、克雷顿大学等知名创业研究中心。到现在，所有开展创业教育的高校中，百森商学院的创业课程体系改革和斯坦福大学的产学研创新创业教育模式影响较大，享誉全球的“硅谷”的诞生是其创新创业教育的最大成果。

1. 哈佛大学

哈佛大学被广泛认为是创业教育课程的发源地，是具有80多年创业教育成功经验的世界顶尖高校，其创业教育被誉为美国创业界的“伊甸园”。哈佛大学的创业教育覆盖面广，综合性强，创业领域几乎涵盖了经济社会领域的各行各业。据统计，50%的哈佛大学商学院毕业生在毕业后10~20年内都成为了企业家，2015年12月哈佛大学发布的《哈佛大学校友影响力》报告显示：“39%的哈佛校友已经创立了营利或非营利的企业，在150多个国家开办了14.6万多家公司或企业。”微软、Facebook、高盛、彭博等这些划时代的商业创业符号都由哈佛学子创造。哈佛大学的创业教育对世界高校创业教育的开展是一种引领性的存在。

哈佛大学的创业教育模式是开放性的商学院教育模式，如哈佛大学商学院没有专业之分，所有的MBA都要学习综合管理课程，但可以选择不同的发展方向。他们也没有教科书，所有的课堂都是案例学习。目前世界各地商学院所运用的案例中，80%是在哈佛大学商学院制作的，而在过去的10年中就有1200多个案例是关于创业的。在案例教学开展过程中，哈佛大学商学院会尽力把每一位案例中的主人公请到校园来，让案例教学成为创业教育最生动的案例和学习机会。哈佛创业教育的开放性还体现在他们的教育理念：“所有的人都在教学，所有的人又都在学习，包括学校的教职员工。”

哈佛大学的创业教育是一种全面性的创业教育，主张将每一位普通学子推向理想的航向，认为一所创业教育的顶级学府如果只是在等待天才的出现，或是出现一两个天才是远远不够的。哈佛的创业教育不仅教部分人如何开设一个新的公司，更注重其他大多数人在企业里扮演的角色，更关注全体学生驾驭新思想、创造市场和新就业机会等能力的培养，企业家精神和思维的教育是贯穿哈佛大学创业教育的精髓。

哈佛大学的创业教育旨在教给学生一种管理的方式，而不是心理学教学，他们认为管理才能是后天习得的真才实学，并非与生俱来的空洞说辞。目前哈佛大学的创业教育已然成为一类“生态系统”，除了拥有校内创业实验室等硬件条件外，哈佛大学还拥有广泛的人脉资源，聚集了哈佛大学、麻省理工学院等众多名校的专家开设创业论坛、举行会议或者名人讲座。反之，这些频繁活动又便于哈佛大学和接受创业教育的学生去发展和积累人脉资源。

2. 百森商学院

百森商学院是采用磁石模式开展创业教育的典型代表，该学校因其独特的创业文化而世界闻名，是当之无愧的高校创业教育领导者，引领着美国乃至全球创业教育的发展。百森商学院的创业教育主要由阿瑟·布兰克创业中心（The Arthur M. Blank Center）负责，该中心通过改革创业课程体系和开展全球合作来拓展创业教育的内涵和边界。目前百森商学院已经形成了完善的创业教育课程体系，被誉为美国高校创业教育课程化的基本范式。

百森商学院依托自身雄厚的师资力量，通过创新课程方案来培养学生的判断能力和分析能力，重在训练学生在创新创业过程中具有强大的实战应变方法及创新思维能力，主张创业不仅仅是一门学科，它还是一种生活方式。百森商学院的创业教育理念的亮点之处在于突出对学生人文素养的培养，它将创业、盈利和社会事业融为一体，塑造学生的综合能力和职业素养，而不是急于让学生创业挣钱。基于这种创业教育理念，百森商学院在课程设计方面具有前瞻性，注重学生认知层次和水平，开发了从浅到深、循序渐进、完整的创业教育课程体系。百森商学院的创业教育课程体系广泛适用于大学生不同层面创业需求，同时也密切关注企业所处的社会生态环境，将人文情怀教育和创业实践教育融入创业教育的教学环节，取得很好的创业教学效果。

3. 斯坦福大学

斯坦福大学被誉为“硅谷心脏”，斯坦福大学拥有全球一流的创业教育硬件和软件资源，汇集了顶尖的实验设备、教学设备、一流的专家学者来保障创业教育的开展。斯坦福师生在硅谷创建了很多高科技公司，比如苹果、谷歌、惠普、雅虎、思科、甲骨文等。斯坦福大学长期以来将创新创业教育贯彻到具体培养过程中，提倡学校的科学研究需要面向社会需求，通过创新创业教学课程设置、创新创业教育科研平台构建以及创新创业教育服务于产业和社会发展等多维度的建设，形成了三位一体的创新创业教育体系，即“产学研一体化”的创业教育体系。该体系结合受教育对象的个人能力、专业特长及相应的社会环境，立足创业者和创业教育功能来规划整个创业教育的系统流程。为确保“产学研一体化”模式的顺利开展，斯坦福大学给予老师和学生一定的自由时间和自由空间，如“学校允许教师每周有一天到公司从事开发和经营等兼职工作”“允许教师脱岗1～2年到硅谷兼职或创办科技公司”“允许教师将自己在学校获得的科技成果向公司转移”“允许参与创业的学生在两年时间内不论成功与否均可回校继续学业”，这些规则都为斯坦福开创良好的创业氛围、促进创业教师队伍建设和有效实施创业教育创造了可靠的支持环境，为教师和学生创业提供了足够的保障条件，这又会反哺和支持创业教育，提升创业教育效果。

斯坦福大学 1996 年成立创业研究中心（Center for Entrepreneurial Studies，CES），该中心尝试了以下举措来推进自身创新创业研究的发展：

（1）成立斯坦福大学创业中心校友会。创业研究中心面向所有具有创新创业兴趣的毕业生们组建校友会，提供资源分享和信息交流的平台。校友会充分发挥自身资源互补的优势，自发组建创业小组，定期进行交流和分享，针对各自创新创业问题进行探讨和分析。校友会每年组织暑期创业项目，支持在校学生去中小企业进行创业实习，并且邀请专业人员对于实习学员进行针对性的指导和帮助，形成了斯坦福大学校友互帮互助的良好氛围，构建了一个较为理想的创业环境和系统。

（2）创业研究中心下设创业工作室，面向斯坦福大学所有专业有创业兴趣的研究生，营造充满活力的创新环境。斯坦福大学的学生创业组织、创业学科以及其他科技类学科学术性交流都为创业工作室的创新创业营造了良好氛围。如果学生有成型的创业思路，可以通过电子邮件注册会员，利用工作室的强大支持能力和丰富的资源，与教师、企业家进行交流和沟通。这些经历给予学生创新思维和创业能力的重要锻炼，为他们今后走上创业道路提供了重要的帮助。

（3）以认证推动企业创新。认证推动企业创新项目主要是提供为期一年的培训活动，通过认证培训，帮助学员们开拓新的思维，运用创新的方式方法去运用知识。主要包括 3 门商业课程在内的 8 门课程，核心课程就是财务管理、战略管理以及批判性思维。学员们通过自定义的视频讲座、个别评估、集体讨论环节以及团队项目的多种形式的学习，可以有效地推动组织内部的创新。并且通过定期组织和斯坦福创业中心的优秀教师、硅谷的杰出企业家、投资者、思想领袖等进行交流和沟通，有效地促进学员们创新创业能力的提升。

（4）实施社会创新项目。斯坦福大学积极开展社会创新项目（Social Innovation Programs）的实施计划，其主要目的就是努力培养世界范围内教育、环境、贫困以及其他事关公平正义事业的领导者。斯坦福大学社会创新中心为来自全世界的申请者提供社会创业执行计划（Executive Program in Social Entrepreneurship，EPSE）和非营利组织领导者执行计划（Executive Program for Nonprofit Leaders，EPNL）。这一系列社会创新项目的开展和实施过程，为世界范围内的创新创业者提供了重要的学习渠道和路径，对于促进社会创新事业的发展具有十分重要的意义。

毫无疑问，具有创新创业能力和经验的老师团队赋予斯坦福大学很强的创业教育竞争力，学生积极组织参与各种创业比赛和敢于尝试创业是斯坦福大学创业教育的灵魂。而这些不可替代性的优势是斯坦福大学教育创新的结果，其本身作为一个成功的创业者引领着世界创业教育的发展和进步。

4. 美国其他高校

除具有典型意义的高校开展创业教育之外，美国其他高校也有较为知名的创业中心，如加州大学伯克利分校、麻省理工学院、芝加哥大学、马里兰大学史密斯商学院的丁曼创业中心等，它们都已经在创新创业教育方面积累了相对成功的经验和实践案例。此外，康奈尔大学、普渡大学和迈阿密大学都在创业教育课程开设方面各具特色，有的从创业激励、创业理念和创业知识技能方面设立多层次分阶段的创业教育课程；有的以教师为主体开发创业教育课程和创业活动，支持教师创业，注重促成校园创业项目；还有的如迈阿密大学以创业教育课程作为载体，重塑学生对创业的认知，审视传统创业观念，从多元化价值的角度开展创业教育。

美国高校的创业教育赋予了“创业精神”一个新的内涵：没有机会创造机会、没有资源创造资源的一种人生状态，认为创业不再只是一个经济行为，更多的是一种创新行为。也就是如哈佛商学院定义的那样：“追求超越现有资源控制下的机会的行为。”因此，约40%的哈佛大学MBA毕业生追求创业型职业生涯，如创业者、风险资本家等。目前大部分美国高校都至少开设一门与创业有关的课程，美国高校开展创新创业活动的方式越来越多样化，总体上来看，美国创业文化日益蓬勃发展，各高校都把创业教育真正落实到了每一项具体教学工作中。

二、英国高校的创业教育

英国的创业教育以剑桥大学、牛津大学、谢菲尔德大学等为代表，英国的创业教育更重视良性创业文化的塑造和学生创业素质的培养，力求以创业教育带动整个国家经济的发展。

（一）英国创业教育模式

英国是全球开展创业教育最成熟的国家，形成了相对完善的创业教育体系，培养了大批创业人才。主要有3种典型模式：

（1）完全一体化的融入模式。该模式是将创业教育完全融入学校传统的专业教育当中，与人才培养的各环节相互融合。为此，英国高校开设层次化、系统化的创业教育课程，引导学生创业，开展分层次的创业教育，其课程设置具有如下特征：1）课程内容是对创业宏观过程的细化，以培养学生的创新意识及实践能力为主，突出实际操作性。注重解决“怎样去做”等操作性、实用性知识与技能，而非仅“知道什么和为什么”等理论层面的知识。2）课程是一个按照创新程度而展开的序列，具有层次性。课程为学生未来的职业生涯发展与职业创新的不同需求而展开，涵盖了从业人员的日常革新、已有岗位上的全面变革、职业地位的上升、非正式就业、开办任何一个企业、开办全新的企业等。3）创业课程具有真抓实干的特点。在英国，大学创业教育教师绝大部分都有实际管理经验或曾创立过自己的企业，还有部分教师来自与学校关系密切的合作企业。他们采取小组互动教学方式，深入联系真实的创业活动，使学生能够获得“实际或近似的创业经验”。此外，学校也经常给学生一些实质性的创业学习机会及创业实践指导。

（2）学校统筹下的中介模式。该模式是在学校统一领导下建立一些跟学校关系比较密切的校办产业中心和一些与专业相关的项目，通过项目搭建学生创业教育的平台，驱动学生创业教育。英国高校通常以求真务实的态度，结合学校学科专业实际推出具体的创业教育措施，注重整合校内教学、科研及校外社会化资源，共同推进创业实践教育。比如高校定期举办创业竞赛，鼓励学生积极参与校内外创业实践活动，以数目可观的奖金资助获胜学生进行创业，并在其创业过程中给予相应的专业指导和技术支持，以此推动高校创业实践教育。

绝大多数英国高校均在校内设立了大学生科技园区，发挥创业孵化器的作用，为立志创业的学生搭建创业实践平台，满足其对场地和政策咨询等方面的需求。与此同时，园区严格执行企业准入标准，主要接纳与本校科研关联度高的高科技或知识密集型企业，以确保创业企业的存活率。譬如拉夫堡大学的创新中心是创新知识或技术型新企业与成长企业的商业孵化器，它向创业者开放图书馆等学校的主要资源，提供办公场所、实验室、各类办公服务以及各类咨询服务。在杜伦大学的蒙特桥科技园区内，创业者除获得各类办公服务外，还可在学校帮助下向当地政府申请相关资助。

英国高校还致力于搭建网络平台，共享创业资源。英国高校利用互联网整合各类创业资源，促进创业者、高校和企业的知识共享和信息交流，为大学生创业实践提供支持。如英国大学生创业网，提供包括英国创业计划、创业大事列表等资源来支持大学生创业。牛津大学赛德商学院建立“创业赛德”，作为学生、校友及学校周边1500余个高科技企业的门户，将实践教学、研讨会和网络资源整合在一起，既宣传创业文化，又为创业者和企业提供专业学术支持和人脉关系支持。

（3）外部利益相关者推动的外部支持模式。该模式是将创业教育作为一个系统工程，把用人单位、社区等利益相关者融入创业教育当中，共同实施创业教育，也被称作利益相关者推动的外部支持模式。在英国，设有半政府性质的大学生创业促进委员会和民间学团性质的创业教育者联盟，旨在促进英国大学加强对大学生企业家素质的培养，尤其鼓励毕业生自主创业。高校的创业教育中心还负责与社会建立广泛的外部联系网络，包括各种孵化器和科技园、风险投资机构、创业培训机构、创业资质评定机构、小企业开发中心、创业者校友联合会、创业者协会等，形成一个高校、社区、企业良性互动的创业教育生态系统。

总之，英国大学的创业教育呈现专业化的发展趋势，具备成熟的差异化创业人才培养模式，已经有相当比例的大学在本科或研究生阶段开设创业类专业，满足创业人才培养的需求。总体上来讲，英国大学创业专业教育形式灵活多样，呈现明显的差异化特征：

首先，不同层次间的人才培养理念存在明显差异，本科阶段强调创业教育与其他学科专业的相互支撑，研究生阶段则突出创业领域的专业深度；其次，在同一层次中，专业创业人才培养模式也表现出一定的差异性。在本科阶段，主要通过开设创业学专业、在工商管理类专业下开设创业方向、开设联合学位课程等多样化的模式培养创业人才。在研究生教育阶段，则通过开设“创业学”或类似的讲授式课程，进行创业能力的培养而非纯理论的研究，还有一些大学开设“管理、创新与变革”等特色专业，帮助学生获取相关知识、技能并建立起专业网络，注重培养学生对成长中企业的卓越管理能力，发现商机、发动和管理变革的能力，以及成为企业家的潜质。

（二）英国开展创业教育的特色高校

1. 剑桥大学

早在20世纪70年代，全球高科技产业出现大发展浪潮时，创业就在剑桥大学成为潮流。多年来，剑桥大学形成了比较完整的创业教育体系：

（1）设立“创业学习中心”，提供创业课程。剑桥大学商学院设立“创业学习中心”，旨在为各专业学科的师生及科研人员提供创业相关课程，并促进科研人员和企业人员的沟通，该中心目前包括“创业星期二”、星火计划、企业家课堂等许多品牌培训项目。“创业星期二”活动在每周二举行与创业相关的讲座和讨论，面向全校师生免费开放；星火计划是针对创业者设立的为期一周的培训计划；企业家课堂则旨在全面提高受训者的企业家精神。

（2）设立创业孵化机构，支持学生创业。例如，IdeaSpace公司向初创企业提供办公空间和相关设施，帮助企业初步成型。IdeaSpace是立足于剑桥大学的组织，它不只在资金上扶持创业者成功开创企业和创造经济价值，更重要的是它同时和政府以及其他相关教育和商业组织合作，以推动扶植创业政策和战略发展为目的，为创业者营造更有利的创业土壤。并且它们会针对在创业早期的企业家和创业生态环境等不断地提供可研究案例和促进企业发展的活动。IdeaSpace致力于扶持新的创业者，帮助他们提高市场竞争力以达到国际化水平，并且帮助新企业筹集资金，最终提升公司的可持续发展性。这种“剑桥企业”是帮助推动科技成果转化的非营利机构，为有志于创业的师生提供创业培训、商业导师、种子基金、知识产权管理、咨询建议、商业计划等服务，这不失为剑桥特色，它为剑桥大学有效开展创业教育实践和推动创业活动都起着强有力的支撑作用。

（3）剑桥大学与工商业界保持紧密联系，为学生提供创业实践机会。与微软、日立、三星、联合利华等众多知名企业合作，在校内设立实验室。这不仅为学生提供了实习场所，也为青年创业团队提供其创新产品和服务的检验场所。

（4）鼓励学生组织创业社团，营造创业氛围。在校方的鼓励下，剑桥大学学生积极组织创业社团。最早成立的社团始于1999年，曾有来自中国的学生担任创业社团的共同主席，创业社团的主要职能是举办剑桥大学创业大赛。通过组织各类创业大赛，诞生了大量的创业企业，其中不乏一定数量的仍在市场上存活并且盈利的企业。

（5）政府为高校创业教育提供支持。剑桥大学的创业教育成效显著与政府的支持密不可分。与美国依靠私人和企业捐赠获得创业教育资金不同，英国的创业教育资金大部分来自政府拨款，通过高等教育创新基金、科学创业挑战基金等基金会转到大学。此外英国政府为创业教育及学生创业提供良好的政策环境。英国政府实施鼓励大学变革与创新的教育政策，为大学推动创新创业提供支持。同时，英国政府还制定了多项扶持中小企业的政策法规，涵盖企业准入、融资、税收、知识产权保护等方面，形成了有利于大学生创业的政策环境。英国政府还设立专门机构，对高校创业教育扶持和管理。例如，2004年成立的全国大学生创业促进委员会，除了提供创业教育的师资培训、推动高校对大学生创业素质的培养之外，还委托高校专家在全国范围内对创业教育开展情况进行调查研究，开展创业理论研究，为决策部门提供参考。

2. 牛津大学

牛津大学为英语世界中最古老的大学，也是世界上现存第二古老的高等教育机构。牛津大学与剑桥大学、伦敦大学学院、帝国理工学院、伦敦政治经济学院同属“G5超级精英大学”，她为英国和世界培育出无数的顶尖杰出人士，包括英国国王和首相，以及约旦、挪威、荷兰、泰国等国王，还有众多的诺贝尔奖获得者以及一大批著名科学家。牛津大学所体现出来的大学精神就是对卓越有绝对的追求，重视对学生个人意识的培养，牛津的学生不能没有疑问，不能没有任何个人的见解，无论是在教学还是科研上，都永远不会安于现状，而是持续地追求极致。牛津大学创业教育特色具体体现在：

（1）建有牛津大学创业教育中心。该中心依托赛德商学院建立于2002年，成为连接牛津大学与全球校友、上千家科技型创业企业的桥梁，它集创业教学与实践于一体，开展分阶段的创业教育。该创业教育中心的工作主要是：整合教育与学生创业就业资源，与企业家、投资者等商业领域内的专家建立业务关系，服务于创业教学和学生的创业实践；支持学生与牛津校友会建立紧密的网络关系，成立了全球规模最大的创业型学生社团——牛津创业者，而牛津校友会建立有牛津企业俱乐部，能够全面推送全国范围内的各类商务信息，这对学生创业和牛津大学的创业教育发展都是强有力的推动；该中心开设在线网络公开课，包括演讲、在线授课、论坛等商务类课程授课，在线公开课平台 ituneU 上线后，全球范围的下载量超过 300 万次，大量的学生参加了这类课程学习。它还进行理论研究和创业指导，该中心为加强创业教育的开展，对创业动机、创业成功影响因素、成功创业背后的理论意义等进行研究，为创业教育奠定理论基础。同时，该中心全力支持在校大学生和毕业生开展创业和企业发展，在创业理念教育、创业方法指导、创业规模扩大、可持续创业、创业失败等方面帮助创业学生甚至整个牛津大学创业圈。

（2）牛津大学商业计划大赛。牛津大学赛德商学院每年都会在不同时间就不同主题举行若干场“牛津大学商业计划大赛”，参赛项目的投资资金不限，可以是大项目也可以是小项目，参赛者可以是本校学生、本地区企业家或其他创业人士。这种比赛会面向全球公开举行，大赛的评委包括企业家、风险投资人、政府政策制定部门、大学学术权威等，该赛事的主要评判标准是能否获得风险投资，其他评判标准包括项目的创新点、市场前景、创业团队、财务计划、项目效益等。参赛者可以通过比赛获得企业经理人、企业家、风险投资人在创业项目商的建议和指导，更有可能获得创业项目资金，实现创业理想。因此“牛津大学商业计划大赛”是其创业教育的重要组成部分，为在校创业的大学生和社会人士提供了成功创业的可行渠道，营造和激发了牛津大学的创业氛围。

（3）以跨学科教育培养创业人才。牛津大学充分利用自身的学术资源，各个学科保持紧密联系，使接受创业教育的学生不仅能获得商科方面的知识，更能学习到牛津大学其他顶尖学科的最前沿知识，如社会学、经济学、法学、心理学、国际关系学等学科知识，成为高素质有通用能力的创业人才。牛津大学的跨学科创业教育氛围使得自身的教学和科研都采用全方位的跨学科视角和方法，促进了牛津大学各个学科教学人员和科研人员的合作，将传统意义的创业教育转变成综合性的创业人才培养模式。此外牛津大学建有世界一流的跨学科研究中心，如科学与文明研究所、专业服务公司管理中心、金融研究中心等，这些跨学科研究中心开展跨学科的学术研究和创业实践活动，为牛津大学培养跨学科的高素质创业人才培养提供支持。

3. 谢菲尔德大学

谢菲尔德大学作为世界百强名校，同时也是罗素集团成员，其建校历史可以追溯到 1828 年，是英国著名的“红砖大学”之一，经过 100 多年的发展，学校已经培养出多位诺贝尔奖得主，是全球最具国际化的大学，拥有全英最佳的学生会，连续被评为最佳学生体验前5名，最精彩的学生业余社交活动前3名。

在学校的创业教育相关网页上写道："重视培养学生的'创业能力'，无论他们将来选择哪种职业道路都对其成功非常有必要。"这里的"创业能力"并非仅仅指学习创业学、成功创立企业或商业技能，而是指大学生创业、就业和生活所需的一系列有价值并起作用的素质和技能，它能够帮助大学毕业生成为具有创新能力和生活力的求职者和社会公民，能够让大学生正确选择职业领域和机会并成为出色的领导者。

谢菲尔德大学在实施创业教育的过程中，力求破除教师和学生对创业的狭隘理解，将创业教育的价值定位在超越创业和创业成功层面，这种教育理念也是我国高校创业教育当前在理论研究领域秉持的价值标准。谢菲尔德大学的创业课程专注于帮助学生树立进取的心态，为以后成为一个企业家提高实践能力和洞察力，就是培养学生为"创业"做准备，这里的创业是广义上的创业概念。学习者通过参加一些革新和有创造力的活动来挑战自己的思想，并在这些活动中运用所学的理论来指导自己的实践。在教学方法上，更重视演讲和沟通技能，并提供机会锻炼学生的能力，这种教育方法占据教学的主要区域。

此外，谢菲尔德大学非常重视学生的创业教育参与度与体验感。例如学校开展的"领导能力大挑战"，这是一个像游戏一样的创业活动，要求小组成员必须选择担任一个领导角色以帮助团队达到既定目标。无论小组活动成功与否，他们都有机会来反思如何才能成为一个好的领导并且团队成员如何对领导做出有效反应。该校一直将创新创业教育根植于现实中，设法使在校生校园活动与不断发展变化的商业活动尽可能联系起来，让学生认识和体验商业组织和经营管理活动的开展。

三、德国等欧洲国家的创新创业教育

欧洲的创新创业教育在师资、质量、企业参与以及体系完善等方面还有提高的空间，但是它的思路和探索，特别是德国等国的教育经验值得研究借鉴。欧洲的创业教育有别于美国，如果说美国的创业教育是市场主导的话，那么欧洲则是政府行为占了很大比例。目前欧盟已有芬兰、丹麦、瑞典等9个国家或地区制定了专门的创业教育战略。欧盟委员会于2006年进一步发布关于创业教育的报告，将创业教育与培育欧洲独特的创业文化联系在一起。

（一）欧洲创业研究基金会

欧洲创业研究基金会（The European Foundation for Entrepreneurship Research，EFER）由哈佛大学商学院校友 Bert Twaalfhoven 博士创办，得到哈佛大学商学院校友、银行、风投及其他国际组织的资助，主要是培育与促进全欧洲高校的创业教育研究与教学。自1987年创办以来，该基金会长期进行欧洲与美国的创业对比研究，对欧洲进行了50多个案例研究。它通过对欧洲高校创业教育10年的跟踪性研究，从政策制定与创业教育具体实施两个层面给出了具体建议，现整理如下：

（1）让创业概念深入人心，以转变心智与态度，形成人们乐意创业、积极创业的局面。

（2）创业教育要有明确的目标，以有的放矢地设置课程，譬如开设中小企业管理课程等。

（3）创业教育瞄准“高增长为导向的创业”（high-growth-oriented entrepreneurship），包括怎样创建、融资以及发展企业等。

（4）开发创业教育评价体系。该基金会目前确定了一些开展创业教育评价的相关措施和产出指标，但尚未开发针对创业教育课程或项目的评价工具，对创业教育影响力缺乏数据支持。通过对美国的研究，该基金会认为创业是文化与教育环境长期积淀的结果，缺少科学评价的创业教育课程教学无法提高质量，也无法具有持续性，因而也就无法形成有利于创业行为的良好的创业文化与教育环境。

（5）将创业融入课程，并创建有利于创业的学习环境。具体措施包括：大力发展能够提供针对性创业课程的创业培训机构；扩大创业课程的数量，让更多的学生可以获得创业课程学习；把“创业”作为必修课；将“创业”与其他课程进行整合；鼓励跨学科选课。

（6）创建跨学科的课程与项目，并为创业课程和研究制定高质量标准。具体措施包括：确保创业课程达到国际质量标准；鼓励欧洲各大学成立面向创业的研究中心；将教育与研究聚焦于创业过程的每个环节，而不是仅局限于创业初始阶段；开发高质量的本土教材、案例研究以及课程资料，并达到国际共享水平；设置达到国际水平的创业学位；将“创业”发展成为具有严格规则水准的学科。

（7）在欧洲区域创建强有力的针对创业的教授与教师管理通道。具体措施包括：通过“基于项目的学习”、实习与咨询，促进“在做中学”理念的应用；提高案例教学频率以促进基于讨论的学习；采取恰当的评估、激励与奖励措施，以鼓励教师使用互动教学法；让企业家与当地企业参与创业教育教学。

（8）确保创业教育课程教学有稳定与充足的经费支持。具体措施包括：通过税收激励政策，鼓励企业向大学创业教育课程教学捐赠；寻求私立部门向创业教育研究与教学提供资金；确保项目基金充足与可持续，从而保证项目研究的可持续性；鼓励开发地方的天使基金与风险投资。

（9）鼓励创业师资与研究者跨界合作。如鼓励在欧洲和国际层面分享好的实践案例与经验；为来自不同国家的教授和研究者进行合作研究创造机会；为创业师资与研究者在全欧洲和全世界的流动与交流创造机会。

（二）德国创新创业教育突飞猛进

德国创业教育起源于20世纪50年代的“模拟公司”，主要面向职业学校经济类专业的学生，主要目标是丰富学生的专业知识，提升其实践能力，这还不能称为真正意义上的创业教育。20世纪70年代中期，德国在科隆大学、斯图加特大学逐渐开设了创业教育课程并展开相关研究工作。80年代多特蒙德大学设立创业教育研究中心，开始为创业教育打下理论基础。90年代，由于经济衰退，德国大多数公共机构减员增效，大企业纷纷裁员，导致就业机会不足，大学毕业生传统就业市场萎缩，大学生就业难的问题对德国提出了考验。自此，创业教育开始受到德国政府和各大高校的广泛重视，高校创业教育的发展步伐大大加快。

进入21世纪，德国大学生创业教育实现突飞猛进的发展。创业教育课程形成完备体系，涵盖了创立、融资和管理等，开设创业教育课程的高校达到上百所，创业教育在德国处于普及阶段。在德国，一半高校的发展定位以应用创新为基础，并且比例逐步提高。德国创新创业生态体系的建立，得益于多级政府部门的支持与有效引导，中央和地方政策型银行融资资助，以及其本身创新创业社会组织类型发达、体系综合和基础扎实，这保障了生态系统的管路通畅和有效运行。

目前德国高校的创业教育形成以下特点：

（1）师资队伍强大，由专兼职教师构成，分为服务型、专家型和指导型，分别开展相应工作。服务型师资为有自主创业意愿的学生提供咨询、信息服务，帮助他们找准创业目标；专家型师资对创业项目进行评估、指导，为大学生的创业计划提供理论指导；指导型师资利用课程进行教学，对创业理念进行渗透和灌输，并更好地实现创业教育理念的创新。

（2）德国高校创业教育普遍重视学生创业意识的培养，如重视校友创业典型的宣传，很多高校将创业成功校友的地理分布情况在德国地图上进行了标注，以直观的形式鼓励、激发大学生的创业热情。同时，高校创业教师在授课中注重灌输创业意识，以个人丰富的理论成果和实践经历感染大学生，使他们树立积极的创业意识和理性端正的创业态度。

（3）德国高校创业教育的特点还体现在为学生创业提供保障支持，如提供创业咨询服务，对有意愿进行创业的学生，指导他们制作商业计划书，帮助他们找到适合自身的创业方向，并评估创业需要的条件。德国高校还把就业市场需求和创业目标联系起来，为创业提供有价值的信息帮助和事实依据，并为创业者提供创业技能培训，对创业过程中的员工管理、专利申请、税务状况、创业后面临的后续问题等进行专门化的训练，这实现了对大学生创业技能的全方位培训。最后是提供创业条件保障，有些高校成立创业中心，提供免费的空间场地支持创业大学生有场地作创业计划和开展创业准备活动，创业中心实际上是为创业大学生提供了一个孵化器或者流动站。

（三）荷兰特温特大学的创业教育

荷兰特温特大学成立于20世纪60年代，是一所富有创业精神的研究型大学，欧洲创新型大学联盟成员之一，该校提供的创业教育和培训在欧盟属于顶尖水平，在科技研究方面的影响力在欧洲排名第六位。20世纪80年代是该校创业教育的起步阶段，在特温特地区经济形势和社会发展需求的驱动下，特温特大学肩负起推动地区创新和创业的社会责任，它首先在校外建立了一个创业孵化器，1984年启动了本校大学生创业孵化项目，同年该校的技术与管理学院开发出创业培训课程“成为你自己的老板”，之后特温特大学的创业教育进入了发展阶段和成熟阶段，可以说该校创业教育的发展是基于市场需求而取得后期成就的。

特温特大学开发了涵盖创业全过程的创业课程体系，该课程体系的设置以荷兰知识密集研究所开发的创业网络模型为基础，从创业过程和社会系统的视角为立志创业的人组合课程，聚焦增加学生的经济资本、社会资本、文化资本等，课程针对不同教育对象设置，形成了自身特色的创业课程体系。该校课程体系根据学生具体情况和商业环境的变化做动态调整，使高校课程设置能够灵活适应经济社会发展需求。目前创业教育成为特温特大学的发展根基，即使是非商科类的院系也意识到创业教育对于学生发展的重要性，该校全体学生都修读创业类相关课程，其创业教育理念与层级式创业教育倡导的“面向全体”教育原则是高度一致的。

四、其他国家创新创业教育

亚洲在全球创新竞争中不甘示弱，日本、韩国也居于前列。1996年日本经济团体联合会提出了“培养具有创造精神的人才”的教育方向，日本一桥大学也设立了创新研究中心。日本继2007年出台《日本创新战略2025》、2010年出台《未来10年经济增长战略》后，2011年又提出要成立科技创新战略。日本特别重视创业精神培养，它将创业教育定位为不是一种基于创业家养成的狭义技能和知识教育，而是关系学生社会挑战能力和冒险精神的素质能力教育，是学生通过创业课程和创业实践唤起创业意识、掌握创业技能的一种素质教育。韩国政府在1995年教育改革方案中提出创新教育，指出大学教育必须由传播现有知识和外来知识向科技、文化创造的方向转移。此后，韩国高校开始了相关研究，韩国仁荷大学设有创新研究中心，韩国政府于2009年1月发布并启动实施《新增长动力规划及发展战略》。

世界各国都十分重视创新创业教育，涌现出了许多知名的创业型大学。我国的创新创业教育目前还处于起步和发展阶段，系统深入的研究成果不多，创业教育研究对创业教育实践的影响力还有待提高。

五、关于国外创业教育的总结和启示

国外创业教育研究和实践都进入了成熟和系统的阶段，各类创业教育模式中有创业教育开展最早和最完善的；在创业教育理念方面有以培养创业意识为主的，如百森商学院；有以培养实际管理经验为主的，如哈佛大学商学院；有以培养系统的创业知识为主的，如斯坦福大学。综合各国创业骄傲与经验，我们在开展创业教育过程中应该聚焦的问题可以归纳为：

（1）创业教育理念是创业教育的决定性因素。高等教育价值观会影响创业教育理念，外加社会文化是多元化的，因此创业教育理念各具特色并呈现多元并存的现状。如美国百森商学院的创业教育思想是为了培养学生创业者的素质，特别是创业精神和创业能力，着眼于为未来的几代人设定“创业遗传代码”，以造就“最具革命性的创业一代”。哈佛大学商学院认为创业教育教会学生的不仅仅是“战略和流程”，而是一种“生活方式”与“思考习惯”，要求学生具有创业意识和创业精神，让学生成为改变世界的人物，让他们可以驾驭新思想、创造市场和新的就业机会。尽管世界上每所大学创业教育理念各不相同，但都有明确而长远的创业教育规划，这种理念和规划决定着高校开展创业教育的目标和模式，当前能够逐渐形成共识的创业教育理念基本上可以归纳为：创业教育不仅教授给学生创立商业和社会企业所需要的技能与知识，而且要始终坚守“为每个学生的自由发展”服务，为学生将来的生活选择、职业发展做准备，以适应社会经济和国家发展的需要；创业教育是有选择和讲究个性的教育，是人性成长的需求，创业教育从根本上说是培养人们感受幸福、追求幸福和创造幸福生活的能力。上述理念都强调了人的重要性，世界各国的高校也都是在尊重人的发展规律基础上成功开展创业教育的，以人为本是创业教育的本质规律。我国高校只有本着正确的创业教育理念，才能从根本上规避创业教育形式主义、急功近利主义的倾向，才能实现国家、社会、高校和学生个体的长远利益。

（2）经济社会环境是高校开展创业教育的立体性支持条件。国外政府在创业教育中起着重要的推动作用，政府通过制定和完善法律法规政策，从立法上保证创业教育的实施，从政策上、税收上支持创业活动的开展，从氛围上营造浓厚的创业文化大环境。如美国政府相继出台一系列保护科技成果知识产权、促进中小企业发展、鼓励创业教育的政策、法律，联邦政府出台的大学有权处置政府资助发明成果的法案《拜杜法案》，以及后期出台的《技术创新法》《联邦技术转移法》等，为完善保护知识产权以及为创业企业提供了资金、技术和管理支持。除政府政策支持以外，国外的创业教育还得到社会组织的大力支持，他们的基金会、研究机构和企业等都在创业教育中发挥重要作用。如美国的中小企业管理局给准备创业和正在创业中的小企业提供低收费，甚至免费的技术支援；中小企业发展中心通过举办研讨会等各种形式的活动，为准备创业的学生提供咨询服务；由外聘的董事长、总裁等组成的智囊团，定期开会研讨，为创业教育出谋划策；由创业经验丰富的退休人员组成的志愿者咨询团，为创业学生排忧解难；家庭企业研究所负责开设家庭企业讲座，举办家庭企业研讨会，颁发杰出家庭企业奖，帮助家庭企业快速成长等。我国高校的创业教育也亟须广泛吸纳社会资源，建立多渠道、多层次的立体式创业教育社会支持体系，形成了政府、学校、社会、企业良性互动的创业教育生态系统，为大学生创业提供有力保障，最终促进我国创业教育的健康发展。

（3）分层次、系统性的创业课程体系是开展创业教育的基本载体。我国高校应根据学生的创业需求和学习阶段构建多层次、系统化的创业教育课程体系。这里的层次主体是有不同创业需求和不同职业偏好的学生群体，层级式创业教育模式对学生进行了具体分层，相应的课程体系也是根据不同的学生层级进行开发的。分层次、系统化的课程体系是保证层级式创业教育落地的基本载体，是确保不同层级创业型人才培养质量的关键。

国外的教育市场比较开放，很多国家没有统一的、由政府规定的创业教育课程设置，每所学校根据各自区域认证机构的标准开设课程，因而创业教育的课程名称各不相同。但国外高校的创业教育课程都紧扣整个创业过程，具有系统性、科学性的特点，有效保证了创业教育目标的实现及教育理念的落实。美国还针对不同层次的课程目标，开设不同类型的课程，包含激发全体学生创业意识的课程、教授创业基本知识的课程和致力于实际创业的专门课程等；针对不同的授课对象，美国高校也开设了针对本科生、硕士生和博士生的层次多样的创业课程；针对不同课程内容，开设理论课和实践课，理论课程将创业过程中所涉及的知识进行整合，实践课程中以理论知识为基础，通过撰写商业计划书、参与创业计划大赛等活动，体验创业整个过程。国外高校通过将各个类型的创业教育课程进行系统规划和设置来开展创业教育，这有利于创业教育课程的针对性和实效性，为学生创造了贯穿整个教育过程的全方位立体式创业教育氛围，真正实现让学生浸染在创业氛围中，这也是值得我国高校借鉴的方面。

（4）多功能的创业教育中心建设是开展创业教育的有效推手。国外很多高校的创业教育中心是为开展创业教育成立的，这类创业教育中心除了提供创业方面的学术课程，开展外延拓展活动及进行创业领域的研究，还成为国外高校创业教育的基地。也就是说，创业教育中心担负着教学、研究和服务的功能，它的发展依托传统院系，既保证了稳定的师资、经费和课程等供给，也能有效地跨越传统学术边界，成为高校与外界联系的重要纽带。我国高校的创业教育中心在功能方面还比较单一，在运行过程中还未打破大学传统的组织结构，没有跨越人为划分的学科边界，因此我们的创业教育中心需要更有效地调动跨学科资源，使学生能更加灵活地根据自身需求选择多元化的创业教育资源。

（5）相比国外的创业教育，我国应形成教师创业的局面促进创业教育发展。“大众创业、万众创新”背景下，国家出台了一系列政策和意见鼓励和支持社会群体和大学生开展创业活动，但对于教师创业虽有鼓励的趋向，却没有实际的举措，高校也没有“师生”协作创业的工作机制。从美国高校的经验来看，美国高校普遍存在教师创业以及教师、学生共同创业的现象，硅谷80%左右的企业都是斯坦福大学师生协同创业的成果。这种局面对于高校创业教育教学的深入开展和创业教育质量提升起直接的促进作用，是创造创业教育氛围、以创业促进就业的最佳实践路径，我国高校目前主要是通过创业教育和创业项目鼓励和支持学生自主创业，其他层次学生的创业需求没有得到充分重视，高校与社会间人才流动渠道不畅。鼓励和支持教师创业是“以创促就”的重要内容，是让全体学生贴近创业氛围和创业文化的直接方法，是创业导师队伍建设的有效途径，将对提升创业教育质量发挥实质作用。

第二节 中国高校创业教育开展现状

一、中国高校创业教育模式

（一）按管理机构划分

2015年5月4日，国务院办公厅印发《关于深化高等学校创新创业教育改革的实施意见》(国办发〔2015〕36号)：“各高校要落实创新创业教育主体责任，把创新创业教育纳入改革发展重要议事日程，成立由校长任组长、分管校领导任副组长、有关部门负责人参加的创新创业教育工作领导小组，建立教务部门牵头，学生工作、团委等部门齐抓共管的创新创业教育工作机制。”为有序开展创新创业工作，各高校都设立了专门指导创新创业工作的部门。从机构设置来看，主要分为独立设置和非独立设置两种。独立设置创新创业指导部门的高校多采用成立创业学院或就业创业指导中心的方式，也有少数高校成立创业教育协调委员会或创业教育中心的方式来开展学校的创新创业工作，这些创业学院、创业教育中心、创业教育协调委员会或创业教育中心均为独立部门。非独立设置的创业组织机构一般是高校采取由学生处或者招生就业处负责协调开展创业教育工作。按组织机构划分，我国创业教育模式分为：

（1）创业学院模式。目前各类高校为了推进高等教育综合改革、促进高校更高质量地开展创业教育，几乎都建立了专门负责组织管理创业教育的创业学院，北京大学、上海交通大学、湖南大学、武汉大学、内蒙古大学等众多高校都采用这种模式。一般来讲，高校的创业学院可以定位为开放式的创业教育复合体，是大众化+精品化、重实践的体验式教学学院，不涉及学籍和院系调整。具体操作程序上，创业学院除面向学校全体学生开设创业教育必修课或选修课，还建有实践性较强的创业培育和实践教学体系，同时负责校内众创空间建设，组建创业团队，引入政府、企业、行业协会等社会力量，依托高校自身的教学、科研和人才优势，搭建起包括高校、企业、学生、校内外创业导师、风投资本等在内的“创业复合体”，通过协同育人、复合培育的模式提升创业文化，保证高校创业教育尤其是自主创业教育的实效。也有的高校设立创业教育学院，同时又设置创业教育中心，分别负责全校创业教育课程教学和实践教学的顶层设计与组织实施。

（2）就业创业指导中心模式。中国人民大学、山东大学、厦门大学、西北大学、北京师范大学等高校都设有大学生就业创业指导中心，是代表学校主管全校毕业生就业和创业工作的专门机构。该类指导服务中心主要负责宣传、贯彻有关大学生创业的方针、政策和法令，落实国家就业方针政策、制定符合学校发展和学生实际的就业工作实施方案，组织开展大学生就业创业指导和各类大学生创业大赛、创业培训、模拟实训等，并为在校大学生提供政策咨询和项目预孵化。可以说该中心是为学生就业、创业和用人单位招聘提供专门指导和服务的机构，主要职能是加强就业创业教育和指导。但有些高校就业创业指导中心的职责偏向就业指导和服务，大部分就业创业指导中心的具体工作内容是帮助学生树立正确的就业观，收集并发布用人单位需求信息，组织校园宣讲与各类招聘活动等。与创业学院模式相比，就业创业指导中心对于做好大学生创业教育与服务并提升学生创业能力和素质、培养学生创新精神、创业意识和创造能力的职能有所弱化。

（3）创业教育协调委员会模式。清华大学是这种模式的代表，它首先成立由校长牵头的学校创新创业教育领导小组，然后由教务处牵头，研究生院、学生处、研工部、团委等部门协同，建立学校创新创业教育协调委员会及其月度例会制度，总体筹划学校创新创业教育工作。类似的还有沈阳大学，其创业教育的校级管理机构由沈阳大学大学生创新创业教育组织协调委员会具体负责。“组织协调委员会”主任由分管教学的副校长担任，成员由大学生创新创业指导中心、教务处、科技处、人事处、计财处、学生处、招生就业处、团委等有关负责人组成。“组织协调委员会”下设办公室，办公室设在“创新创业指导中心”，办公室主任由指导中心主任担任。其创业教育的院级管理机构是二级学院的大学生创新创业教育工作组，“工作组”组长由各学院院长担任，分管教学工作的副院长担任副组长，成员由学院主管教学、科研、学生工作的负责人和部分骨干指导教师组成。这种创业教育协调委员会模式可以调集全校的各类资源、形成合力推动创业教育的开展，管理层级分明、责任到位，有利于即时解决开展创业教育过程中的各种问题。这种管理架构的合理性是创业教育组织形式上的基本要求，创业教育理念、体系和实施路径等实质教育内容应该成为该类组织架构的明确职责。

（二）按创业教育的实施方式划分

按创业教育的实施方式划分，我国创业教育模式分为：

（1）“普及式”创业教育模式。该模式主要是针对创业教育刚刚起步还未积累一定的经验，甚至从未开展过创业教育的高校，其创业教育的实施主要包括唤醒创业意识、强化创业实践教学、模拟创业实践以及创业咨询等。“普及式”创业教育模式的具体实施活动通常表现为：传授创业基本知识，营造创业氛围，提高大学生的创业意识；开展社团或讲座形式创业培训，强化学生的创业常识和实践认知；进行创业实践模拟训练，对有意向自主创业的少数群体开展创业指导。

（2）“实战式”创业教育模式。该模式主要采用“团队+导师+项目”的方式开展创业教育，即以学生为主体组建团队，以专业教师或行业专家为导师进行指导，以项目为载体进行实践。这种模式重在开展大学生实体自主创业的模拟指导和训练，适用于具有完善的创业教育管理制度和良好创业氛围的经管类院校或职业教育院校，可实现教学、理论、实践、就业与创业的一体化融合，有利于自主创业型人才培养和大学生就业问题的即时解决。

（3）“研究型”创业教育模式。该模式诞生于上海交通大学创业学院，其涉及的群体并不广泛，主要适合那些具有创新理念和创业知识的管理学、创业学专业的学生。该模式以创业学院作为创业教育组织的载体，创业教育从“广泛覆盖”和“重点突破”两个方面实施。“广泛覆盖”是指在专业教育过程中对学生进行创业理论、创业精神的引导和渗透，强化学生的创业意识，这个教育目标通过面向大多数学生开设不同类型的创业教育课程、组织参加各类创业大赛、开展创业沙龙或创业讲座以及提供创业服务等活动实现；而“重点突破”则是通过创业导师团队的指导，辅以创业园孵化措施和资金支持来扶持初创企业，从而提升学生的创业积极性和创业成功的可能性。

（4）“云平台”创业教育模式。“云平台”创业教育模式本质上是采用云技术，借助虚拟空间开展实体自主创业。该模式一方面借助社会上有实力的商业“云平台”如阿里巴巴全球速卖通，对学生开展创业实训教育或平台式自主创业扶持。另一方面高校借助云技术，整合知名企业、创业导师、各高校创业团队，打破局限，为大学生创新创业提供开放式的新平台。有的大学生云技术创业平台集金融风投、生产企业、商贸物流、技术服务以及教师辅导站等要素于一体，全面一站式提供大学生创业所需的支持条件，如项目、资金、营销、支付、物流、客服等。

（5）预孵化模式。与传统孵化器相比，预孵化模式是一种创新的创业教育模式，致力于提高初创企业的存活能力。预孵化模式是大学生正式成立公司前，经过创业教育，树立正确的创业理念，积累一定的创业经验和资源。该模式涵盖了大学生创业者从最初有想法创业到落实创业再到打开局面的过程，同时对创业失败者们的二次创业项目提供财务、税收、法律、人力、注册、政策、申报等方面的支持或咨询服务，帮助创业者更好地二次创业。

（三）按创业教育的内容划分

按创业教育的内容划分，我国创业教育模式分为：

（1）创业教育与素质教育融合模式。这是一种以素质教育为核心的创业教育，是一体化的人才培养模式。这种模式下，创业教育与思想政治教育相结合、与通识教育紧密结合、与毕业生就业相结合，形成创业学院或创业教育中心、就业指导中心、学生工作处、团委、教务处、二级学院等部门齐抓共管和协同联动的局面，创业教育与创业型人才培养工作全面融合。该模式通过多元化的创业教育方法和途径，分层分类培养不同类型的创业型人才，使全体学生能够学好创业知识、提高创业能力、提升综合素质，鼓励学生开展多样化的创业实践或社会体验活动，成为有创造力、生活力的合格公民。

（2）创业教育与专业教育融合模式。这种模式下专业教育是创业教育的基础，创业教育对专业教育起促进、强化的作用，创业教育与专业教育拥有一致的教学目标。开展创业教育过程中，创业教育渗透到具体的专业教育中，与专业教育的人才培养方案融合，包括教育理念、人才培养目标、课程体系、教学内容、考核方案、师资与教学管理等，创业教育和专业教育因此形成耦合机制和互济作用。从本质上说创业教育不能脱离专业教育独立开展，要以专业内涵为依托，而专业教育现有的教学内容和教育体制也与创业教育紧密融合，根据创业教育的目标和内容设置，以此形成一个有机的创业教育融合模式。

（3）校企融合协同育人模式。该模式以夯实校企合作平台为基础，高校吸收企业管理人员、企业家等组建创业教育工作委员会，与他们共同开展创业人才培养方案制定、课程体系构建、创业实践基地建设等工作，同时高校借助企业优势，解决创业导师、企业人员兼职和校内外创业基地建设等教育难题，高校则也以自身的科研、人才、场地优势吸引企业开展合作，从而形成企业与高校互利合作的办学特色和合作机制。校企协同育人模式下高校的创业教育引进了社会评价机制，企业参与制定创业教育评价标准并开展评价，高校把企业的评价标准和结论作为反映创业教育质量的重要指标，通过这种反馈来指导高校创业教育教学工作。

二、中国开展创业教育的特色高校

（一）清华大学

清华大学是中国创新创业教育的典型高校。1997 年清华大学经管学院最早在国内 MBA 培养计划中设立了创新与创业方向，首次开设研究生创业类课程，如创业管理等。1999 年清华大学承办了首届“挑战杯”中国大学生创业计划大赛，产生了很好的影响，在全国高校掀起了创新创业的热潮并向全国扩散。清华大学创业教育的特色体现在：

（1）创业教育课程建设。2003 年，清华科技园与清华经管学院共建创业课程，创设“科技创业理论与实务”，面向在校大学生开设。2006 年开始面向本科生实施文化素质课程教育计划，包括普通和核心课程。后来清华大学还建设了系列创新创业全校选修课，重点支持“学生创新力提升证书项目”，形成思维与技能、跨界学习和实践交流相结合的新课程体系和教学模式，为提升学生创意、创新、创业领导力的思维和技能打下良好基础。

（2）创业教育平台建设。清华大学通过教务处、研究生院、校团委、基础工业训练中心和学生职业发展指导中心等职能部门的通力合作，协同建设“创意、创新、创业”紧密结合的“三创”平台，并广泛联系校友会、基金会、校企集团及清华科技园等外部性资源，深化与地方政府的合作交流，突破性地构建起覆盖启蒙、训练、实战、落地的全过程创业教育平台，目前已建立了创客空间（iCenter）、创新实验室（x-Lab）、学生未来兴趣团队、“创 +”创业孵化平台等多个三创教育平台，为创新创业教育教学提供人员、场地和管理支持，形成了多元合作的创新创业生态系统。

（3）创业教育的主要措施。清华大学开展创业教育的主要措施（《清华大学关于深化创新创业教育改革的实施方案》）包括：

1）建立学科交叉的创新创业辅修专业/双学位，探索跨院系协同培养创新创业人才的新机制。在学校层面，建设跨院系交叉的技术创新创业辅修专业/双学位的通用架构，建立跨院系融合培养创新创业人才的新机制。先从工科突破，与美术、设计、医学、生命、理学、经管、金融、人文等交叉。前期启动智能硬件、机器人和智能交通三个辅修专业方向，其他的交叉学科辅修专业方向/双学位，待规划成熟后可陆续加入通用架构之中。此外还建设了互联网金融与创业辅修专业，结合互联网金融的社会需求和技术发展趋势，进行创业素质和能力的培养。

2）将创新创业教育融入各专业人才培养方案，实现与传统专业的有机融合。清华大学突出强调授课内容上的创新、教学方法上的互动（包括开展参与式、启发式课堂教学，鼓励个性化、小班式教学方式、注重培养批判性与创造性思维等）、培养方案管理的灵活性，支持学生根据自身特点和发展志趣自主选择多样化学习和成长路径。此外还推进创新创业教育的通识化，面向全校开设旨在培养创新思维方法、首创精神及企业家精神的创新创业通识课程，争取建成通识核心课程，并逐步覆盖100%学生。在学业评价体系改革方面，清华大学变百分制为相对等级制，引导学生弱化对考试成绩过于功利化的追求，将课程选择的着眼点重新定位到真正有益于自身长远发展的创新能力和素质的提升上来。为鼓励创业与专业结合的自主创业，清华大学采取弹性学制措施，允许学生创业休学的年限延长为3年，并在本科毕业设计中设立创业类毕业设计，支持学生创业。

3）统筹第一课堂和第二课堂，推进创新创业教育可持续发展。为真正将创业教育落实到学生培养的主要环节之中，清华大学积极探索基于课程、专业和学位为主要教育形式的第一课堂创业教育方式和方法。统筹第一课堂和第二课堂是将第一课堂作为基础，各类课堂协同培养，发挥第二课堂在创业教育中的激励作用，包括：大力发挥“iCenter”“x-Lab”“兴趣团队”“创+”“i-Space”等创新创业教育平台的引领和基础支撑作用，开展清华创客日、“校长杯”创新大赛、清华大学“挑战杯”等创新创业特色赛事和活动，在校园内营造良好的创新创业教育氛围。

4）推进国际化创新创业教育，培养学生的全球化视野和创新创业精神。清华大学探索国际化跨界创新创业人才培养新模式，携手华盛顿大学和微软公司在美国华盛顿州创立全球创新学院，开设双硕士学位，由中美双方跨院系设计培养方案，将创新创业教育融入其中，培养学生的全球化视野和创新创业精神。还通过组织暑期学校国际学生交流、主办及参与国际性创新创业大赛、国际性高校创新创业教育协作和联盟、国际双边创新创业教育研讨会等方式推进创业教育的国际化。

5）主动承担创新创业教育的社会责任，为“大众创业、万众创新”提供优质的教育资源。为切实推进中国高校创新创业教育联盟的工作，清华大学与兄弟高校和加盟企业一起将其建设成为中国高校创新创业教育的合作平台、大学与社会创新创业的互动平台、中外创新创业的交流平台，为全面深化创新创业教育改革作出自己的贡献。同时积极运用现代教育技术提供面向社会大众开放的创新创业教育资源，包括汇聚国内外名校课程的大规模在线教育课程平台“学堂在线”，提供系列创业在线课程的“中国创业学院”频道等。

6）在创业教育的机制保障和组织实施方面，整合了校内校外多方资源。由教务处牵头，研究生院、学生处、研工部、团委等部门协同，成立学校创新创业教育协调委员会，总体筹划学校创新创业教育顶层设计；成立清华大学创新创业教学（专项）委员会，为学校的创新创业教育工作提供专业的学术咨询和评议；成立创新创业顾问委员会，聘请创业家、投资家和企业家作为委员，对创新创业专业培养方案进行指导。

7）为加强创新创业师资建设，清华大学开展了“教师+”行动。依托校内创新创业教育专业教师，协同技术创新和设计思维等方面的跨院系教师，建立跨界学习的师资组织机制，邀请国际顶级创客作为驻校创客导师，指导学生创客实现创意作品，聘请驻校企业家和驻校投资人担任创业导师，与投资机构和创业专业服务机构建立了对接合作，为创业团队提供多方面的支持。

（二）黑龙江大学

黑龙江大学在2002年被教育部确定为全国首批9所创业教育试点院校之一，在2009年被教育部确定为国家级创业教育人才培养模式创新实验区，它在创业教育理念和创业课程体系建设方面对同类院校起到了引领和示范作用，其创业教育的主要特色为：

（1）秉持“创业教育是素质教育的具体化和深化”的创业教育理念。时任校长衣俊卿认为“创业教育是高等教育改革深化的必然趋势”。在该理念的指引下，黑龙江大学围绕一个中心和两个基点培养引领未来经济社会发展的创业型人才，开展具体化和深化的创业教育。一个中心指以培养学生综合素质为中心；两个基本点，一是坚持面向全体，培养适应未来经济社会发展具有开创性的创新创业人才，二是坚持分类指导。该理念体现了教育本质的回归，是一种“教育以人为本”的大学教育精神，该理念指引下的创业教育是符合教育规律和人才发展规律的务实教育，有利于学生和社会的长远发展。

（2）奉行“面向全体、基于专业、分类培养、强化实践”的工作方针。该方针以面向全体学生“提升学生社会责任感、创新精神、创业意识与实践能力”为核心，培养学生的创新精神与创业意识。同时基于专业开展分类培养不同层次的创业型人才，对于具有创业潜质的部分学生培养创业精神和创业能力，对于在校期间就具有创业意愿的少数学生重点培养他们的创业知识与创业技能。该方针体现了创业教育与素质教育、专业教育、就业教育的充分融合。

（3）三类课程体系融合。三类课程体系包括专业课程体系、选修课程体系和通识课程体系。除开设专业基础、专业技能类的专业必修课外，还开设创业管理、学科前沿、职业发展与就业指导等专业必修课程，开设项目研发、论文研习等90余门专业选修课程，很好地践行了创业教育与专业学习的深度融合。黑龙江大学基于综合性大学学科专业优势，开设了与创新创业相关的专业选修课程，如科技创新、创新思维训练、小企业财务管理等选修课程，设立了“专业+方向”的选修课程群，如“新闻+经济”“哲学+管理”“经济+法律”等，并以“选修课”模式成功开设138个创业教育创新人才培养实验班，促进了跨学科、复合型、个性化人才培养。黑龙江大学的通识课程体系定位面向全校学生，开设职业生涯规划与就业指导等通识必修课程，开设创造学与创新思维训练类、经济发展与社会治理类等8大类通识课程模块，课程总量达60余门，形成了系统的通识课程体系，推动了创业教育与通识教育的融合[1]。

（4）从三个层面加强创业教育实践教学。首先，加强训练项目建设，设立创业基金，组织专业教师结合学生专业学习，建立创新创业项目库，学生自主选择项目和科研导师，进行立项研究，目前积累了一定数量的项目材料和训练成果。其次，加强实践基地建设，学校层面建设了4000平方米的学生科技文化创业园，学院层面建有83个创新创业训练基地和技能培训基地，专业层面依托各专业实验室建立校企合作基地200余个。校内各层级的创业实践基地以创新创业训练项目为依托，将校级训练项目管理重心下移至各教学单位，实行“学校统筹、校院共管”管理模式，充分调动教学单位的主动性和积极性，促进校院两级协同管理。最后，第三个层面是加强竞赛活动和其他主题实践活动的统一管理和协同组织，建立了竞赛实训与管理机制，鼓励学生在专业教师指导下参加各级各类的大学生创业竞赛，重点资助教育部等专业领域组织的重要赛事，并严格执行竞赛预算审批机制，竞赛成果显著。通过加强管理各类竞赛和主题实践活动，黑龙江大学有效营造了创新创业的文化氛围，提升了学生社会责任感与实践能力。

（三）温州大学

温州大学立足温州区域文化，以培养学生创新创业意识、精神、能力为核心，秉承温商精神，整合社会资源，构建植根区域经济、专创融合、强化实践、学成致用的创新创业教育生态体系，培养具有“新温商”精神的应用型创新创业人才。其创业教育模式取得了较好成效，特色鲜明，辐射广泛，形成了区域性乃至于全国性的示范性影响，被誉为国内高校创业教育四大模式之一。创业教育与专业教育深度融合是温州大学开展创业教育的主线，开展创业教育过程中温州大学秉持温州人创业精神，积极整合温州创业资源，与政府、企业、金融机构、创业服务中介等紧密合作，打造“校、企、政、产、金、介、创”多维协同与合作的创业教育生态链，构建分层分类、深度融合、协同递进的创业教育新体系。温州大学继成为教育部创新创业50强、国家级众创空间之后，新获教育部首批深化创新创业改革示范高校、教育部创新创业教指委副主任委员单位等荣誉称号。其开展创业教育的特色表现为：

（1）三个创业教育人才培养层系。三个层系包括普基层，创意（实战）层，孵化层三个创新创业教育人才培养层系，这三个层系是指温州大学在开展创业教育的过程中，形成了“课程教学、实践实训、企业孵化”三点联动的应用型创业人才培养体系，将创业教育纳入本科培养方案，实现创业教育融入人才培养全过程。该创业教育体系体现了面向全体、分层分类开展创业教育的指导思想，解

[1] 付丽.“融入式”创新创业教育的经验与启示——以黑龙江大学为例［J］. 奋斗，2017.

决了创业实践与专业教育“融合难”的问题，将创业实践从传统的“经商办企业”的“窄化”或“素质通识教育”的“泛化”瓶颈中剥离出来，有效构建了差异化、层次化的创业教育人才培养体系。

（2）创新的创客培养模式。温州大学创建了“创客实验班+创客教材+创客课程+创客工作坊+创客团队+创客实训平台”的“六创”创客培养模型，通过在专业教育中建设有效的融合载体，温州大学率全国高校之先构建了“1+X”分布式创客空间，并推动“一学院一空间”计划，以国家级众创空间为主体，在所有专业学院打造了18个创客空间，充分以专业创新为依托、以分布式孵化空间为载体开展创客式学习和项目化运营等创业实践，加强专业创新学习成果的创业转化。同时，温州大学以创客空间为基础，与美术、建工、机电等学院共同开展专业教育与创业教育深度融合改革试点班。近年来，温州大学以分布式创客空间为主要载体，新培育了上百个创新创业团队，专业学院的自主性和参与度被充分调动，创新创业团队项目培养效率同比提升50%以上。

（3）四位一体创业教育课程体系。该课程体系是指“创业必修+创业通识+创业实训+创业项目”四位一体课程体系。温州大学近年来开设了30多门创业课程，在全院新生中开设“创业基础”创业必修课，实现了创新创业教育全覆盖；在通识课程层面，学校结合温州区域资源，从公共必修课和公共选修课两个维度切入构建了融合创业教育的通识课程体系。温州大学在学科基础课及专业课中增设“跨境电子商务”“中小企业创业实务”等创业通识课程，开发了公共必修课程“大学生创业基础”及通识课程教材，并在省教学平台上开设同名MOOC课程；开发了50多门创业教育全校公共选修课，实现了创业教育融入专业培养过程；在创业项目实训方面学校开设了“新温商”创业实战班、8+X模拟公司班、网络实战课程、淘宝班、企业接班人班、微商班等创业实战课程班，为学生提供个性化、市场化创业经营实战平台，通过上述创业实战班学生可以100%真实运营实践创业项目。该课程体系将温商精神融入创业课程体系、融进创业文化建设，以文化理念服务于创业教育的全面开展。

（4）立足区域经济实现创业教育与专业教育的深度融合。温州大学把创业教育作为应用型人才培养的重要内涵，以提高创业型人才培养质量为己任，积极融合地方元素，不断推进创业教育与专业教育深度融合，产生了较好实效和影响。温州大学获得了首批国家创业型人才培养创新实验区、全国创业教育示范院校、首批国家级“大学生创新创业训练计划”、首批全国高校创新创业50强、国家级众创空间等几十项荣誉。

在专业教育方面，温州大学建立了跨院系、跨学科、跨专业、跨行业交叉培养创业人才的新机制，设立汽车服务工程、鞋靴设计、服装设计、经济、法学等专业教育与创业教育融合的人才培养模式实验区。另外，温州大学在全国首开专业教育与创业教育深度融合的“3+1”创业精英班，在三年专业学习的基础上，通过一年集中到创业人才培养学院或者专业学院进行创业学习和创业项目孵化，培养既懂专业又懂经营管理的创业型人才。2016年毕业的首届毕业生中70%从事自主创业，这个数据对于我国高校创业教育的有效开展和找到大学生就业的有效路径都具有重大意义，从高校应用型创业人才培养的层面为同类型院校提供了可借鉴的宝贵经验。

（四）浙江义乌工商职业技术学院

义乌经济社会的发展为义乌工商职业技术学院的创业教育提供了得天独厚的环境和条件。依托义乌市场优势，该校形成了“创业教育、创意教育、国际教育”三大办学特色。2008年，该校率先在全省建设创业学院，成功打造了双创教育的“义乌样本”，入围全国高职院校“国际影响力50强”和“服务贡献50强”院校。其创业教育的特色体现在：

（1）以体制机制改革促进创业教育管理。一是建立健全管理制度体系，该校成立创业管理处，统筹协调创业教育发展各项事宜，不断探索校院二级协同创新创业机制，明确相关单位工作职能，调动二级学院推进创业教育的积极性。二是推进创业学院特区试点工作，按照“一校两制”思路做强做大创业学院，不断深化创新创业人才改革试点，探索多元主体混合所有制学院建设，推进师徒制创业工作室建设，建立健全创业工作室管理办法，构建新型的创新创业能力训练体系。

（2）创新人才培养模式。一是丰富电商创业形式，学院发挥电商平台创业优势，开办网络时尚模特班，拓展商品摄影、网店设计等电商服务类创业形式，鼓励学生在移动电商、农村电商等领域开展创业实践，并且引导学生从事跨境进口创业，校企合作建立进口商品O2O展示分销中心，培养进口分销人才，服务义乌进口贸易发展。二是开展“专业+创业”培养模式改革，在保持电商创业优势的基础上，从“单创”向“双创”转变，将专业领域的创新、创意理念融入创业教育中，推动创业教育内容与形态的同步升级，同时探索推进“专业+创业”试点，建设专业创业工作室，开设特色教学改革班，开展“2+1”“1.5+1.5”等不同形式的创新创业人才培养改革。

（3）加强创业教学建设。一是建设创业教育课程体系，根据人才培养定位和创业教育目标要求，各专业开设创新创业类通识课程，加大创业教育课程的选修比例，强化专业课程设计和专业毕业论文的创新导向，实现创业教育全覆盖。二是改革创业教育教学方法，推进教学改革和课堂创新，推广小班化教学，采用讨论式、头脑风暴式、项目式、沙盘模拟等教学模式，实施分层分类教学，努力构建优质高效课堂，不断增强课堂育人的时代性、针对性和时效性。

（4）加强创业导师培育。一是加强专任创业导师内培力度，实施创业导师培育工程，建立健全创业指导教师选拔培养激励机制，分批分类培育创业指导名师和优秀创业指导教师团队；成立创业导师发展中心，完善创业导师培育跟踪体系，开展“创业导师+创业项目”行动计划。二是选聘优秀人才兼任创业导师，规范兼任创业导师选聘流程，明确权利义务，进一步发挥兼任创业指导教师队伍的作用。学院依托优秀创业毕业生联盟，选聘优秀创业毕业生担任兼职创业教师，营造良好的创业传帮带氛围，此外还选聘义乌各国商会会长、优秀创业商人、海外回归义商等参与创业指导，拓宽学生国际创业视野，为学生国际化创业提供强有力的支持。

(5) 搭建创业实践平台，探索协同育人新机制。一是打造特色校内大学生创业实践平台，建好二级学院创业孵化基地，打造学生众创空间（创客平台）、创客吧等特色创业实践平台，完善学生创业项目培育机制。同时充分发挥互联网+众创指导服务中心、校园创客信息平台（就创业微信平台）功能，为师生创业提供信息与技术服务支持。二是构建政校企协作的创业孵化机制，积极与省内外高校、地方政府、企事业单位、研究所对接，促进校际、政校、校企、校所合作，充分整合优质资源，对接高端异地孵化器等创新平台，探索多元主体共同孵化育人机制，并逐步构建“专业创业工作室—学院创业孵化基地—学校创业实践平台—社会共创孵化器”四级孵化机制。学院通过多元主体协同的方式获取更多开放、优质的外部资源，建立省级“创新实验室”和“创业实验室”等平台。

三、全球化智库的调查数据分析和启示

全球化智库（CCG）为了探究我国高校学生创新创业及高校创新创业教育的发展现状，并找出影响高校学生创新创业的主要因素，以促进我国高校学生的创新创业，它于2016~2017年分别对国内100所高校（包括重点高校、地方本科高校、高职高专等）及2797位学生（包括高职高专生、本科生以及硕士和博士研究生等）开展了问卷调研，调查群体以地方本科院校为主，占比达51%，高职高专占比达28%，其他高校占21%，这也符合我国高校的数量分布情况，最后形成了《2017中国高校学生创新创业调查报告》。可见该报告的数据和结论近80%针对的是应用型高校和应用型人才的创新创业活动，这类群体也是为创新创业的主体，在“大众创业、万众创新”的发展过程中扮演着重要的角色，而此类高校创新创业教育也备受关注。这个研究范本也与本书的研究方向高度一致，因此可以先参考这个调查结果。

（一）调查样本特征

调研高校样本特征是，调研高校覆盖了“211”高校、“985”高校（非“211”）、地方本科高校和高职高专院校，其中地方本科高校和高职高专院校占

多数；高校大学生样本特征是，男生和女生比例接近 1∶1，大一、大二学生占比接近一半，其中大一学生占比最高，为 26.03%，大二学生占比为 23.49%，学生的学科背景以工学、管理学和经济学为主。参与调研的高校和学生所在地区主要集中在北京、浙江、江苏、上海、河北地区。

（二）CCG 关于高校学生对创业教育需求的调查结果

（1）参与调研的高校学生中，学科背景为工学、管理学和经济学的高校学生更关注创新创业，一方面其专业特征与创新创业关联较大，比如工科偏实用性，技术的创新和孵化更专业，科研成果转化更高效，管理学和经济学为创新创业的学生提供了重要的理论知识，另一方面，该专业中创新创业的案例也相对较多，对相关专业学生的影响较其他专业更为广泛。

（2）创业教育活跃的区域分布。当前高校比较关注创业教育、学生创业意识和创业积极性也比较高的地区集中在北京、上海、浙江、江苏、河北这些全国高校最集中的区域，这些区域的高校学生对于创新创业的热情和自主创业比例相对高于其他区域，如图 3-1 所示。这说明区域经济活跃的地区高校开展创业教育的程度会更深入，学生参与的积极性会更高。

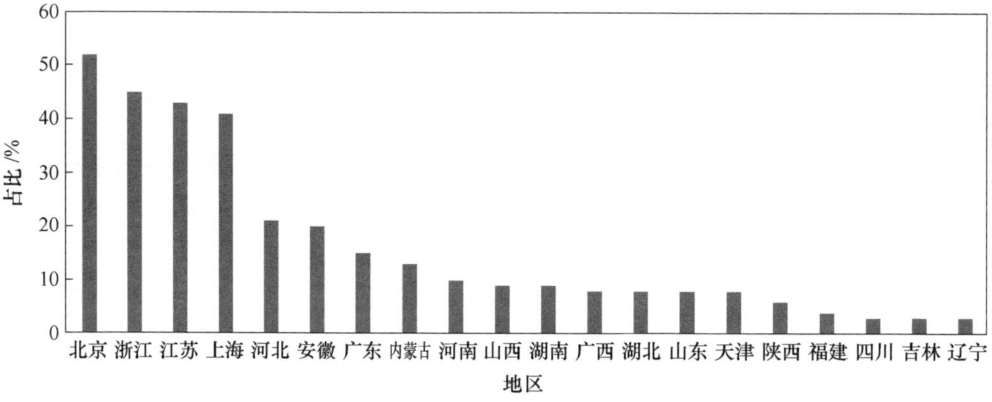

图 3-1 中国创业教育活跃的地区

（3）高校学生对于创业教育了解的情况并不理想，见表 3-1。在国家大力提倡创新创业教育的背景下，相比以前学生对于创业教育的了解情况总体上有质的提升。但调查的样本中仅 1/3 的高校学生表示了解或非常了解，接近 26% 的高校学生对创业教育并不了解。这是一个值得教育者和研究者关注的焦点，在这个“大众创业、万众创新”的时代，创业教育成为高校自身发展的改革创举，也是高校承担社会责任的历史使命，经过将近 20 年的创新创业教育浪潮，依然存在近 26% 的学生不但没有接受过创业教育，而且对创业教育还不了解，这里的深层次问题值得深入探究。我们不得不思考，在教育部和高校都将“面向全体、分层施教”作为创业教育原则和理念的当下，是什么让创业教育没有向全体学生普及，更何况分层施教？

表 3-1 高校学生对创业教育的了解情况❶

对创业教育的了解	一般	了解	非常了解	不了解	其他
占比/%	40.67	23.82	9.62	25.61	0.28

（4）从表 3-1 的调查结果分析，高校及学生社团举办的各类创新创业活动和高校开设的创业课程是高校学生接受创业教育的主要方式。创业教育课程是高校开展创业教育的重要载体，但目前以实践活动为主的创业教育形式是接受程度最高的教学类型。高校的专业教育、通识教育并没有与创业教育真正融合，高校没有建成系统化的创业教育课程体系，也未有效实施，这也反映出目前国内很多高校开展的创业教育，基本上仍停留在传统的刚性教学计划上，即围绕专业开设一些短期的创业教育实践活动，真正系统地分层开展创业教育的高校屈指可数，因而创业教育的效果也大打折扣。高校对于创新创业教育的重视、投入不足和缺乏系统的创业课程体系是当前阻碍高校创业教育发展的主要问题。

四、江浙沪地区高校创业教育调查数据和分析

为了弄清中国经济发展最迅速、经济实力最强地区创业教育开展情况和效果，以利于掌握中国高校创业教育发展的未来趋向，2018 年作者课题组对江浙沪地区有代表性的研究型、教学型和职业教育型三类六所高校开展了问卷调查，样本数量是 1000 份，主要面对在校大学生进行了关于就业理想、就业领域、创业课程覆盖面、对创业教育看法的调查。对在校大学生的调查学段集中在二、三、四年级，调查主题包括就业意愿如毕业后选择从事相关专业、未来自主创业、从事自由职业、受雇就业的意愿，还包括对创业教育和创业课程的认识，得到的数据见表 3-2。

表 3-2 江浙沪地区高校创业教育开展现状

调查主题	研究型大学	教学型本科	职业教育院校
是否愿意从事相关专业工作	36%	32%	47%
选择自主创业	22%	9%	25%
选择受雇就业	39%	60%	50%
从事自由职业	11%	17%	6%
创业类课程应该侧重的内容	能力素质	能力素质和如何创业	能力素质和如何创业

❶ CCG 全球化智库．中国高校学生创新创业调查报告［R］．2017.

续表 3-2

调查主题	研究型大学	教学型本科	职业教育院校
上过创业类课程	93%	69%	98%
没有上过创业类课程	7%	31%	2%
创业类课程有效	32%	38%	75%
创业类课程无效	68%	62%	25%

从以上问卷调查结果来看，江浙沪地区在校大学生对于创业和创业教育有以下现象：

（1）关于职业方向选择。超过 1/3 的高校学生在校期间愿意从事与专业相关的职业，职业教育院校的学生比例稍高，这与职业院校专门化、技能化的职业教育特征有关，学生在校期间接受的职业技能训练塑造了学生的专业理想，而研究型大学和教学型本科的在校大学生对于专业的适应性有较大弹性。这对创业教育的启示是创业教育与专业教育融合对所有类型的高校都有必要，尤其在高职院校要加强基于专业的创业教育，服务于地方经济发展。从就业方式选择方面来看，教学型本科院校学生选择自由职业的比例较高，达到 17%，而高职院校较低，达到 6%，研究型大学居中，达到 11%。在校大学生明确选择毕业后从事自由职业的现象逐渐成为一种趋势。根据《中国高等教育质量报告》，2018 年中国大学生在校人数达到 3700 万人，对于这么庞大的基数而言，选择自由职业的学生数量是众多的，这是江浙沪地区的现状特征，也提示中国其他地区高校也面临同样的问题。高校在开展创业教育时，要特别关注这类群体的职业规划和教育需求，立足素质教育和生活力的培养，使他们成为社会稳定、和谐的重要力量。

三类高校在校大学生选择毕业后自主创业的学生，研究型大学和职业教育院校最高，而教学型本科院校最低，当然这种选择仅限于他们在校期间的填写问卷阶段，但也反映出教学型本科院校的学生对于自己的专业技能、知识积累、个人能力素质等方面存在不确定心理，此类高校教学定位在研究型和职业教育型高校之间，学生所表现出的职业定位也处于犹豫之中，教学型高校学生选择受雇就业的比例最高，达到 60%。这个调查结果给我们的启示在教学型本科高校的创业教育更应加强专业与创业融合、职业规划、就业指导教育和生活力的培养，研究型高校和职业教育类高校的教育目标决定了它们创业教育的开展有更明确的职业定位，开展创业过程中要注重自主创业的指导、扶持，同时加强职业能力和素养的培养。

（2）对创业教育的需求。研究型高校的在校大学生认为创业教育应该主要关注学生综合能力素质的培养，而教学型本科高校和职业教育类院校的学生大都认为能力素质和如何创业是它们需要从创业教育课程中获得的。从结果来看，在校大学生并没有把自主创业作为一项迫在眉睫的近期目标，这与高校创业教育中追求自主创业效益和成功的主流目标形成落差，学生对于能力素质的养成普遍很重视，他们宁愿稳扎稳打地开始未来的创业生涯。因此对于所有类型高校来说，将创业教育作为一项高层次素质教育的育人工程是教育规律，也是人才成长规律，让创业教育回归育人本质有其客观基础和科学要求。

（3）江浙沪在校大学生对于高校创业教育课程的认识。三种类型高校的在校大学生50%以上都接受过创业教育，研究型高校和职业教育院校创业教育覆盖面较广，而教学型本科高校的创业教育课程还没有形成面向全体开设创业教育课程的局面，地方本科高校与真正落实创业教育之间还存在差距。在上过创业教育类课程的学生中，研究型高校和教学型高校的学生认为创业教育类课程对自己帮助有限，而高职类院校的学生认为创业教育课程有效实用。这说明研究型和教学型高校的创业教育课程内容、教学目标都有待进一步界定，职业教育类高校的创业教育规划、实施和目标都非常清晰明确，与职业教育院校的自身定位一致。这也给研究型和教学型高校一个启示就是普遍开始创业教育课程不是创业教育的初衷和目标，要根据学生需求分层分类搞好创业教育，围绕育人目标提升教育质量。

第三节　中国高校大学生创业就业现状

一、全球化智库关于大学生创业的调查和启示

从全球化智库（CCG）的调查数据来看，参与调研的学生和高校在北京、浙江、江苏、上海、河北这五个区域内分布数量最集中，在区域创新经济的影响下，该区域内高校学生对于创新创业的关注度较高，学生创新创业的热情也相对高涨。区域经济发达地区的大学生创业情况基本反映了大学生接受创业教育、开展创业活动的一般规律，预示着中国其他地区高校大学生未来创新创业的总体状态和趋势。

（1）高校学生对于创业的关注比例随着学业和年级进阶而下降，如图3-2所示。本科生阶段各年级关注创新创业的比例呈阶梯下降趋势分布，研究生阶段关注创新创业的学生主要集中在研一，所以随着学业、年级的进阶，学生对于创新创业的关注度呈现逐渐下降的趋势。硕士生和博士生的创业数量虽然与就读总体人数的缩减有关，但硕士和博士阶段的创业比例相较于本科阶段是呈现下降趋势的。

图3-2说明，高校创业教育对于学生认识创业和鼓励创业起到一定的促进作用，这种作用随着学生学业阶段的上升而减弱，此外关注创业教育和创业的学生远远高于实际创业的学生。越接近实际创业阶段，大学生对于实际创业的自信心和准备都显得不足，这可能是由于外部支持保障条件不够，也可能创业对在校大

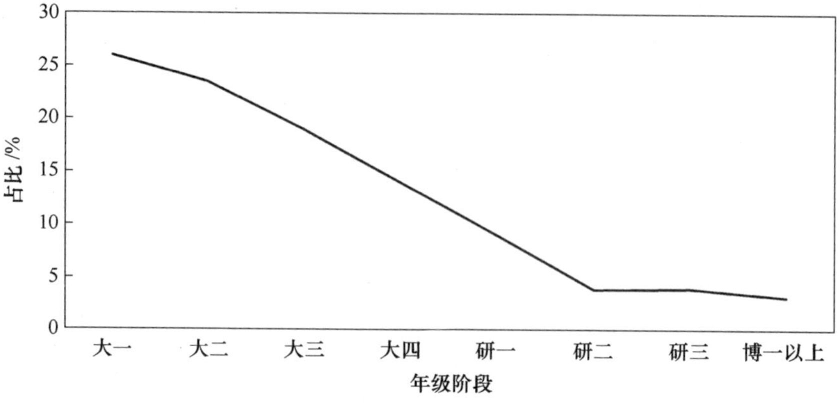

图 3-2 高校学生不同阶段对创业的关注比例

学生来说确实是一项艰苦和复杂的工作。由此可见，高校在宣传鼓励自主创业时，立足长远对大学生身心素质的培养是一项重要的创业教育任务，创业教育的首要任务不是急于让大学生创立企业，而是大力开展以通识课程为载体的素质教育，“育人”和“育才”结合才是创业教育的归宿。

（2）有创业意向的大学生多数选择在大三创业。CCG 的调查数据是有意向创业的学生选择在大三时期开始创业占比为 20.81%。这反映出学生处于大一和大二阶段时，他们对于个人能力和创业所需条件的评估有所放低，还没能够做好充足准备，绝大部分学生对于自身能力和参与创业的认知不确定，这是一种普遍心理，说明在校大学生创业不是一个适合所有人的事业，即使对于准备创业的学生来说也不能急于求成，高校的创业教育只要埋下创业种子，它可能会在研究生阶段或毕业后数年开花结果，创业教育是有滞后效应的长期过程。

（3）新生代 95 后创业者更注重个人兴趣和判断。选择自己感兴趣领域创业的学生占比达到 40.51%，这说明 95 后毕业生是关注自我感知的一代，是具有个性和屹立时代前沿的一代，高科技领域创业在创业者中的占比较大。他们的创业需求是多样化和个性化的，同时他们对创新创业方向的选择相对比较理性，兴趣及对行业的熟悉度是其选择创新创业方向的主要影响因素。高校根据不同学生的特点和需求，开展分层分类的创业教育是高校的必然选择和重要课题。

（4）大学生创业活动开展现状。2006 年成立于成都的第三方权威性数据机构麦可思通过对 2012～2016 届大学毕业生创新创业情况的分析发现，五年来大学毕业生从事创新创业的比例平稳上升，从 2012 届的 2.0% 上升到 2016 届的 3.0%，麦可思的研究为高校、社会大众、用人单位和政府所公认。而 CCG 2017 年调研发现，当前我国发达地区高校学生的创业现状表现见表 3-3。

表 3-3 大学生创业数据❶

参与创业的意愿	有兴趣	比较有兴趣	兴趣一般	不太感兴趣	没兴趣
	24.56%	40.58%	28.42%	4.79%	1.64%
对创业的了解	非常了解	比较了解	一般了解	不太了解	不了解
	8.44%	25.56%	44.69%	17.48%	3.83%
创业时间选择	大二创业	大三创业	大四创业	毕业2年内创业	毕业3~5年创业
	14.05%	20.81%	12.62%	7.29%	9.65%
创业区域选择	一线城市	二线城市	三线城市	其他	
	32.46%	49.62%	14.80%	3.12%	
创业领域选择	自己感兴趣	自己熟悉	与专业有关	风险低、容易	热门方向
	40.51%	18.84%	13.66%	13.37%	12.91%
创业行业选择	高科技行业	经营店面	电商微商	加盟代理、校内外服务业	其他
	24.35%	21.27%	15.27%	36.04%	3.07%
创业主要困难	资金	社会关系	管理经验	创业意识不足	项目、知识技术等
	61.37%	15%	11.60%	4.75%	7.28%
对高校给予的配套服务评价	一般	丰富	非常丰富	不够丰富	匮乏
	38.29%	21.84%	7.51%	17.63%	8.62%

从CCG关于大学生创业情况的最新调研数据可以看到，高校学生接受新想法、新观念相对快速，随着“大众创业、万众创新”的深入推进以及大量创新创业成功案例、创新创业活动等大量的宣传，高校学生对于创新创业的了解情况相对较好，从近80%受调查高校学生表示了解。从调研总体样本来看，对创新创业有兴趣和对创新创业比较有兴趣的合计达到65.14%。这说明在“大众创业、万众创新”政策推动下，高校开展的创业教育对点燃高校学生的创业热情发挥了积极性作用。学生对创业领域的选择大多集中在自己感兴趣的领域，主要选择的行业是加盟代理和校内外服务业，高于高科技行业的行业选择，这与学生所学专业的可创业性有关，也与学生创业的资金困难有关，但大学生创业的行业领域依然需要朝着高附加值机会的层次引领。此外，面对一线城市人口持续增加、生活成本和商业成本居高不下、交通拥堵情况严重等大城市顽疾，以及二线城市经济快速发展和基础设施不断完善的未来前景，高校学生选择二线城市开展创业活动的比例逐渐增加并超过一线城市，而且三线城市也正在成为高校学生创新创业的意向区域，选择比例为14.80%。

❶ CCG全球化智库. 中国高校学生创新创业调查报告［R］. 2017.

二、《2018 年中国大学生就业报告（就业蓝皮书）》关键数据分析

2018 年 6 月 11 日，《2018 年中国大学生就业报告（就业蓝皮书）》在京由麦可思研究院进行正式发布，该报告从大数据的角度对于中国大学生各专业、各行业的就业情况进行了整体统计，但是并不能反映每个个体的情况。

（一）与 2013 届大学毕业生相比，2017 届大学生在各种类型企业的就业情况

根据麦可思的调查数据，我国大学毕业生在民营企业的就业率从 2013 届的 54% 上升到 2017 届的 60%，而在国有企业和三资企业的就业比例同比呈现下降趋势，如图 3-3 所示。

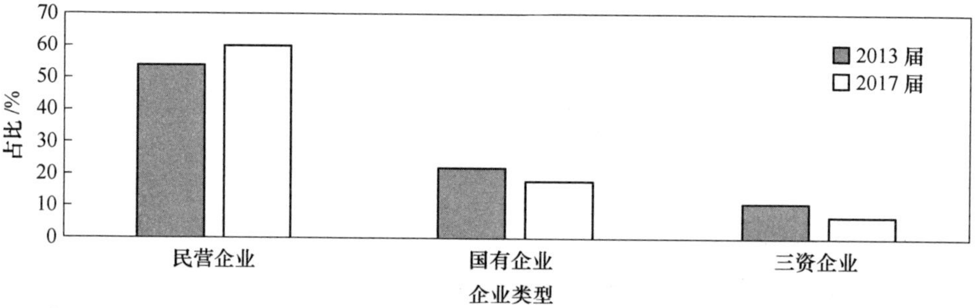

图 3-3 2013 届和 2017 届大学生在不同类型企业就业比例

从图 3-3 可以看出大学毕业生在民营企业的就业率越来越高，在这三种类型企业中，民营企业备受青睐，证明了在我国逐渐发展完善的社会市场经济的背景下，民营企业蓬勃发展，成为我国经济主要带动者，给毕业生提供更多的就业机会，并且大型的民营企业的薪资福利、工作环境也逐渐有所提高，越来越受毕业生青睐。另一个侧面也反映出大学毕业生数量激增，民营企业成为接纳大学生就业的主要力量。虽然没有直接的创业数据，但是大学生在民营企业就业的比例高达 60%，大学生创业的性质和规模几乎都是属于民营中小企业，国家应该重视民营中小企业对于大学生就业和创业的重要作用，要给予大学生创业者提供大量切实的扶持措施和政策倾斜，这对扶持大学生创业促进大学生就业意义重大。

（二）2018 届毕业生的就业去向

据调查，从 2018 届中国毕业生就业去向（见表 3-4）分析来看，近半数毕业生选择到企业被雇佣就业，占比为 50. 51%；其次为考研群体占比为 30. 02%。

现今社会就业压力不断增加，考研的学生也越来越多，学生普遍认为考研不仅可以缓解就业压力，还以提升自身能力和竞争力。公务员/事业单位占比为6.87%，出国留学的占比为5.85%，创业占比为3.63%，其他仅为3.12%。

表3-4　2018届毕业生的就业去向

就业类型	企业就业	考研	公务员/事业单位	出国留学	创业	其他
占比/%	50.51	30.02	6.87	5.85	3.63	3.12

从表3-4可以看出，我国2018届大学毕业生的就业情况良好，包括创业者在内，大学生在毕业时的就业率达到96.88%。另外也可以看出，我国高校广泛开展创业教育以来，大学生对创业有一定认知，也认可创业教育的作用，但是截至2018届毕业生，自主创业比例虽然相比2017年届毕业生的2.9%上升为3.63%，但是大学生毕业时创业比例依然没有较大的提升。我们投入大量精力开展的创业教育效果主要体现在哪里，未来高校创业教育的侧重点应该聚焦在哪些层面，这值得教育工作者和企业思考。

（三）失业率分析

2017届大学生毕业半年后的失业率（8.1%）与2016届、2015届（分别为8.4%、8.3%）基本持平。其中，本科院校2017届毕业生的失业率（8.4%）与2016届（8.2%）基本持平，比2015届（7.8%）略高；高职高专院校2017届毕业生的失业率（7.9%）比2016届、2015届（分别为8.5%、8.8%）略低。从近三届的趋势可以看出，大学毕业生半年后失业率呈现平稳态势，这从侧面反映了大学生的就业和创业维持在稳定状态，大学毕业生就业或自主创业的群体是主流群体。

（四）未就业群体分析

2017届大学毕业生的未就业人群中，大多数毕业生还在继续找工作。本科院校处于未就业状态的毕业生（占比7.0%）中有24%为“待定族”（不求学不求职），高职高专院校处于未就业状态的毕业生（占比7.5%）中有43%为“待定族”。在2017届本科院校毕业半年后的“待定族”中，有7%的毕业生准备创业。在高职高专院校毕业半年后的“待定族”中，有14%的毕业生准备创业。这也说明对于本科和高职高专院校的未就业毕业生来说，毕业半年后的创业准备要比在校期间成熟，无论从创业意识和心理准备方面都优于在校期间的状态。因此，高校的创业教育要关注这类群体，在创业知识、创业技能和综合素质的培养方面开发适合这个群体的层级系列，当然前提是在校期间高校能够有效识别这些潜在的学生个体，因为这个群体的比例不大但是基数大，总体数量不少，他们对社会稳定与和谐发展有至关重要的作用，要引起高校和相关部门的高度重视。

三、江浙沪地区大学生就业现状调查

本调查基于作者课题研究需要，并以《国家中长期教育改革和发展纲要（2010~2020）》和《关于进一步深化普通高等学校毕业生就业制度改革有关问题的意见》为背景，以江浙沪高校毕业生毕业一年后的就业现状和职业发展趋势为重点，以此观察人才培养质量和反思创业教育改革方向。本次调查获得毕业生总数4246个，回收问卷3923份，重点覆盖了本科院校和职业教育院校。

（一）就业竞争力

根据就业率、薪资水平、岗位胜任能力、离职率、创业率、专业相关度、满意度指标，确定权重折算合计得到就业竞争力结果。结果显示本科和高职高专具有就业竞争力的专业类似，分别是计算机、互联网开发及应用类专业，经营管理类专业，设计创意类专业、建筑类专业和销售类专业等；就业率比较高的专业是计算机技术、教育学、国际经济与贸易、土木工程、艺术设计和汉语言文学等。

（二）就业类型

根据调查研究的需要，将高校毕业生职业发展类型分为自主创业、受雇工作、自由职业、升学、待业和其他几种类型，所有就业类型均有学生分布，具有一定代表性，见表3-5。

表3-5 2018年江浙沪高校毕业生毕业半年内就业状况

就业类型	自主创业	受雇就业	自由职业	升学	待业	其他
占比/%	4.5	78.8	3.66	7.6	3.76	1.68

由表3-5的调查数据可以得出，江浙沪地区高校毕业生自主创业比例4.5%高于同期全国比例3.63%，说明长三角地区发达的经济环境和高校创业教育的开展极大地推动了大学生创业意识的形成，受雇就业的比例为78.8%，高于《2018年中国大学生就业报告（就业蓝皮书）》的全国数据50.51%，反映出江浙沪地区经济的发展为大学生就业提供了大量的机会，大学生对自身的就业方向规划清晰、目标明确，高校创业教育及其包含的就业教育作用功不可没。从调查结果看，从事自由职业的大学毕业生比例为3.66%，比在校期间的调查数据要低，但依然是具有代表性的一类群体。此外，江浙沪高校大学生的升学比例为7.6%，低于全国水平。待业和其他就业情形高于全国数据，推断该地区大学生的就业压力不大，但创业气氛浓厚。

（三）就业地区

就业地区是大学生选择职业的重要考量要素之一，江浙沪高校毕业生选择省会城市或发达地级市等一线城市就业的比例为42.33%，选择普通地级市等二线城市就业的比例达到20.84%，选择三线、四线城市就业的比例为26.76%，选择乡镇和农村的比例为10.07%。从以上数据看出就业地区良好的经济发展水平、便利的生活环境和宽广的职业发展空间对大学生的职业选择形成强大的吸引力，但同时可以看到相当一部分学生选择到乡镇和农村就业，这是乡村振兴和区域经济发展的星星之火，因此，面向全体、分层分类开展创业教育在当前的历史时期尤为重要。

（四）岗位胜任能力和心理适应能力

江浙沪地区大学毕业生认为自己能够胜任当前工作岗位的比例为97.65%，认为自己不太能够胜任的比例为1.46%，认为自己完全不能够胜任的比例为0.89%。从数据分析来看，绝大部分大学毕业生在工作岗位上是能够胜任工作要求的，他们所拥有的知识、技能可以支持他们完成工作任务。但是从校园到工作岗位，环境发生了本质改变，大学毕业生可能会不断遇到较难解决的问题、面对需要承受的压力，这对他们的综合素质和学习能力都是很大的考验。通过调查发现，江浙沪大学毕业生在最初入职的半年心理上能够完全适应工作环境的比例为17.58%，能够适应和基本适应工作环境的比例为60.02%，有点不适应和非常不适应的比例为22.4%。由此可以看出，大学毕业生心理适应能力要弱于岗位胜任能力，也凸显创业教育培养学生创业精神、环境适应能力和抗压能力等综合素质的重要性。

（五）工作满意度

工作满意度是衡量大学生就业质量的一个重要指标，在“您对当前的工作是否满意”的调查中，江浙沪地区大学毕业生非常满意的比例为16.37%，表示满意的比例为26.89%，比较满意的比例为36.67%，不太满意和非常不满意的比例为20.07%。虽然大学毕业生的个人能力和层次各不相同，他们对就业岗位和待遇的要求、期待有所差异，会体现出不同的满意度，但上述数据中20.07%的不满意率比例不小，因此要重视创业教育中的就业教育，加强大学生的职业规划、职业选择、就业心理教育。

（六）自主创业与专业的相关性

调查显示，江浙沪地区自主创业的大学毕业生选择与专业完全相关领域的比例为13.98%，相关的比例为12.79%，基本相关的比例为13.17%，不太相关和完全不相关的比例为60.06%。由此可见，自主创业领域与大学所学的专业相关度不高，除了专业，他们还会考虑个人兴趣、市场需求、创业门槛和对行业的熟悉程度等因素，因此，高校创业教育的开展应格外关注学生通用素质能力的培养，将专业教育与创业教育、通识教育紧密融合，找到教学侧重点。

第四节 创业教育与大学生就业质量分析

毫无疑问，创业教育是推动大学生就业，提升就业质量的根本举措。在我国目前高等教育大众化、经济下行及企业用工不足的时代背景下，创业教育对提升大学生就业质量具有现实意义。相比就业指导、职业规划和咨询辅导、就业政策宣讲等就业辅导手段，创业教育是解决高校毕业生的就业问题和提升就业质量的长期有效的路径。创业教育的实质是育人的教育，是高层次的素质教育，培养全体大学生的开拓创新精神和就业能力，这是与社会需求全面接轨的教育改革和创新。

创业教育与大学生就业质量的提升存在必然的因果关系，因为创业教育的目标就是面向全体大学生开展普及性的通识教育，提升他们生活和就业的综合素质能力，让他们做好人生和职业规划，并有能力通过社会劳动创造幸福生活，同时创业教育又针对有创业意愿的部分学生开展创业实践教育和指导，培养他们的创业素质和创业能力，让这一部分学生能如愿实现自己的人生价值追求并带动其他人就业。从整体上来讲，无论大学毕业生是否自主创业，创业教育能带给他们的都是长久受益的人生观和生活、工作能力，这对大学生高质量地就业和创业是根本性的基础条件。

创业教育与传统专业教育模式不同的是，传统的专业教育是注重毕业生最终求职结果的就业教育，其实施阶段主要集中在毕业求职阶段，而创业教育是注重全体大学生综合能力提升的过程教育，目前分层分类开展创业教育的理念被高校广泛接受并用以实践。相对于就业教育在短期内提升毕业生的求职面试能力、就业成功能力而言，创业教育致力于整个大学阶段提升全体学生的事业心、开拓精神、创新精神和创业能力，这提升了大学生就业的核心竞争力和就业质量。从长效性来看，创业教育不仅塑造大学生的人生观和就业观，使大学毕业生成为一名成功的求职者和就业者，而且让大学毕业生成为工作岗位的创造者，解决自我雇佣和其他人就业的问题，不仅成就自己人生事业，也引领和促进其他人才成功进取。更重要的是创业教育尊重学生个性和职业选择，除了带给他们有质量地就业创业所需要的素质能力，还使他们有能力按照自己意愿选择工作、生活方式，造福自己和他人，成就有质量的人生。

一、大学生就业问题的表现

大学生就业问题的表现如下：

（1）就业形势严峻。根据统计数据显示，中国普通高校毕业生人数一路上升，在 2001 年全国高校毕业生人数仅有 114 万人，根据教育部发布的最新信息，2018 年高校毕业生人数达到 820 万人，超越 2017 年的 795 万人，高校毕业人数创历史最高，17 年间，高校毕业生人数增长了 706 万人。根据人社部的毕业生数据，如果加上中职毕业生和 2017 年尚未就业的学生数量，2019 年待就业的毕业生共计约有 1500 万人，堪称史上最严峻的就业季。

（2）就业率没有反映就业难。根据新锦成研究院对全国高校 2017 届高校毕业生毕业三个月后就业情况调查的研究成果（见图 3-4），2017 届硕士毕业生就业率最高（92.75%），其次是专科毕业生（90.29%），第三是本科毕业生（87.03%）。2017 届专科毕业生就业率与 2016 届（90.50%）基本持平，略高于 2015 届（89.32%）；2017 届本科毕业生和硕士毕业生就业率均高于 2016 届（85.76%、90.66%）、低于 2015 届（89.57%、94.84%）。从数字比例看，就业难问题是个假命题，其中存在部分瓶颈问题而彰显出就业难现象。

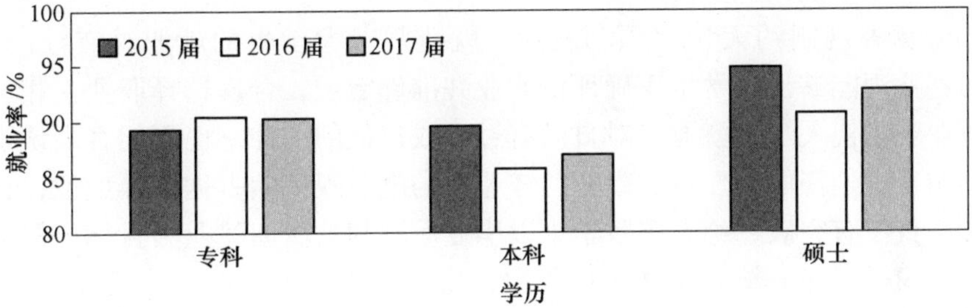

图 3-4 2015 ~ 2017 届不同学历毕业生就业率[1]

总体看来，2015 ~ 2017 届专科和硕士学历毕业生的就业率比本科学历毕业生具有绝对优势，前面的调查数据也显示，选择自由从业者的比例也是本科学历的学生占有较大比重，这反映出职业教育院校和研究型高校的培养目标定位清晰、专业更具有创业可行性、学生就业的职业规划具体，这就要求本科院校借创业教育的东风，切实明确培养目标，建设可行、有效的创业教育体系，借鉴专科和硕士的教育经验，通过创业教育提升学生的创业和就业质量。

（3）高校毕业生就业满意度普遍不高。根据《2018 中国大学生就业质量研究》的调查数据，毕业生就业满意度与学历呈正相关，学历高的毕业生就业满意度高。2017 届硕士毕业生就业满意度最高（59.56%），其次是本科毕业生（55.04%），第三是专科毕业生（52.44%）。2017 届本科毕业生和硕士毕业生就业满意度均高于 2016 届相同学历毕业生的就业满意度（50.70%、56.43%），低于 2015 届相同学历毕业生就业满意度（62.40%、64.09%）；专科毕业生就业满意度低于 2015 届（65.89%），略低于 2016 届（53.39%）。总体看来，高校毕业生就业满意度均不到 60%，这个数字不算是一个理想的数字，也说明有相当大

[1] 新锦成研究院. 2018 中国大学生就业质量研究［R］. 2017.

比例的大学毕业生就业稳定状态、自我实现的感觉都没有达到最佳，他们对薪酬的满意度仅为30%，离职率与就业满意率趋势相反，专科毕业生离职率最高，然后是本科毕业生，硕士毕业生最低。

（4）创业教育的开展对传统就业观念的影响有限。2017届各学历毕业生自主创业比例是：本科毕业生比例最高为3.37%，其次是专科毕业生为2.96%，硕士毕业生最低为0.99%。2017届专科毕业生和硕士毕业生自主创业比例均与2016届（2.88%、0.75%）和2015届（2.56%、0.60%）相同学历毕业生基本持平，本科毕业生自主创业比例高于2016届（1.52%）和2015届（1.20%）。这也说明除少数毕业生自主创业外，雇佣就业依然是当前大学毕业生就业的主流方向，大学生普遍缺乏自主创业意识。总体上看，历年大学生自主创业比例变化不大，雇佣就业是就业主流。

（5）就业观制约大学生顺利就业。就业观对大学生的就业具有导向作用，正确的就业观能够让大学生正确评价职业并准确定位，合理选择职业。相反不恰当的就业观将使大学生就业时对自己有过高或过低的估计，也不能客观认识形势从而影响合理选择职业。目前就业、守业型的就业观依然占据主导地位，自主创业比例一直没有突破，绝大多数学生以毕业后顺利被雇佣就业为目标，但就业的主动性和积极性又欠缺。在择业过程中，新生代毕业生重经济待遇和个人发展，急于求长远发展，一方面抱怨就业难，另一方面“有业不就”，很多人不愿意到平台较小的单位或艰苦的岗位，不愿意到基层和农村。因此大学生就业难其实并不是找不到工作，而是很多工作他们不愿意去做，加上市场上人才需求高层次化，专业不对口和供需矛盾等因素共同形成选择性待业和结构性待业。

二、创业教育对大学生就业质量的促进作用

如前所述，创业教育与大学生就业质量提升具有因果关系，创业教育影响毕业生就业和高等教育的发展方向，它对于大学生就业的促进作用体现在以下几方面：

（1）提升大学生的就业能力。就业能力（employ ability）的概念最早出现在20世纪初的英国，由英国经济学家贝弗里奇（Beveridge）于1909年首先提出。他认为就业力即“可雇用性”，是指个体获得和保持工作的能力。20世纪80年代后期，美国的一些学者对此概念进行了修订，认为就业能力是一个获得最初就业、维持就业和重新选择、获取新岗位的动态过程，在强调就业者就业能力的同时，加入了就业市场、国家经济政策等宏观内涵，更全面地阐释了就业力的整体概念。因此就业能力不仅包括找到工作的能力，还包括持续完成工作、实现良好职业生涯发展的能力，拥有这种能力也代表了人的一种综合素质。

2018年世界大学毕业生就业能力排名世界前十的学校有哈佛大学、加州理工学院、麻省理工学院、剑桥大学、斯坦福大学、慕尼黑理工大学、普林斯顿大

学、耶鲁大学、东京大学以及新加坡国立大学。2018 年中国大学毕业生就业能力排名靠前的高校有香港科技大学、北京大学、上海交通大学、复旦大学、清华大学、香港大学、香港中文大学、台湾大学、中国科学技术大学、台湾科技大学、浙江大学、香港理工大学、哈尔滨工业大学等。可见培养学生拥有就业能力是所有大学的教育使命和大学竞争力的体现，而创业教育是完成这个使命最直接有效的途径。随着高等教育规模扩张，高等教育从精英教育向大众化教育转变，这个过程中自然会出现毕业生就业的种种问题。如果大量的学生不能就业，就会制约整个社会的发展和高等教育自身的发展。创业教育是一种创新的人才培养模式，体现着全新的人才质量观，那就是改变传统的就业教育模式，让大学生不仅有意识和有能力创造新事业，而且能成为合格的求职者和雇佣者，通过发现和创造机会引领自己的事业不断提升。

大学生的就业能力更多地体现在大学生自身的综合素质和职业技能方面，创业教育正是紧紧围绕提高大学生的这些核心就业能力开展的。大学生的综合素质和技能的内涵十分丰富，不同的高校定位不同。有的高校重视学生的个性发展、技能提升和实践经验学习，有的高校将大学生的核心能力界定为求职能力、社会适应能力、工作能力和创新创业能力。创业教育通过加强对学生这些素质能力的培养，提高学生在就业市场中的竞争力，从而拥有就业能力，这对促进大学生自主创业和就业具有至关重要的基础性作用，决定着学生未来事业是否可持续发展。

（2）引导、塑造大学生的就业观念。就业观念影响着大学生的就业思路，对大学生在校学习目标和职业选择都有着重大关联作用。我国大学生的创业意识较低，创业比例不高，不到毕业生总数的 3%，远远低于发达国家的创业比例。相当一部分大学生在就业时存在消极思想，缺乏主动的择业和创业意识，限制了自身潜能的发挥和职业发展。创业教育对转变大学生就业观念的作用不仅是单纯地引导和塑造大学生的求职观念、拓展就业视野，而是提升他们的理想追求，培养事业心，让他们树立起既能求职又可以创业的崭新观念，让学生拥有正确的就业观，又唤醒、诱发和挖掘大学生的创业潜能，鼓励大学生开拓创新，使学生能够顺利求职又能成功地创业，并以创业带动就业，为经济社会的稳定发展贡献力量，身心健康地幸福生活。

（3）为大学生有质量地创业、就业提供资源和平台。大学生是我国创新创业活动中最为活跃的主体，但他们在开展创业过程中的“劣势”或“短板”也很突出，比如刚走出高校大门的毕业生往往由于资金缺乏、资历浅、社会经验不足和商业网络不成熟等而导致创业活动举步维艰甚至失败，创业教育的教学模式、实践特色和孵化功能一定程度上填补了大学生的这些弱项。当前政府还有高校在政策、资金场地等方面对大学生创业的扶持力度前所未有，很大程度上推动了校内大学生的创业欲望和创业热情，同时高校开放的创业教育环境将企业资源和社会平台引入实践教学活动中，加上高校自身开展的创业实践和创业孵化活动，大学生在高校内部就能通过系统化的专业训练来开展创业和实践活动，这些资源、措施和支持平台的效应将一直延伸到大学生毕业后的自主创业项目和求职活动中，从而为具有创业能力和就业能力的高校毕业生获得成长和成功的机会奠定基础，提升就业质量。

（4）提高大学生的社会适应力。大学生社会适应力是体现大学生就业质量的基本能力，只有具备良好的适应社会环境和工作环境的能力，才能克服困难，并抗击挫折、失败造成的心理压力，在激烈的社会竞争中保持健康的就业状态，从而获得更充分的生存与发展的空间。目前我们对创业教育的共识是高层次的素质教育，培养学生的综合素质，是育人和育才相结合的教育创新和改革。创业教育并非单纯地培养自主创业的企业家，而是培养学生的企业家精神，以创业的精神就业，成为具有独立性、适应性、合作性和领导力的个体。这种精神和素养是一种通用能力，无论大学生选择任何一种生活方式，这种个性品质都是他们适应复杂多变、竞争激烈的社会环境的基石。创业教育的本质决定了它的功能之一是让大学生形成良好的心理素质，这个功能对于新生代大学毕业生具有非凡意义。此外高校开展创业教育的实践特色和多样化的创业实践活动给了学生了解社会、认识社会和学会自我发展的机会和平台，通过开展创业教育，会锻炼大学生创业的胆量、勇气和开拓创新精神，提高社会适应力，进而提高就业竞争力和就业质量。

因此，创业教育与大学生就业质量有着密切关系，创业教育无疑是一种素质教育，但我们绝不可能排除它培养企业家的重要功能，一方面创业教育广泛培养大学生的创业精神、创业能力和创业素质，创业教育通过通识教育开展综合性的素质教育，提升大学生的就业能力和综合素质，为他们被雇佣就业和选择自由的生活方式储备精神力量和技能，让他们在任何岗位上都能为促进经济增长和社会发展作出贡献。另一方面创业教育也塑造未来的企业家群体，企业家对促进社会就业的贡献是巨大的，每新产生一个企业家，就可以创造出无数个就业岗位。创业教育这两方面的功能都与大学生的就业质量息息相关。创业教育在鼓励大学生、研究生等高层次人才创业方面具有其他教育模式无法比拟的理念和体系，对“以创业带动就业效应”发挥重要作用。从长期来看，通过创业教育来解决大学生的就业问题是一个现实而有效的办法。

三、开展创业教育提升大学生就业质量的认知要点

（一）大学生就业质量的内涵

创业教育与大学生就业有密切关系，大学生的就业质量不仅仅体现在成功地

自主创办企业和成功地被雇佣就业，或者以高校毕业季的就业率。开展创业教育提升大学生就业质量，不是意味着在短期缓解就业压力，或停留在帮助学生创办企业层面上。就业质量有丰富的内涵，是一个广义的、包含性的概念，它是质与量的综合体现，其中人的发展和人生价值是核心要素。包容性的就业质量定义具有普遍的现实意义，有利于开展广义的创业教育。创业教育是以人为本的教育，是着力培养学生具有创业精神和综合素质的教育，终极目标是培养学生的价值观、生活能力、就业能力和创造力，让学生有能力创造合理的人生。这就是创业教育为提升大学生就业质量所作的本质贡献，拥有这些观念和能力的人无论是自我雇佣就业、被雇佣就业还是选择合理的生活方式都将具有可持续的竞争优势，大学生的就业质量就是很自然的结果。单纯的创业不是所有人的强项，也不是所有的自主创业都能成功，就业质量绝非是用创办企业的数量和追求成功来衡量的，没有综合素质搭建的强大心理防线，就不会有抗击挫折和失败的力量，也谈不上成功创业和就业。因此大学生就业质量是生活质量（如灵活就业方式）、工作质量和创业质量的综合体，是大学生适应经济社会环境的健康存在状态。

（二）分清创业教育与就业教育

创业的概念大于就业的概念，创业教育涵盖了就业教育。创业教育是育人和育才相结合的素质教育，它以培养具有创业意识、创新精神、创业能力和就业能力的创业型人才为目标，是面向全体学生、面向未来的差异化教育，是一个广义的、包含性的概念。就业教育是以工作岗位所需的知识、技能为导向，是一种同质化、批量化的生产线教育模式，注重求职的成功效果和短期就业效应，对于大学生的就业质量有促进作用，但无法保证他们可持续性的职业发展。对就业教育效果的评价是显性的，可量化的，但是创业教育的首要目标是育人，然后是育才，创业教育成果包含一些无法量化的能力素质指标，对创业教育的评价也应该具有包容性，要立足长远的就业质量加以考量，避免用创业成功、开办企业数量进行效果统计而产生背离教育初衷的错误。创业教育包含就业教育的内容，但高于就业教育的理念和目标，将创业教育等同于就业教育是错误和狭隘的，将创业教育与就业教育割裂开来也是不现实、不科学的。不能用就业指导的教育模式开展创业教育，也不能用就业效果量化的方法衡量创业教育效果，创业教育对提升大学生就业质量的作用放眼在长远的、可期的未来。

（三）钥匙无法解锁的症结

创业教育是解开大学生就业问题的一把锁，当前理论上的研究和论证已经很充分，并具有公认的逻辑性和可行性，实践方面政府和高校也投入很大，创业教育活动的开展也声势浩大。然而从各个机构和作者课题的调研结果看，创业教育活动流于形式、没有达到预期效果是暴露的最大问题，能真正让学生体验创业教育优势并受益的教育方法很少。有部分学生认为自己是被动参与创业教育活动，自身不喜欢上此类课程或参加创业实践活动，也没有获得人生和创业方面的帮助。还有一种现象是创业教育实践教学项目范围过窄，基本都集中在如何创办企业或创业计划大赛方面，无法满足全体学生的各项创业兴趣爱好，这就谈不上分层施教和开展整体的创业教育。很多高校在创业教育课程体系和系统理论知识方面不完整，让不少参与创业教育活动的学生接受的创业知识有“零零碎碎”“不着重点”等特征，创业教育的先进性、系统性以及逻辑性没有得到充分体现，有时与传统的日常课堂教学存在不平等的处境，教、学双方都有对创业教育“不正规”“不认同”的心理认知。创业教育与大学生就业形成“锁是锁、钥匙是钥匙”的分离状态，华而不实的钥匙无法真正对接创业、就业这把锁。创业教育作为一种浪潮总会成为过去式，然而它作为育人、育才的有效教育途径，应该具有根本的价值追求和长久发展的后劲。

（四）就业质量的提高取决于各层次毕业生的就业效果

大学生的就业质量体现在自主创业、被雇佣就业和自由择业方面，高校毕业生能够成功自主创业、实现自我雇佣并带动他人顺利就业，这体现了高质量的就业层次；选择被雇佣就业的能够在工作岗位开创新局面、创造机会发展事业也是高质量的就业层次；选择自由职业等灵活就业方式的大学毕业生在通过社会劳动获得生活保障，同时也选择了一种高质量的生活方式，获得身心的舒展和幸福健康的生存状态，这也是就业质量的体现，这类从业者为社会稳定和经济发展同样贡献重大。因此就业质量的提高既取决于自主创业的质量，也取决于雇佣型或非雇佣型自由从业的效果。

开展创业教育无疑对提升大学生就业质量起着关键的作用，但我们应该认识到，创业教育促进大学生就业的作用是多维度的，有显性的作用，有隐性的作用，有短期的作用，更有长期的作用，但更重要的隐性和长期的作用，如对学生价值观和生活力的教育，对学生综合职业素质的培育，这对提升大学生的就业质量是根本性的动因。

第四章

层级式创业教育模式的理论构建

第一节　面向全体与分层施教

创业教育的主要宗旨是解决社会问题和人的发展问题，也可以说是解决广义上的就业问题和人的发展问题，就业问题不仅仅是雇佣和被雇佣问题，因此要从系统的角度看待创业教育功能和模式。“系统”一词频繁出现在社会经济领域和学术领域中，它是由不同要素组成的动态和复杂的整体，各个组成要素相互制约和关联，以动态发展的存在形式实现某种功能。在实际应用中系统是以特定的某些具体子系统出现的，系统理论对于创业教育是完全适用的，将系统概念用于创业教育便形成创业教育系统。创业教育系统把内部和外部各种环境要素纳入整体要素，与其他教育要素共同形成有机的完整结构，从属于社会活动系统。创业教育是系统化的教育，具有系统的关联性和整体性特点，创业教育是一种整体、全面的教育，这种教育理念有着长远的历史渊源。

1842 年，马克思在《科伦日报》的一篇文章中提出了“整体教育”的主张，认为人人都是受教育者，社会、国家的需要和意志应体现在每个人的意识中，该主张虽然是针对社会公民，但与今天我们提出的“大众化”“广谱式”创业教育思想有一定的共通之处，都是整体的教育观在广泛受众的教育问题上的体现。其实在 20 世纪 80 年代就已经兴起了整体教育的新人文主义思潮，其后在 1988 年，L. Miller 创办季刊杂志“Holistic Education Review”(《整体教育评论》)，同年，J. P. Miller 出版专著“Holistic Curriculum”(《整体课程》)。1990 年的芝加哥会议是第一届关于整体教育的国际会议，会议产生了志在整体教育的《芝加哥宣言》，1991 年在科罗拉多召开了第二届整体教育国际会议，进一步讨论《芝加哥宣言》并明确了整体教育原则，其中“人性优先”“尊重每一个人”“重视体验性学习”“向整体教育转型”“选择的自由”等原则在今天看来都是令人叹为观止的教育观，我们一直在仰视和认同，却从未超越。

陶行知是中国教育史上构建教育系统工程的大师之一，他在 1918 年谈及生活与教育的关系时指出，整个的生活要有“整个的教育”，教育起源于人类生活的需要。陶行知重视整体思维，将职业问题列为教育必须解决的问题，同时提出培养合理的人生是生活教育的宗旨，从此开创了生活教育的先河，即推行“整个的教育”。1945 年生活教育出版社出版了陶行知的“Education for All”即《全民教育》，这是他继《我们的信条》之后关于“整个生活的教育”运动的一个纲领性文件，其中提到“全民教育”“全面教育”“首创精神”等要点，提倡“所有人受教育的机会均等”“心、脑、手并用”等教育理念。陶行知全民教育的精华思想是将全民教育与精英教育统一起来，认为全民教育是多方位、多层次的整体教育，而精英教育是其中不可缺少的层次❶，而且是带动教育整体向前发展的关键，精英教育如果没有整体教育也会无用武之地，这与我们今天推行的创业教育理念有异曲同工之处，自主创业教育是带动就业和发展经济的关键，是创业教育的主体，但缺少其他层次的创业教育，自主创业教育无从体现真正的意义。从马克思的“整体教育”到陶行知的“整个的教育”，其实质是一致的，都是在追求教育对于社会、国家、人生的功效作用，这种功效应通过每一个个体形成整体的力量，通过全面的、整体教育实现。因此，根据马克思和陶行知的教育理论，创业教育也是多方位、多层次的整体教育，是面向全体学生开展的。

1988 年，胡晓风等人开展创业教育试验，其后胡晓风对试验的经验进行了理论阐释，提出创业教育是“志在创业的创造教育、创造和职业结合的教育、整个生活的教育”的新教育理论❷，该理论是对陶行知“整个的教育”理念的继承和发展，突出全面教育、创造教育和生活教育，继承了陶行知关于人的发展全面性和教育内容的全面性思想，并将该教育理念用于创业教育的开展。创业教育的全面性、广谱性来源于全面教育理论，无论社会经济如何变迁，全面开展教育和创业教育符合客观世界发展需要，是教育以人为本精神的体现。胡晓风从三个方面概括了创业教育的功能：第一，创业教育培养生活力，即个人或团队能够有效地参与征服自然、改造社会和构建与社会发展相适应的生活方式的能力❸。生活方式是人的生命活动的各种外在方式和特征，创业和就业包含在生活方式之中。创业教育作为一种出路教育，胡晓风在《教育研究文集》中指出，创业教育的宗旨是“用最合理、最有效之新教育原理和方法，促进自觉性之启发，创造力之培养，教育之普及，生活之提高”。这个论述强调了教育创新、创造力和生活力培养是创业教育的内容，生活力是人的全面发展所需要的能力，创业教育要满足人需要的全面性。因此创业教育的全面性既符合教育规律和人的发展规律也符合创业教育宗旨。第二，创业教育培养劳动力，以我们现在开展创业教育的理念来理解劳动力，即学生参与社会劳动实践的能力，是运用劳动能力在一定社会位置

---

❶ 胡晓风．创业教育论集［M］．成都：四川教育出版社，1995.

❷ 孙大永，杨璐，寸凯宁．全渠道：从理念到价值——新时代我国创业教育政策解读［J］．思想政治教育研究，2018，150（2）：150～153.

❸ 王占仁．中国创新创业教育史［M］．北京：社会科学文献出版社，2016.

中的职业生活方式。它包括正确的价值观、世界观和劳动观，这处于创业教育的根本地位，在此基础上，个体通过体力、智力和技能创造良好的人生职业和事业，实现个性发展和人生质量提升。第三，创业教育培养创造力。创造是社会的需要，也是人生的需要，无限性地开展创造性劳动是一种真正的人性，创业教育理应有此担当。创造力除了是一个创造者本身素质的问题，也是创业教育开展多层次、多结构人才培养的综合性问题。创造力是创新的能力，是受教育者基于自己的生活方式开展各种创造活动的能力总和。从这个角度讲创业教育包含创新教育的内容，是培养学生创新精神和创新能力的创业教育。

胡晓风提出的创业教育三个功能从生活力、劳动力和创造力方面概括了全面开展创业教育所实现的功能，这三种能力是每个受教育对象以良好的生活方式实现人生目的所需的能力，创业教育就是要用全面的教育内容和手段，促成全体学生的全面发展，这也是当前我国政府各类创业教育政策体现的教育原则。

在普通高等院校开展创业教育，是服务于国家加快转变经济发展方式、建设创新型国家和人力资源强国战略的举措，是深化高等教育教学改革、提高人才培养质量、促进大学生全面发展的重要途径，是落实以创业带动就业、促进高校毕业生充分就业的重要措施。这个指导思想明确了创业教育服务社会经济发展和促进大学生全面发展的教育方针，在《普通本科学校创业教育教学基本要求（试行)》(教高厅〔2012〕4 号）中规定，创业教育很重要的一个教学原则是“面向全体”。即把创业教育融入人才培养体系，贯穿人才培养全过程，面向全体学生广泛、系统开展。这个教学原则将创业教育的全面性以政策的方式体现出来，也是对马克思“整体教育”、陶行知的“整个的教育”以及胡晓风“全面教育”思想的科学发展和继承，为我们面向全体开展全面的创业教育提供了政策导向。这个原则体现出全面开展创业教育的政治要求，此外《国务院办公厅关于深化高等学校创新创业教育改革的实施意见》(国发办〔2015〕36 号）中也指出创新创业教育的基本原则是：“坚持育人为本，提高培养质量。把深化高校创新创业教育改革作为推进高等教育综合改革的突破口，树立先进的创新创业教育理念，面向全体、分类施教、结合专业、强化实践，促进学生全面发展，提升人力资本素质，努力造就大众创业、万众创新的生力军。”由此可知，面向全体学生实施创业教育不仅符合教育理论和教育规律，同时也是国家战略和时代要求，全面开展创业教育是以德育为本、以创新引领新时代创业从而全面带动就业的教育改革，是高等学校推进素质教育、主动适应经济发展新常态的重要举措。面向全体学生开展创业教育对于促进高校毕业生全面发展和提高创业就业质量具有重要意义，这也是一个重要的创业教育原则。

真正的教育是普惠性的，我国当前创业教育已经进入普惠性阶段，高校的每一个学生几乎都能接触到创新创业教育的知识，人们普遍认识到创业教育的核心问题是让每一个学生都具备创业意识，即使不自主创业，也具有开拓事业的能力和创造美好生活的能力。近年来，国家关于创新创业教育的一系列纲领性文件都一致强调了“创业教育要面向全体学生，融入人才培养全过程”，这为面向全体学生开展创业教育确立了“普惠性”的政策导向。这类政策导向着眼于创业教育的广泛性、普及性，旨在惠及每一个学生、增强和提高全体学生的创新意识、创业精神和创业能力，这是一场具有颠覆意义的教育改革，是有效开展素质教育的创新教育模式。面向全体学生开展创业教育是注重和强调“实效”的，也就是说是有具体价值体现的，创业教育的开展充分借鉴素质教育的理念和专业教育的方法，它既不是完全关于人文素养的教育，也不是完全关于创立企业的技能教育，创业教育的“实效”或价值体现在为学生提供知识与素质、技能与方法、情感态度与价值观的多维度教育。新时代的创业教育是实现“创新引领创业、创业带动就业”的综合性教育，体现着素质教育主体性、全体性、全面性和长效性的特征，它使实现“人的全面发展”的教育议题更加具体化。

创业教育是面向全体学生开展的教育实践活动，而全体学生是由不同人格特质、不同兴趣偏好的个体构成，全面的创业教育不可能由一种普遍适用的教学模式覆盖全体学生，分层的社会就业结构和人才需求决定了创业型人才不是统一培养目标、统一规格的，大批量、可复制、流水线式的培养模式不是创业教育应有的模式。教育家蒋梦麟在《过渡时代之思想与教育》中说：“人群之中，则此个人与彼个人相去甚远：有上智，有下愚；有大勇，有小勇，有无勇；有善舞，有善弈，有善射，有善御：皆以秉性与环境之不同，而各成其材也。故欲言人类之价值，当先言个人之价值。不知个人之价值者，不知人类之价值者也。”创业教育的任务是既要面向全体学生，又要让禀赋、个性不同的学生各成其才，在广阔多样的社会经济生活中各展其能。因此创业教育需要结合各个高校自身定位、资源优势和生源特点，开展适应学生个性需求和创业需求的创业教育，对全体学生分类实施有针对性的创业教育教学。分类实施创业教育在《普通本科学校创业教育教学基本要求（试行）》中被作为一项重要的创业教育教学原则提出。分类实施创业教育是提高人才培养质量的要求，也是社会经济发展、国家民族振兴和人民幸福生活的需要。

分类实施创业教育对高校教育综合改革的深化和推进，对于提高教育质量、促进学生全面发展、促进大学生高质量地创业就业是一个重要突破口。《普通本科学校创业教育教学基本要求（试行）》（教高厅〔2012〕4 号）对创业教育的教学目标做了规定：“通过创业教育教学，使学生掌握创业的基础知识和基本理论，熟悉创业的基本流程和基本方法，了解创业的法律法规和相关政策，激发学生的创业意识，提高学生的社会责任感、创新精神和创业能力，促进学生创业就业和全面发展。”这个创业教育教学目标体现两个重要精神：第一，创业教育是关于创业的教育，是要教会学生如何自主创业、开展商业活动。这是创业教育的一个重要组成部分，在创业教育中占据重要地位，在发挥创业带动就业提升大学生就业效率方面起着根本性作用，人们对于这个创业教育目标普遍给予了很高的关注和重视。创业技能和自主创业是创业教育的重要内容，但不是创业教育的全部，创业教育不是单纯的创业技能培训、引导学生直接参与创办企业。第二，创业教育要激发学生的创业意识，提高学生的社会责任感、创新精神，促进学生全面发展。创业教育面向所有的个体，而每一个个体都是个性化的人，让每个学生都参与到自主创业的活动中是不科学的，这也背离各个时期的教育原则和教育初衷。因此，高校在实施创业教育的过程中，必须细化、分类实施创业教育，使创业教育成为精英教育和大众教育的完美结合：一种是大众化的，面向全体的在校生，重在培养学生的社会责任感和创新精神；另一种是精英化和个性化的，对于有创业意愿、具备创业能力和拥有创业条件的学生群体，给予充分的指导和扶持。高校应根据创业教育目标完善创业教育工作体系、开发分层递进的创业教育模式，根据不同特质的学生实施不同的创业教育，这对于保证创业教育具有针对性和实效性意义重大。

第二节　层级式创业教育模式开发

创业教育是育人和育才的教育，核心是以创业为载体开展关于人的教育，是一种综合性的高等教育改革，要面向全体学生培养创业型人才。关于创业教育模式，学者们曾对中国几所创业教育试点院校的教育模式进行过总结概括，提炼出“创新环”模式、“三创教育”模式、“综合式”创业教育模式、“创业教育试点班”模式等，这些模式的概念性较强，实质内容和具体实施路径模糊。层级式创业教育模式力求在理论上确立完整的分层、分类施教的教育体系，同时志在推广一种能够具有广泛借鉴价值和实践可行性的创业教育模式。

一、层级式创业教育模式的特征

大学生能否具有创新精神、以开创性的个性创业和生活，是个体禀赋、自主选择和高校教育的结果，每个人禀赋不同、选择偏好各异，成功培养创业型人才取决于创业教育能否针对学生群体进行“分层级”和“差异化”教育。为了对学生进行“分层级”并凝练层级特色，有针对性地开展创业教育，层级式创业教育既需要从整体上进行系统设计，更需要根据不同层级、不同阶段和不同群体来具体设计模式要素，从而动态实施不同的教育和引导方式。

（一）人才培养目标层次化

创业教育面向全体学生培养创业型人才，每个个体不同的特质、潜能和偏好决定了创业教育的人才培养不可能是统一规格、统一标准的。同时基于人们对创业不同层面的理解，创业型人才也有不同层面的定位，这也符合现阶段社会对创业型人才的多层级需求。因此，创业型人才一定是在社会各个领域、行业中依靠自己的知识和能力创造新价值的所有人，他们富有创新精神、创业意识和创业能力，为社会进步和经济发展作出贡献，提升自己的人生质量并和谐发展。

面向全体、分类施教的创业教育原则决定了创业教育的目标必须是多元的，高校才能对全体学生实施分类培养。创业教育培养方向多元化与面向全体培养创业型人才并不矛盾，恰恰是为了整体提高人才培养质量，使具有不同潜质的、不同个性爱好的学生都能在各自的职业层级全面发展。面向全体开展创业教育不是对全体学生实行全面强化，创业教育不可能将每个学生个体培养为基础知识又宽又厚、素质又高又全、能力又多又强的全才，而是基于特定的社会历史时期，实事求是、恰当地确定多元化培养目标，满足社会经济发展对创业型人才多元化的需求。创业教育培养目标多元化的教育理念，适应国家政策的导向和社会经济发展对创业型人才的多样化需求，创业教育人才培养目标多元化是人才培养目标具体化的体现，是有针对性地培养创业型人才的保证，对有效推进创业教育和提升创业教育质量至关重要。

（二）创业型人才层次化

创业教育培养目标的核心问题是培养的人才类型和层次，任何社会经济的发展，都是既需要成功创业的自主创业人才，也需要岗位创业者，即企业各个职能部门的管理人才，同时数量庞大的被雇佣群体和素质良好的社会公民对社会的稳定发展也发挥着至关重要的作用。高校毕业生就业问题的实质是人才结构的问题，确定创业型人才层次类型应该根据区域经济特点、高校自身定位、资源条件和生源特点，对创业型人才进行层次细分，避免高校创业教育人才规格的同一性。

创业不仅是以利润为导向的、有目的性的商业行为，更是创业者对自己拥有的资源或通过努力对能够拥有的资源进行优化整合，从而创造出更大经济、社会价值或人生价值的过程。创业包括创立新企业、开拓新事业、提升职业体验或以健康积极的生活方式参与构建和谐社会等内容。从事商业创业的人才、从事非营利性或营利性社会创业的人才以及具有和谐人格的有效公民均属于创业型人才范畴。

从目前创业教育研究结论和理论界共识来看，自主创业不是创业活动的全部，不是个体社会存在的唯一基础，非自主创业的其他创业型人才对于社会经济发展、对现有企业革新进步的贡献同样重要，非自主创业型人才对社会经济的重要性甚至超过对某些具有巨大不确定性新创企业的扶持和维持。创业型人才层次的结构和细分是基于上述理念进行的，创业型人才层次化是高校创业教育培养目标具体化和可操作化的前提和基础。

（三）价值目标层次化

创业教育培养目标多元化遵循“面向全体、分层施教”的创业教育原则，将自由择业者、普通雇员、岗位创业者、自主创业者都纳入创业教育的人才培养目标中，分层开展创业教育拓展了创业型人才宽度，是尊重学生个性偏好、引导学生创造幸福人生的有效举措。围绕多元化人才培养目标开展创业教育，既是以创业作为载体开展教育革新的尝试，也是开展素质教育的一种具体教育实践，它融合了素质教育、择业教育、专业教育和自主创业教育。评价分层开展创业教育的价值可以从以下几个层次分析：

（1）个体价值。层级式创业教育面向全体学生设定多元的培养层次，从学生个体角度来讲真正有利于提升大学毕业生的生存质量和就业质量。在全部的学生群体中，毕竟对自主创业有浓厚兴趣的人不是大多数，相反是占学生数量的少数，而最后真正付诸实践的更是少之又少，因此分层次开展创业教育是高校对学生健康成长的责任担当，它不仅优化了大学生知识结构、有针对性地培养不同类型的创业型人才，更是对大学生人生质量和事业成功的当下关怀，这样每个学生个体都能从培养目标多元化的创业教育活动中受益，以此构建合理的人生，提高人生质量。

（2）经济价值。创业型人才在经济领域寻求不同层次的创业机会，通过创办新企业、在企业岗位上创新开拓或以自由从业的方式创造着经济价值。就自主创业而言，自主创业的企业最初多是中小企业，社会上的大企业是中小企业成长产生的，这些中小企业是社会经济活力之源；从岗位创业和被雇佣就业的角度讲，这个层面的创业型人才在现有成熟的企业内部整合机会和资源、创新管理，提升企业发展空间，维持企业稳定运营，其产生的经济效益不亚于新创企业，且产生的经济效益的预期具有很强的可实现性和保证。因此分层次开展创业型人才培养意味着社会经济生活的各个层面都有相应的人才创造经济价值，各类型的创业人才形成经济价值创造的叠加效应。

（3）社会价值。层级式创业教育以多元化的人才培养目标分类培养不同类型的创业人才，高校创业教育肩负着学生成人和成才的双重教育责任，通过塑造全面发展的多种类型创业人才促进社会发展。分层次创业教育尊重学生个性、重视学生个体价值，而一个社会、一个人的个性越是得到尊重和健康发展，其个人的价值越高，个人价值是层级式创业教育所追求的学生素质提升、创业精神培养和生活力的养成，个人价值的实现体现了社会价值的实现，因为个人发展是衡量社会发展的重要标准，若要增进社会文明，当从尊重个体开始，个人价值的提升必将促进社会文明和进步。同时创业教育设立多元化的培养目标，分层次、分类型培养创业型人才，不同类型的创业人才在创业和就业过程中互相影响和带动，促进大学生创业人数和就业人数增长，解决社会就业问题，为社会的稳定繁荣协同贡献力量。

高校创业教育的成效或价值未必都是显性的，层级式创业教育既是出于缓解就业压力需要而采取的教育综合改革措施，也是为经济整体发展、社会长期稳定繁荣而设计的教育创新模式，创业教育的价值应以多元化的视角进行评价，既要看到短期创造的价值，也要看到远期效应。高校开展层级式创业教育，既有缓解大学生就业难，鼓励自主创业、扩展就业渠道的现实价值，同时它也满足人的全面发展和社会的健康发展的需求，该教育模式真正体现了创业教育多元化的价值机制，对有针对性地培养创业型人才和真正使创业教育创造多元化的价值提供了有效的实施路径。

二、基于设计思维的层级式创业教育模式开发

层级式创业教育模式是针对开展创业教育的高校开发的一般模式，具有普遍适用性。该模式具有结构性、稳定性和可操作性的特征，它为高校提供开展创业教育的一般结构，高校在应用过程中要依据自身特殊性进行检验和修改。层级式创业教育模式的构建依托政府部门各项创新创业教育政策的导向和支持，在前期对中外创新创业教育理论和实践研究基础上，遵循“教育以人为本”的教育理念，在教育学理论范畴内构建层级式创业教育模式，该模式的开发既是对人文教育、素质教育理论的践行，也是创业教育从概念化到实践化的突破，它使创业教育不再局限于概念的辨析和理念的研讨论述，而是基于学术探讨和理论研究跨越到可行的操作实施。

当把创业教育只作为缓解一时之需的教育行为时，它的作用是一时的，当将其作为一种未来人才培养规格看待时，就有了教育模式的属性，层级式创业教育便是这样一种培养多层次创业型人才的教育体系。层级式创业教育模式的开发基于设计思维方法，围绕多元化教育目标和创业人才培养规格，寻求分层开展创业教育的解决方案。

设计思维是一种针对解决问题的设计方法，层级式创业教育模式的开发利用设计思维逻辑解决创业教育人才规格定义不到位、创业教育效果未知的问题，并开发出一套以解决就业、提升生活质量问题为导向的创业教育方案。基于设计思维开发层级式创业教育模式，始于学生需求，以学生为中心确立创业教育目标和分解创业教育要解决的问题。根据斯坦福大学定义的设计思维的五个阶段：同理心、定义（问题）、构思、原型和测试，将层级式创业教育模式的步骤设计为同理心思维、定义问题、构思、原型和测试。

（一）同理心思维

创业教育不仅是教育的创新，是高校通过改革教育理念、教学内容、教学方

法、管理制度来培养创业型人才，它同时也是针对学生开展的关于创新和创业的教育。在对创业教育体系进行改革时，高校和教育工作者的思维起始点不是以高校自身需求和教育者的想法开展各项教育要素和教育体系的改革，而是换位思考，以学生本位的角度考察不同的学生需求，细分具有不同个性需求的学生群体，并确定教育能够满足学生需求的实现手段。依据同理心思维，在根据不同学生需求开发层级式创业教育模式前需要真正了解学生对于创业教育的需求情况。

据全球化智库（CCG）的调查数据显示，本科生阶段各年级关注创新创业的数量比例呈现阶梯式下降的趋势，研究生阶段关注创新创业的学生也主要集中在研一[1]。所以随着学业、年级的进阶，学生对于创新创业的关注度呈现逐渐下降的趋势，硕士生和博士生的创新创业比例的下降虽然与就读总体人数的缩减有关，但也反映了同样的问题。那么高校学生为何随着学业和年级的进阶逐渐降低对于创业教育的关注，他们对创业教育的需求和关注点又在哪些方面呢？CCG 的调查报告显示，学生接受创业教育的需求见表 4-1。

表 4-1　高校学生对创业教育的需求[1]

高校是否有必要开展创业教育	有必要	没必要			
	97.93%	2.07%			
创业教育形式	邀请专家授课	创业者或企业家讲座	创业大赛	实战指导	集中培养、创业园区等
	42.33%	26.42%	18%	8.22%	5.03%
创业教育课程内容	创业理论	素质培养	创业方法	创业实操技能	创新知识
	53.22%	24.70%	15.77%	5.67%	0.64%
创业配套服务	配套资金	创业系列课程	企业家、创业者讲座	场所、项目孵化、对接服务等	
	43.05%	22.28%	13.04%	21.63%	

从表 4-1 看出，将近 98% 的大学生对创业教育抱有很大期待，邀请专家授课是大学生比较喜欢的创业教育形式，创业教育课程内容的需求体现在创业理论和素质培养方面，此外资金是大学生创业普遍关注的难题。这样的数据结果反映出目前比较低的自主创业比例不代表大学生创业的本来面貌，他们在学业的最初阶段都对创业教育和创业抱有期待和理想，而高校的创业教育需要满足他们的需求、促进他们达成各种创业理想。CCG 也对学生接受创业教育的目标做了调研，约 42.08% 的人希望能使个人获得不断地成长和发展，约 28.32% 的人需要通过

[1] CCG 全球化智库．中国高校学生创新创业调查报告［R］．2017.

接受创业教育未来能够最大限度地实现自我价值，10.01%的人需要通过创新创业教育能够获得更高的经济收入。可以看出大多数高校学生希望通过创新创业实现自身的成长与自我价值，这也是创业教育的本质所在，为我们开展面向全体、分层开展创业教育提供了现实基础。

总结CCG的调查数据，可以归纳出：开展创业教育面对的主流学生群体是追求个人生活质量提升和人生价值实现的学生，有实际创业需求的学生人数是少量的，但他们对于其他学生群体的带动和示范作用却是巨大的。层级式创业教育要关注创业教育给大学生带来的成长和个人价值的体现，课程内容和教学组织方式要根据不同学生的需求进行研究设计，以学生的需求和成长需要作为层级式创业教育开发的依据。

（二）定义问题

开发层级式创业教育模式面临的定义问题阶段，是将同理心阶段搜集的调查数据和分析结果进行整合，确定层级是创业教育模式要解决的核心问题是什么，确定创业教育要解决的问题要以学生需求为中心，围绕人的教育和发展需要来定义问题。定义创业教育问题的思维起点是学生为了实现自我价值需要什么样的教育模式和教育内容，而不是我们要为学生提供有利于其职业发展或具有其他目的的创业教育。以这种思路确定创业教育要解决的问题实际是以这样的思维方式来确定创业教育的培养目标和人才规格，解决层级式创业教育目标和培养什么人才的问题。

根据设计思维理念，培养目标是根据当前或未来一段时期内经济和社会（或用人单位）发展对所需人才的能力结构进行设计，使人才培养体系可操作、可测量和可评价，层级式创业教育培养目标同样是根据社会经济发展的客观需要，有效设计多元化的培养层次，在人才培养方向多元化、人才类型和培养规格多元化方面做到可操作、可测量和可评价。

1. 培养目标问题

培养目标是创业型人才的具体培养要求，它是一个历史范畴，具有鲜明的时代特征。要确定层级式创业教育模式的培养目标，首先要基于创业型人才的类型或层次的考量，这是层级式创业教育的出发点和归宿。任何社会经济的发展既需要技术型的应用性人才，也需要生产经营管理型人才，更需要大量恪尽职守的基层从业者，他们都在社会稳定、国家经济发展的宏观环境中合力发挥着微观的重要作用。而我国高校目前在创业教育实施过程中，没有体现人才培养的类型和层次性。层级式创业教育目标的确定要以分层次、差异化、多样性的人才规格作为出发点而分层设计。

现代行业类型及其组织结构产生了巨大变革，人们的工作和生活方式都在发生转变，创业教育培养目标也因此被赋予时代属性。它不仅要满足创业型人才的市场需求，而且要充分研究现阶段高校毕业生的就业观和选择趋势，层级式创业教育的培养目标从培养人和培养人才的角度上可以做如下解释：

（1）创业精神教育。创业精神教育有时被界定为通识型创业教育，面向全体学生，进行创业精神启蒙教育，培养学生具有较强的通用性和创新性的从业素质。创业精神教育适用于对全体学生进行通识教育，让各种类型的创业人才都具有创新精神和创业意识，但重点针对在社会阶层就业结构中占据庞大数量的普通雇员群体和自由从业人才，他们对社会经济发展的贡献是实质性的，起着稳定就业、促进社会和谐的重要作用。这个方向的创业教育通过创业精神和创业意识的植入，使学生在未来生活、工作中能够自主独立、持续学习、开拓进取和忠于职守。在日本也有类似的“面向一般学生的教养型课程”，无论怎样界定，这个层级的创业教育是最广泛的和最普遍的，大部分学生在校期间还没有创办企业的准备和想法，通过创业精神教育使他们产生创业愿望、明确职业规划、从被雇佣就业再走向自主创业，他们毕业后或自由择业，或成为普通雇员，或进入企业管理层，或成为自主创业者，这种创事业的复合型素质教育渗透到高校师生的教学和日常生活中，对学生成长为各类创业型人才具有潜移默化的素质养成作用。

创业精神的培育是全面培养创业型人才的通用途径，创业精神教育不是让大学中少数人拥有的创业精神，也不是脱离实践的教育理论，而是要转化为所有学生的思想与动力、演变成整个高校的文化、提升学生事业与人生质量的素质教育。创业精神教育追求“贯通”，是面向所有学生的素质教育，具有素质教育主体性、全体性、全面性和长效性的特征。“贯通”还体现在创业精神教育与其他层级的创业教育是起承转合的，是实现学生全面发展的基本逻辑，是素质教育的具体化呈现。

创业精神教育要实现全覆盖，即实现学生、教师和课程的全覆盖，以创新精神、创业意识和创新能力培养为导向，创新人才培养体制机制，改革教育教学方法。高校应重点抓好以下几项工作：一要强化创业教育观念，完善通识教育课程体系，丰富专业教育课程内涵，将创业教育融入人才培养全过程，推动人才培育体系与知识培育体系一体化。二是在价值观塑造方面，引导学生把创新创业融入人生价值观，使学生能够在就业和生活方式选择方面有积极的价值取向。三是在创新思维训练方面，让学生不仅具备批判思维、求异思维和创造思维，而且具备系统思维、战略思维以及多学科交叉思维，在此基础上让学生不断提升自身能力，具备基于竞争与合作的生活力和创造力。四是要加强互联网和人工智能环境下的教育资源建设，积极开展多种形式的教学方式、方法改革，促进校内和校际优质教学资源共享。创业教育本身就是一种教育的创新，没有教育体系的创新，谈不上创新精神教育。

联合国教科文组织在《教育——财富蕴藏其中》的报告中指出：“在基础教

育阶段，实施就业创业教育的主要着眼点，是培养全体受教育者的就业意识、创业精神和社会责任感，努力提供使受教育者终身受益的教育培训。唯有如此，教育才能真正承担起教人生活、教人做人的重任。”这虽然强调的是基础教育阶段开展就业创业教育的目标，但是教育面向全体、教人生活和做人的教育思想正是我们今天开展创业精神教育追求的一个重要教育目标，这个目标符合教育规律和原则，是新时代创业教育的突出特点。

（2）自由择业教育。在美国有1/4的劳动者属于自由从业者，他们专注于个人兴趣的投入感和成就感寻找满足和自由。在中国也有越来越多的新生代毕业生选择自由职业、不就业、继承家业或从事新型职业。《上海市2017届高校毕业生就业状况报告》的统计数据显示，2017届上海高校毕业生中社会关注度较高的“95后”大学生比重占47.4%，高于其他各年龄段的毕业生所占比重，成为应届毕业生中的主力军。根据新华网发布的对95后就业观的调查数据，95后的职业理想随时代发展而变化，只有52%的95后在毕业后选择就业，而选择不就业的比例更是高达48%，“不就业95后”毕业去向选择多元化、网络化和娱乐化。层级式创业教育是针对人的素质教育，奉行尊重学生个性，因此实施面向全体的层级式创业教育，高校应重视自由择业群体的教育需求，根据高校自身办学类型与层次、区域经济发展、生源情况和自由择业趋势确定相应的人才培养目标，这是适应时代需要、促进社会平衡发展的人才培养观。

一直以来高校创业教育忽略对这类群体的关注，没有为新生代毕业生的就业需求设计一个具体和系统的培养方案。自由择业毕业生群体对于职业和生活方式的选择趋于弹性化，具有不确定性，根本培养目标应定位在培养学生积极健康的生活态度、符合公序良俗的价值观、高度的社会责任感以及对其进行恰当的择业引导。自由择业素养的养成和价值观的形成在高校学习期间是一个关键阶段，创业教育担负着塑造新时代毕业生学习、生活态度和职业精神的重任，并认可、接受学生自由择业观，培养学生自由择业的素质和能力。这种培养定位目前还没有进入学术界和教育界的视野，但对于学生选择健康生活方式和促进社会和谐稳定具有重要意义，也是顺应时代发展特征的务实之举，亟须各方关注和参与实践。

（3）岗位创业教育。目前对于岗位创业基本达成初步的共识，即在现存的企业中或现行体制内，发挥创新精神和开拓能力，促成企业新局面产生，使公司获益，实现自身价值的创造性活动。岗位创业教育基于这种共识开展相应的创业教育实践，但对于岗位创业教育概念具有一定的争议，因为在就业的工作岗位上发挥创新创业精神、开拓业务新局面、服从岗位安排的职业类型在岗位创业概念出现之前就已存在，从前也一直存在于高校的就业教育中，并不是新的就业现象和教育模式，大量在岗位上恪尽职守、发挥组织管理才能的人才始终存在于社会的各个领域，所以不教会学生如何创办新企业就不能叫作创业教育，不能冠以一个新名词就产生一种新的教育模式。这种说法未将全体学生作为研究视域，反映了长期以来人们对于创业教育的理解聚焦于自主创业教育的现象。岗位创业教育不同于以往的就业教育，它是以创新创业理论为基础，系统开发教育模式，并针对社会就业需求和学生层级实施的特定形式的创业教育，其教育要素的系统性、融合性都根本区别于毕业阶段的就业教育。岗位创业教育更加注重“衔接”，是大学生创业教育与大学生职业发展和就业指导的有机结合，是实现“创新引领创业、创业带动就业”的支持层级。

岗位创业教育不仅是要培养岗位创业者，对于未来少数的自主创业者的创新、开拓进取精神培养也是至关重要的，因此这个教育目标主要是针对这两类创业型人才。在人才培养过程中要通过创新教学内容、教学手段，激发创业意识、创业精神，传授创业知识，利用校内、校外教学资源使学生拥有接近社会的职业体验，能在未来工作岗位上利用企业资源进行企业内的创事业活动，以至于未来开展自主创业活动。在国际上，很多国家都重视对学生岗位胜任能力的培养，而我国在这方面做的还不足，如图 4-1 所示。

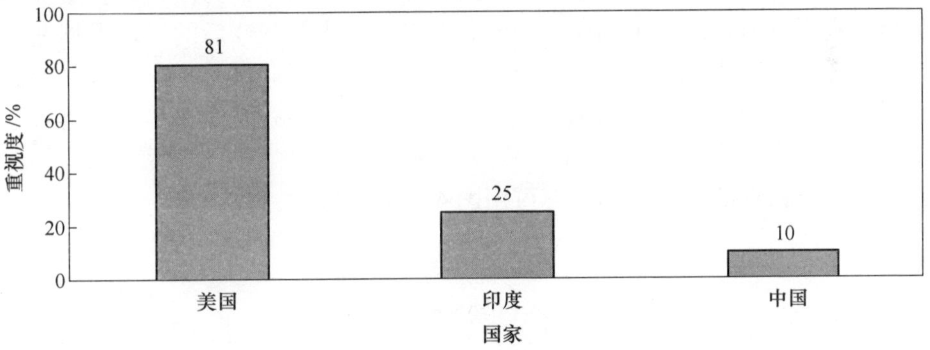

图 4-1 岗位胜任能力培养的国际导向
（数据来源：世界经济论坛）

（4）自主创业教育。目前学术界还没有关于这种创业教育方向的界定，但它属于狭义上的创业教育概念。很多高校在创业教学实践中已把自主创业者的培养作为创业教育的主体内容，是当前最具显性特点的创业教育，高校在自主创业人才培养中的主要目标是坚定创业者的创业意志并鼓励学生自主创办新企业；通过模拟实践教学和孵化平台等实验环境扶持自主创业者成长，锻炼学生识别和把握市场机会、整合资源付诸创业行动的能力；通过创业技能培养和推进创业实践教育使自主创业人才能对接和适应现实创业环境，提升创业成功率。

自主创业教育不是孤立存在的，它根植于前面三个教育层级之上，在面向全体学生开展其他三个层次的创业教育活动时，也包含了有自主创业潜质和兴趣的学生群体，自主创业对创业者的综合素质和能力要求比较高，接受各个阶段的创业教育符合自主创业者的创业需求。接受自主创业教育的学生通过前期学习具备创业理念、创业精神和岗位创业素质，能够更善于开展自主创业活动。自主创业教育要重视对大学生的创业实践培训，要创造条件利用各类资源、平台为学生搭建创业的孵化环境，扶持帮助学生创业，使学生能够有机会参加模拟创业和实战创业，鼓励学生在校内外开展创业实践活动，使有自主创业意愿的学生就读期间能够获得良好的创业实践体验。

立志自主创业的大学生是经济领域创业的生力军和主力军，自主创业是他们实现青春梦想的重要途径，与其他创业群体相比，大学生具有自身明显优势，具有良好的创业特质，他们生机勃发，富有梦想，敢于创新和实践，这是自主创业必需的先天条件。自主创业者在学校接受多年的基础教育掌握了系统的文化基础知识，在高校又接受了系统的自主创业教育，掌握了自主创业的基本知识和技能，因此大学生自主创业的综合素质要高于大多数其他社会创业群体。自主创业教育在创业教育中占据重要地位，从解决社会就业的角度看，创业者不但解决了自己的就业问题，而且还提供了解决他人就业的工作岗位，为国家解决就业问题和创造财富贡献力量。自主创业者创办企业对中国当前和今后的经济发展尤为重要，是夯实我国民族经济基础的重要力量，因此自主创业教育是层级式创业教育的重要子系统，社会各界要鼓励有意愿的大学生自主创办企业，尽可能为大学生成功创业提供支持和保证。

自主创业教育的四个培养目标可用图 4-2 描述。

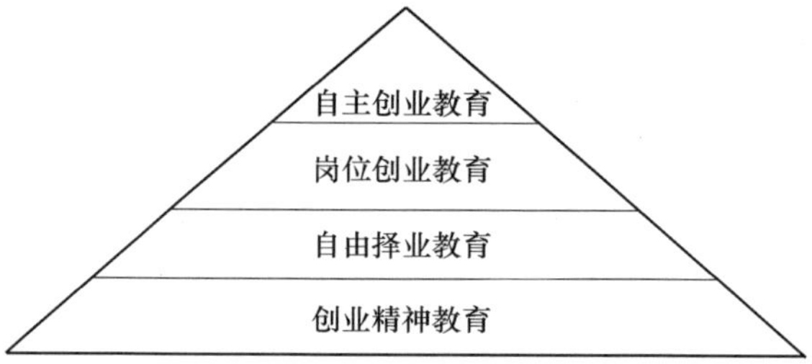

图 4-2　创业教育培养目标

2. 创业型人才规格问题

创业型人才基于广义创业概念并考虑不同创业就业类型的内在关联进行设计，可形成图 4-3 所示的金字塔形创业人才结构。

（1）自由择业者。自主创业不是每个人生存的基础，企业家无法构成完整的社会，具有独特个性、遵循自我内心选择的人也是一类普遍的社会存在，而且是社会结构的必要组成部分，他们的和谐发展对社会的稳定起到非常重要的作用。自由择业者概念的提出是针对越来越多毕业后不进行传统就业的 95 后大学

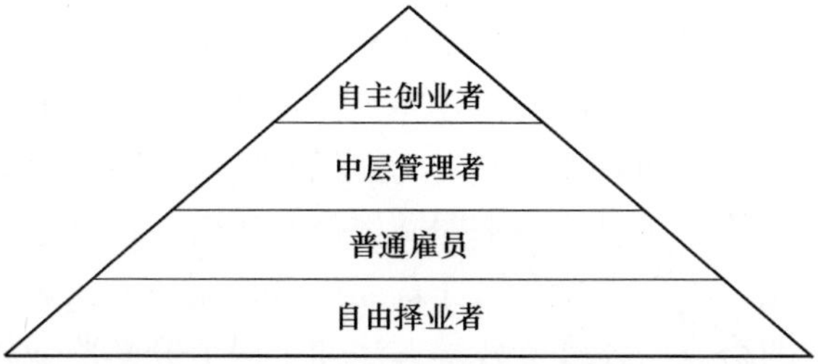

图 4-3 创业型人才层次

毕业生，他们选择间隔年、继承家业、深造或瞄准新型职业，进退自由，该现象还没有进入学术研究视野，至今没有针对这类群体的教育模式；此外部分毕业后创业或就业的学生也有一定数量进入这一层级，他们从事自由职业或充电后重新选择和规划职业。自由择业者包括但不限于人们熟悉的灵活就业者和自由职业者，灵活就业是在工作时间、劳动报酬、工作场景、社会保障和劳动关系等方面有别于传统主流就业方式的就业类型，就业形式具有松散性，人员构成具有多层次性。自由职业者也是采用不隶属于任何组织的就业方式，但他们更具有一定的经济实力和专业技能，这个群体整体年轻、思想开放、尊重自我又兼顾社会，能够适应环境并执着于追求目标，自由职业者综合素质较高。除了灵活就业者和自由职业者，自由择业群体还包括不就业的群体，他们处于一种蓄势待发的生活状态，或就此选择了一种自我、自由的生活方式。自由择业者内涵见表 4-2。

表 4-2 自由择业者内涵

自由择业者		
灵活就业者	自由职业者	不就业者

自由择业者的概念扩充了创业型人才的内涵，聚焦了一类还未被学术研究纳入的群体，引导他们正确获取人生价值对于社会稳定和经济发展至关重要。这类创业型人才培养是创业教育“面向全体”的最充分体现，重在通过通识教育、人文教育，培养能够提升自身生活质量和工作质量的有效社会公民，使其为社会的健康稳定发展作出贡献，为自身的幸福人生努力。因此，自由择业者的人才特质是具有人文情怀、分析判断力、道德修养和责任担当的社会公民。美国著名教育家、心理学家马斯洛曾经说过：“我们绝大多数人，一定有可能比现实中的自己更伟大些，只是我们缺乏一种不懈努力的自信。”自由择业者就是通过高校的创业教育，能够具有这种不懈努力的创新创业精神，成为更好的自己。

（2）普通雇员。普通雇员是准就业者，是正规组织机构中从事一般事务性工作的专门人才，他们同样属于创业型人才的范畴并且占有绝大多数比例。这类创业型人才虽没有创立新的企业、成为自我雇佣者，但是他们具有开创性的个性、履行岗位职责的良好素质和满足业务开拓的基本技能，他们以自身的努力工作支撑着组织机构的运行，其作用无外乎机器正常运转所需的各类部件，虽然数量众多、地位渺小，但不可或缺。这个层面的创业型人才除了应该具有创新意识、开拓精神和高度的责任感外，掌握操作性和诀窍性技能是其显著特点，属于应用型和技能型创业人才。高校在培养普通雇员型创业人才过程中应侧重对其进行职业素质和技能的培养，并改革教学方法和手段提升其职业体验。将普通雇员作为一类创业型人才进行培养还未被高校视为主要的创业教育目标，该类型人才定位和相应教育模式的开发值得我们重视，这既是面向全体开展创业教育必须面对的问题，也是当今社会就业层级体现的一类市场需求。

（3）中层管理者。从创业教育理论的角度来讲，中层管理者是指岗位创业者，这类创业型人才具备一定的创新思维、创业精神和管理能力，在工作岗位上利用企业资源进行企业内的创业活动，开创业务新局面。中层管理者属于企业雇员，与普通雇员相比，他们承担着更多的管理责任，有义务促进企业的发展进步和保证部门的稳健运作。中层管理者从事的创业活动不是创办自己的新企业，也不是企业的所有者，他们在现存组织体制内，发挥创新创业精神，带领团队促成企业新局面产生，使企业获益，并利用企业资源和平台实现人生价值。岗位创业者的企业内创业活动有组织资源和既有平台的优势，他们在企业内进行岗位创业的成功概率更大，他们对社会上现有企业的维持和健康发展贡献卓著。

（4）自主创业者。这类创业型人才是指依靠获取的资本、资源、信息、技术、经验以及其他要素自己创办实业、解决自我雇佣和他人就业问题。自主创业者除拥有创业型人才普遍具有的创业意识和创业精神外，具备自主创业条件和创业能力是其显著特点。创业能力是指自主创业者依托自身专业基础，能够发现创业机会，整合人力、资金和社会网络资源，进行创立企业的活动能力。自主创业者位于创业型人才金字塔结构的顶端，人数较少，成功创业者对于激励同辈创业和解决社会就业具有带动性作用，是解决就业问题的核心群体，是大学生创业促进就业从而产生就业倍增效应的助推器。

传统意义上的创业和创业者是指这个层面的创业活动和人员，自主创业人才的创业活动是一个动态的过程，创业者需要良好的成长环境和支持平台，也需要适应社会经济环境的能力，高校亟须有针对性地设定培养目标和人才规格来培养自主创业者，而不是面向全体培养这种类型的自主创业者。自主创业人才处于创业型人才结构的金字塔尖，人数虽少，但其对社会经济发展创造的价值和对大学生群体就业效应的提升都将产生直接和深远的影响，高校不仅注重创业精神、创业素质培养，而且注重培养自主创业人才。

（三）构思

层级式创业教育模式的构思是指在确定了培养目标和人才规格之后，从创业教育目标、要解决的问题和要达成的结果入手，寻找开展层级式创业教育模式的科学架构和可行性方案。目前创业教育的开展大多停留在应对上级要求、模仿同类高校的阶段，缺少符合自身需求和特色的模式和可行性方案。还有些高校专注具体课程的开发，缺少课程体系的系统设计，说得清楚做得模糊，削减了创业教育应有的效果。我们有必要利用设计思维的构思逻辑来寻找创业教育有效的架构和实施方案，确保创业教育不停留在应对政策要求、形而上的理念宣讲等层面，而是努力做到使学生真正成长获益，在自主创业、自由发展、人生价值实现等方面帮助他们，提升他们发展事业和创造完美人生所需的人格素质。设计思维提倡多角度地寻求解决方案、解决问题技术的可实现性和可行性，以这样的思路开发层级式创业教育模式就不仅在理论上为高校如何面向全体、分类施教设计了清晰的架构，还从实践上为其如何实施提供了保障。层级式创业教育模式的具体实施路径将在后面章节进行重点论证。

（四）原型

原型是在构思基础上实现的，层级式创业教育模式的架构原型内容会随着具体条件的变化而动态改变，但一个系统的层级式创业教育模式是有效开展创业教育的基础和前提。根据前面对创业教育目标和创业型人才规格的研究，可以确定层级式创业教育模式涵盖了全体学生，采用分层分类的方法解决不同学生的个性化需求，不同层级的创业人才群体互相关联依存，共同在社会经济发展中贡献一己之力。层级式创业教育模式的原型体系可采用图 4-4 所示的模型进行阐释。

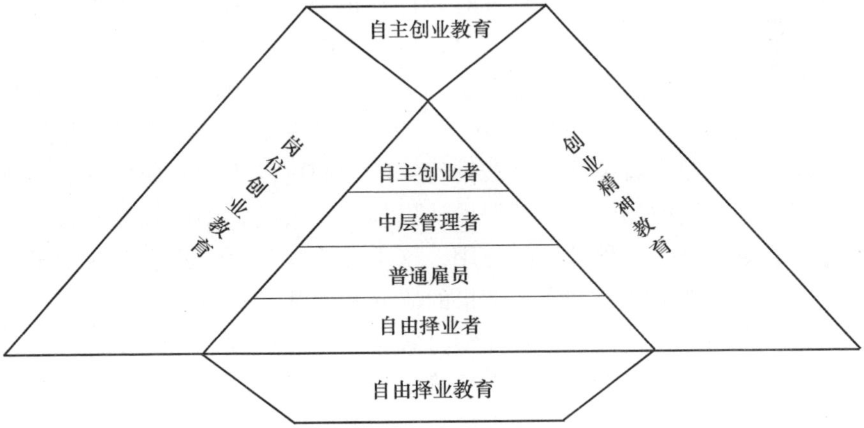

图 4-4　层级式创业教育模型

层级式创业教育模型中包括了四类创业人才类型，体现了创业教育具有基础性功能，是一种理论与实践结合的育人模式，突破了创业教育聚焦自主创业的教育范式。这四类人才类型涵盖了学生群体的个人职业取向和社会经济发展所需的创业人才类型，模型建立的基础是设计思维，遵从设计思维以人为中心的开发理念。模型围绕四类人才培养目标，开发四类创业教育层级，各个层级覆盖不同的创业型人才，做到有针对性地培养社会所需的各类人才，同时尊重学生的个性和选择。该模式从文化熏陶、专业学习、实践活动方面为高校创业教育的具体实施方式提供了一种模式，实践过程中各校可根据各自差异灵活、非线性地操作。

当前我国各高校在开展创业教育过程中存在分层分类施教的情况，也有高校刚刚起步还没有进入常态化、系统化的阶段，有些高校在分层分类构建教育创业人才培养体系时各自有不同的视角，有的从学生所处的年级、专业和数量覆盖方面着眼进行分层分类，有的从机构设置、定位和工作机制方面着眼，注重管理和制度设计。本层级式创业教育模式归根结底是关于人的教育，是为了学生个体的健康发展和社会需要培养不同类型的创业型人才，它是围绕多层级人才培养目标设计开发的，是保证面向全体开展创业教育具有实效性的保证，对于学生个体、高校本身和社会经济发展都是有益的实践路径。

（五）测试

根据设计思维理论，层级式创业教育模式不仅仅要理解学生学习需求、学生所处的学习环境和条件，更要关注学生的体验和获得感，关注教育实施路径并进行测试反馈，在实践中发现并解决新问题，不断循环迭代，改进教育模式和实施手段。

这五个开发步骤并不需要总是按特定顺序进行，这个过程通常是并行的，用设计思维解决问题的重点是可行性和有效性，每个步骤和阶段都体现了这种中心思想，因此实施过程充满了迭代和重复，以此不断创新教育解决方案。

我们在谈创业教育问题时总是在谈创业教育概念、内涵，谈学生接受创业教育的受益面问题，谈开设几门公选课、开设什么实践课，谈组织管理运行机制。这些问题需要创业教育者关注并实践推行，但我们更需要研究如何科学实践的问题、学生如何真正受益的问题。根据设计思维开发层级式创业教育模式，不仅应用了一种方法论，更是一种理念的应用，这种方法和理念让我们在谈学术理论问题时，也着手创业教育实践和实践效果的研究和变革。层级式创业教育模式是一种多元要素融合的教育模式，体现在学科融合、专业融合、知识融合、人才融合等方面，它创造出不同年龄、不同学科背景的学生融合学习、专向发展的学习氛围，因为创业型人才的培养不是知识信息的加法模式，不是使用不同层级的创业型人才是否多学一点、学深一点的标准来决定他们的人才层次，该模式以学生为中心，采用“开放”和“放开”的减法模式，即尊重学生个性需求、围绕“育人”和“育才”的四个教育目标让学生自主选择、调整和适应学习生活，高校按照教育规律培养人才，对不同层级的创业型人才实行“个性化”培养。中层管理者、普通雇员和自由择业者等创业型创业人才与自主创业人才同样处于融合的创业教育体系中，他们与自主创业者共享学习平台，在高校这个开放的创业学习社区中，他们学习的不仅是知识，更多的是学习对于环境改变的适应能力、人际交往能力、团队合作能力和积极进取、坚韧勇敢的创业精神。

第三节　层级式创业教育模式的就业倍增效应

层级式创业教育模式本质上是就业驱动的，该模式的本质是形成一种就业效应。它按照分层分类的原则培养创业型人才，以广义的创业和创业者的概念确定多元化的创业型人才培养目标，这里的就业效应也取广义上的含义，包括自我雇佣、被雇佣和自由择业，每一个层面的创业型人才都围绕成就事业这个核心，创建新事业、开拓本职岗位事业、实现自我人生价值追求的事业，这些都是层级式创业教育模式要实现的教育目标，也是层级式创业教育的出发点和归宿，这些目标之间存在内在相关性。层级式创业教育模式在满足社会科层就业结构对不同类型创业人才需求的同时，更使每个受教育者能够通过适合自身层级的创业教育，在分层分类的社会就业领域中实现社会价值和自我价值。

一、创业与就业的概念关系

在本书第一章第二节对创业做出过阐释，指出广义的创业是指创业者发现新的市场机会，整合资源创办新的企业，谋求商业利润和新创企业的生存、成长与发展，或在现存企业内以相对独立的岗位职责开创新的事业，谋求现存企业的持续成长与发展，以及参与其他社会经济活动的工作实践。创业除了包括自主创业、岗位创业（企业内创业），还包括以创业的心态开展的各项工作和选择某种生活状态。从事创业活动的主体涵盖了创业型人才类型：自主创业者、中层管理者、普通雇员和自由择业者，不同类型的创业型人才从事相应的创业活动见表4-3。

表4-3　创业活动的层级内容

创业类型	创业型人才类型	创业活动内容
自我雇佣	自主创业者	创立新企业、新事业
被雇佣	中层管理者、普通雇员	岗位创业（现存企业内创业）
自由择业	自由择业者	灵活就业、自由职业、不就业（生活方式）

创业从狭义上讲是商业性或社会性的生产经营活动，指创业者投入一定的资本、智力、精力和时间等去创办属于自己的企业或事业单位的行为，这也是人们对创业概念的核心理解。但广义的创业不仅包含狭义的创业内容，也包括不同类型创业者从事的各种社会实践，他们以某种劳动方式创造经济价值、社会价值或个人价值，创业内涵甚至包括选择不就业状态的生活方式，有数据说近半的95后选择不就业，如新型非传统雇佣关系的自由职业、全职家庭角色、间隔年、不以营利为目的的创客等。

目前人们往往把创业和就业分割开来理解，认为创业是创业者独立创立商业企业，就业即是被雇佣型的从业活动。这样创业为大，就业为小，创业为就业提供了保障，创业者和就业者的个人素质是不同的，甚至具有从属关系。这种从狭义的创业概念着眼、以传统就业观解读二者关系的行为是有局限性的。随着经济和社会的发展，人们的创业和就业行为出现新的潮流趋势，理论阐述应全面反映社会实践的发展变化。要认识到创业和就业已经变成人们的一种生活态度和生活方式，被自己雇佣和被他人雇佣都是就业，因此就业包括了自主创业，自主创业越来越成为就业的一种常态。

就业按照MBA智库百科的解释是："就"即"从事"，"业"即"工作、职业"。就业，通俗地讲就是劳动者去从事某个工作或职业。一般意义来说，就业是指劳动者同生产资料相结合，从事一定的社会劳动并取得劳动报酬或经济收入的活动。这是广义的就业概念，在现实的社会生活中，人们更习惯于将就业理解为一个与创业相对应的概念，认为就业是就业者到别人创办的企业或事业单位去从事一份相对稳定的工作，通过劳动获得报酬收入的行为。这种狭义的理解虽然是大众的普遍认知，但不适用于高校开展创业教育，不利于培养学生的创业精神和从业心态。创业与就业密切相关，这种狭隘割裂的认知限制了创业教育的视野，会束缚创业教育实践，影响创业教育效果。

关于就业概念聚焦于劳动和劳动的经济效益获得，作者认为，时代在发展变化，人们从业的方式和目的都在发生改变，具体到大学生的就业，他们在经济社会中的实践活动是一个实现自我价值和社会价值的过程，他们本着创业精神、以自己掌握的创业技能，在各类社会岗位上开创新局面，除满足其自身的生存需要、精神需要外，也为社会创造了大量物质和精神财富。因此大学生就业具有经济性和社会性的属性，就业本质应从这两个方面进行判断。

就业是劳动者从事的不同形式的社会活动，就业者受到生产关系的制约，是一种具有社会属性、利他的职业，可以有效满足他人和社会需要。就业具有目的性，主要是获得报酬和收入满足自己生存需要，同时为社会和经济发展创造价值。就业包括自雇型就业、正规就业、弹性就业和隐性就业，自雇型就业，即工作的雇主就是自己，工作保障和福利从自己处获得；正规就业，即从正规的企事业单位活动各种劳动保障和稳定的报酬和收入；弹性就业，即相对于正规就业形式而言，从事非全日制的、临时性的、季节性的、小时性的工作，其就业门槛低，机制灵活，进退方便，对技术、技能和资金的要求不高，且行业门类庞杂，包容性大，就业选择的空间大；隐性就业，即有别于正规就业、未从事固定职业的一种工作或生活状态，从表象看是无业状态但实际上处于就业状态，隐形就业没有时间限制、收入限制和场所限制，是一种灵活多样的就业形式。

图 4-3 中创立新企业、新事业的自主创业活动是创业者从事的独立开创事业的行为，自主创业者是创业者中的精英和引领者，但也是从事某项具体职业的就业者，按照就业的定义，自主创业属于就业概念范畴，是一种自我雇佣的就业。图中从事岗位创业的企业中层管理者和普通雇员都处于被雇佣的状态，他们在企业内的创业活动从属于就业的范围，这也是最常态化的就业形式。图 4-3 最后一类创业类型是自由择业，包括了灵活就业、从事自由职业和不就业人群，灵活就业是从事临时性劳务活动的非传统、非主流的就业方式；从事自由职业是经济文化领域中具有独立性、按照自己的方式自由从业的知识人，他们独立工作，不隶属于任何组织，如顾问、自由撰稿人、作家、编辑、会计、艺术家等，他们受雇于自己的意愿，从事着工作时间、组织关系、生活方式都很自由的职业，这类创业活动属于弹性就业范畴。然而在自由择业人群中有一类不就业者，他们以家庭角色、间隔年和不以营利为目的进行创新、实现自我理想，这是一种自由积极的生活方式，创造着自我价值和社会价值，自由择业者中这部分人群的活动不属于就业活动的范畴，但是属于创业的范畴，他们是个性化地选择了一种生活方式，以积极健康的心态和创业精神来创造生活。所以，创业和就业是有高度重合，并不是完全相同的概念，见表 4-4。

表 4-4　创业与就业的概念关系

重合区					错位区
创业	自创新企业、新事业	岗位创业（企业内创业）	自由择业		不就业者（家庭角色、间隔年、创客）
就业	自雇型就业	正规就业	弹性就业	隐性就业	

从表 4-4 中的内容对比可以看出，除了不就业类型的创业活动，其他创业活动都是就业的概念，开展自主创业、岗位创业以及灵活就业和从事自由职业实际上都处于就业的状态，创业的内涵要超越就业的内涵，创业既包含从事职业也包含经营生活，而就业主要倾向于从事职业和事业的状态，突出收益和回报。因此，创业的内涵大于就业的内涵，高校创业教育会深刻地影响大学生的就业，高校应分清不同层级的创业教育对大学生就业的作用原理，有针对性地开展面对不同学生层级的分层分类教育，促进大学生就业的加倍扩大效应，解决社会就业问

题和大学生毕业后的工作、生活问题。

二、层级式创业教育模式促进大学生就业的作用机制

“机制”原指希腊文的机器构造和工作原理。对于机制的这两层含义我们不妨做个简单的解读：构造是机器由哪些部件构成和构成的原因；工作原理是机器是怎样运转的和之所以运转的原因。因此机制是同时具有现象和本质内涵的概念，在研究事物的作用机制时，除了聚焦现象，更要注重现象产生的根源，也就是注重所有构成要素相互关联、作用和协调的方式和功能。机制概念用于不同的领域就会产生不同的机制，任何机制都具有组织结构的客观性、功能实现的系统性、要素关联的内在性和实践应用的可变性。研究层级式创业教育模式对于促进大学生就业问题的作用机制就要综合考虑模型系统的组织构造和作用原理。

层级式创业教育促进大学生就业的作用机制是决定创业教育效果的核心问题，是作用系统各要素之间的内在联系、运动及其原理，是层级式创业教育模式的自身内在作用。层级式创业教育模式是一个有机作用系统，其结构和功能是一种客观存在，但是该模式具有弹性，当改变系统的要素结构和基本构成方式，层级式创业教育模式的作用效果就会出现变化。关于层级式创业教育模式促进大学生就业的作用机制问题，将从结构要素、功能和作用机理来进行分析。

（一）结构要素

要弄清分层施教的创业教育如何推动和促进大学生就业，首先要基于机制概念，分析层级式创业教育模式的要素构成。在图4-4模型中，层级式创业教育模式的构成有两大类要素。一类是创业教育的培养目标，有四个具体目标要素，处于模型的外围，分别是创业精神教育、自由择业教育、岗位创业教育和自主创业教育。第二类是创业型人才规格要素，有四个具体规格要素，处于模型的中心，分别是自由择业者、普通雇员、中层管理者和自主创业者。层级式创业教育模式的组成要素相互关联形成一个有机的创业教育系统，各要素之间存在内在的作用机制，使层级式创业教育模式有效发挥人才培养功能，解决社会经济发展问题，提升大学生的就业和生活品质。

两大类结构要素共同组成了层级式创业教育模式架构，在创业教育目标的驱动下，创业教育完成不同层次创业型人才的培养。各个目标要素覆盖不同的受教育对象，指向不同的创业人才类型，因此两大类结构要素是互相作用和影响的关系，以具体的创业教育目标有针对性地培养不同层级的创业人才，这是发挥创业教育功能的前提基础。各个人才要素之间同样存在相互作用的关系，具有内部关联性，但各自的作用不同。从促进就业的角度讲，自主创业者对解决自身和他人的就业问题起着主导作用，因为自主创业者自主权更大，在自己创立的公司有足

够空间可以施展才华，自主经营管理，而被雇佣的其他就业者影响力要弱于自主创业者，但其数量足够大，在社会发展和经济建设中作为中坚力量发挥重要作用。

（二）功能

目前广泛开展“大众创业、万众创新”逐渐成为我国经济发展的新动能，各类高校作为创新创业人才培养的集中地和输出地，都在大力开展创业教育，高校毕业生是未来社会创新创业的主力人群。目前我国高校创业教育的效果有待研究和商榷，但可以肯定的是创业教育不仅仅是为缓解就业问题而采取的权宜之计，创业教育应为不同层次创业型人才的整体培养、为社会的长远发展而设计。层级式创业教育模式的功能是渗透性的、全面性的，它是一个边界联通的完整体系。

1. 育人的功能

创业教育是对人的教育，是以人为本、以学生为中心的教育，层级式创业教育模式的开发是基于设计思维理念、本着重视人的发展而开发的育人模式。胡晓风[7]指出：“教书—育人—创业反映了教育的一般规律，是说它体现了教育与生活、教育与改造社会结合的功能。”这个论断将教书作为教育的起点，将育人作为教育的关键点，将创业作为决定未来生活质量的立足点。创业教育的育人功能是通过创业教育活动，让学生在自主创业、从事各类职业、开拓事业和创造美好生活的过程中，能够创造性地工作和生活学习。

创业教育的育人功能也是尊重个人价值的体现，创业教育也因尊重个体而凸显其教育的价值，一个社会的文明进步从尊重个体开始，人的价值越高，则教育的价值越高，社会也将不断发展进步。创业教育将知识教育、科技教育、专业教育、人文素质教育等功能进行融合来培养未来的创业型人才，重视人的教育培养出来的人才也将拥有对他人和世界的理解与关怀，才能创造出互动性的职业空间，为世界、为其他每一个个体服务。

2. 培养学生创新创业素养的功能

联合国教科文组织对创业教育的定义是，从广义上来说，创业教育是指培养具有开创性的个人，它对于拿薪水的人同样重要，因为用人机构或个人除了要求受雇者在事业上有所成就外，正在越来越重视受雇者的首创、冒险精神，创业和独立工作能力以及技术、社交、管理技能。从定义看出，创业教育培养的人才是具有开创素养的人，能够自主创业，也能够符合用人机构对雇员的能力素质要求。因此创业教育的核心是培养具有创业精神和创业能力的创业型人才，层级式创业教育将这种本质具体化，有针对性地以设计思维理念设计不同类型创业人才的培养模式，旨在培养具有首创、冒险精神和能创业、能独立工作的各类创业型人才。创业教育除了教育和扶持学生真实开展创业活动，也培养每一个受教育者拥有一种精神或者素养。创业教育更重要的是创业精神的培育，是让学生带着创业精神去创业、去工作、去生活。

学生通过创业教育在校期间或毕业后能够真正自主创业当然很好，但是每个学生都去创业而且都能创业成功，这是不现实的，高等教育不能保证，也无法完成这样的任务，创业素养的培养和孕育更显创业教育的现实价值。

3. 未来创业型人才培养的功能

在层级式创业教育模型中涉及四类创业型人才，这些人才培养目标是顺应社会经济发展趋势和大学生择业趋势进行分类开发的，人才规格设计考虑了未来社会经济发展的需要。这四类人才中最特别的是把自由择业者列为创业型人才中的一类。目前，在校大学生大多是“95 后”，大学马上将成为“00 后”的舞台，他们与“80 后”相比有着更加鲜明的自我个性特征，自我意识强烈。如前所述，越来越多的大学生和大学毕业生变成了“宅男宅女”，宿舍里、家里都是他们的“宅”，通过网络不用出门也可以解决吃饭、购物、休闲娱乐等问题，通过网络也可以实现他们从事新型职业获取收入报酬的目的。他们使创业和就业不再是一种职业技能的线下实践和展现，而是一种生存方式。因此将自由择业型创业人才进行学术分类和在教育实践中加以重视势在必行。

在各类创业型人才中最受人瞩目的当属自主创业人才。和普通就业者相比，一个成功的创业者对社会的贡献要大得多，他们通过创办企业解决自己的就业问题也为更多人提供就业岗位，同时为国家创造大量的社会经济财富，一个国家真正的富强根本上还是依靠科技创新和实体经济的繁荣。因此，自主创业教育和自主创业者成为人们关注的焦点具有客观性和合理性。由于国家不断推出创业扶持政策和高校创业教育改革的推动，大学生毕业即创业的比例不断上升，根据《2017 年中国大学生就业报告》的数据，中国高校大学毕业生创业率截止到 2015 届已达到 3%。但是在浩浩荡荡的创业大军中，创业成功率却很低，在创业环境较好的地区如浙江省，大学生创业成功率也只有 5%。网易 CEO 丁磊很明确地反对大学生在校期间或毕业后不久创业，他认为我国的创业环境竞争激烈，而且绝大多数大学生不适合创业，那些有团队精神和学习能力，善于沟通，有强烈的进取心的大学生是少数。因此创业教育培养的创业型人才必然是多元化的，层级式创业教育模式把被雇佣就业者中两类最大规模的群体——中层管理者和普通雇员作为多元化创业型人才中的两个重要人才层级。被雇佣型的创业人才在校期间接受相应的创业教育，未来以创业的心态从事本职岗位的工作，将工作本身就是在创业的观念根植于内心，实现个人和企业双赢。这体现了层级式创业教育模式真正将创业型人才培养的功能落地的责任担当，这也是创业教育具有的现实意义。

4. 推动自主创业并促进就业的功能

层级式创业教育模式的核心是培育多元化的创业型人才，围绕自主创业型人才培养，拉动不同层次创业型人才的培养和成长，形成大学生就业的累加效应。虽然大学生自主创业有经验不足、资金匮乏、社会关系网络不足和创业成功率低等劣势，但是大学生思维活跃、善于接受新事物，具有敏锐的洞察力和敢于尝试的冒险精神，他们在未来必定成为我国自主创业大军的主力，这也是时代发展的必然，大浪淘沙、长江后浪推前浪。这里的大学生是指在校大学生和大学毕业生的群体，随着我国经济转型进程的加速以及社会就业压力的加剧，自主创业将逐渐成为在校大学生和毕业大学生的一种重要职业选择方式。这些未来的创业主力绝大部分来自各类高校，得益于高校的创业教育活动，层级式创业教育担负着这样的职责并最终促进大学生创业带动就业的倍增效应产生。

从创业与就业之间的关系看，创业与就业之间是高度重合、相互依存的。自主创业是主动行为，被雇佣就业具有一定被动属性，自主创业是就业的前提，就业依赖于自主创业。未来社会上自主创业者的始发点是高校，高校的创业教育孕育着未来的绝大部分自主创业者，他们创立新企业、开拓新事业，成就自己的事业和人生，为社会和他人解决就业问题，同时以自己的开拓冒险、富于创造、拥抱成功的杰出形象激励他人，他们将带动更多的人开展创造性的工作。这些引领就业的先锋最初都是来源于高校，他们得益于高校的培养和熏陶。层级式创业教育模式将培养不同层次的创业型人才进行融合，形成人才培养体系，产生的效应便是培育自主创业者，推动在校大学生和毕业大学生自主创业，从而扩大大学生的就业效应。

（三）作用机理

据中国江苏网 2016 年 11 月 7 日讯，截至当年 10 月底，苏州市拥有各类创业孵化载体 186 家，累计入驻企业 1.8 万家，带动就业近 12 万人，创业带动就业倍增效应达 1∶6.6；搜狐网和德州宣传也在 2017 年大力报道一人创业带动 16 人就业、有的带动 500 人就业的创业典范案例。虽然上述数据具有个案的特色，但研究表明每个自主创业者能够带动 3.9 人就业。创业和就业是一种不确定的社会活动，任何一组数字都不能作为一种趋势或规律来准确预知将来的创业就业情况，但是从已知的经济现象我们可以确知的是创业能够带动就业，就业倍增效应是存在于各类创业型人才的社会经济活动中的，这是客观的社会经济现象。

创业带动就业倍增效应的作用机理在此借用电子学中的倍增效应原理，电子学上倍增效应的定义是能量足够大的光子、电子、离子撞击分子或原子产生出电子—空穴对（电子—空穴对是指围绕原子运动的电子发生跃迁，从一个原子跃迁到另一个原子，则在原原子轨道上就产生了一个空穴），这些新产生的电子—空穴对又会在电场的作用下，重新获得能量，碰撞其他的原子产生电离，再产生更多的电子—空穴对，从而发生倍增效应。该倍增效应中的电离碰撞，能量和电荷交换、成对出现的空穴对之间的交互作用，正如大学生自主创业者，雇佣就业者、自由择业者之间的作用关系，研究大学生就业倍增效应不妨借鉴电子学倍增效应的形成机理，找到不同层级大学生创业者之间碰撞，跃迁、赋能、倍增的角色功能，服务于层级式创业教育人才培养目标，从就业结构方面解决大学生就业问题。

电子学上的倍增效应理论用于层级式创业教育模式，可以深刻阐释不同类型创业型人才之间的相互作用和关联作用，最终形成累加的大学生就业倍增效应的科学机理。其作用机理借用电子学倍增效应如图 4-5 所示。

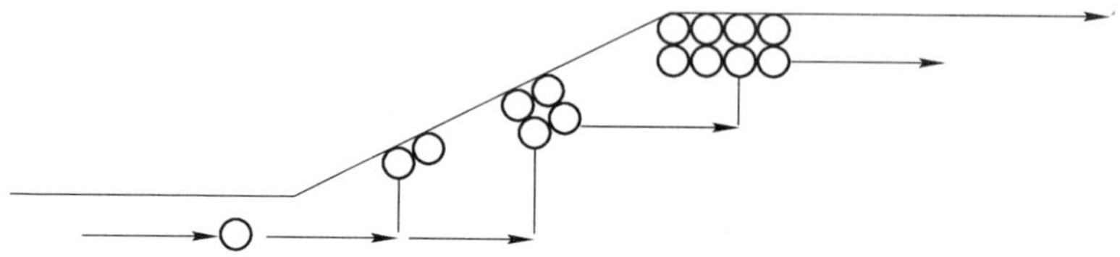

图 4-5　层级式创业教育模式促进大学生就业的作用机理

之所以将电子学倍增效应原理用作解释层级式创业教育模式促进大学生就业的作用机理，是因为不同层级的创业人才类型在经济生活中的表现状态如电子学倍增效应中的碰撞、跃迁、连锁现象，电子—空穴对的成组作用效应与不同层次创业人才的联合、合作产生的团队效应极其类似，电子空穴对的倍增效应也是我们创业教育促进大学就业要达成的目标效果。因此，将电子学的倍增效应原理用于层级式创业教育，有现实意义和实践意义，值得探索应用。

三、层级式创业教育模式下的大学生就业倍增效应

层级式创业教育模式立足全体学生，将学生群体划分为四类创业型人才，针对每一类创业型人才设定不同的教育目标，分层开展创业教育。这个层级的创业型人才在社会发展和经济建设中是相互关联和支撑的，作用是互补的。在层级式创业教育模型构造中，外围的创业教育目标指向不同的创业型人才，四个目标模式之间的边界是交叉和互通的，并不存在完全独立的关系。因此层级式创业教育模式是一个有机的生态体系，组成要素共同形成合力作用，自主创业群体带动就业效应的产生，其他创业群体进行响应和支撑，自主创业和受雇工作聚合产生大学生就业质量和数量的倍增效应。

大学时期是最适合培养领导力的时期，因为此时大学生精力充沛、富于创造、追求理想，又经常缺乏网络、资源，社会和高校提供的创业平台以及市场机会极易激发他们的创业激情，在这种最初的创业环境和条件下，他们的综合素养提升是最迅速的。在尝试创业的过程中，他们不仅要学会自主决策，还要学会带

领其他人一起完成创业的目标。自主创业是层级式创业教育的一个重要教育目标，培养出的自主创业者在未来对提升大学生就业数量发挥关键作用，当然这种效应不是短期显性效应，它是一个长期的过程。

自主创业者在促进大学生创业方面的作用是至关重要的，但是一个好汉三个帮，少数的自主创业者需要大多数的其他类型创业者的支持和帮助。层级式创业教育模式就是培养“好汉”和培养“帮手”的综合教育模式，多元化的人才培养架构决定了解决就业问题和提升就业倍增效应就只是水到渠成而已。

层级式创业教育模式中四类创业型人才的培养模式以学生的能力和专长为中心，重构了教学组织结构，将培养学生的创业素养、创业能力和创业技能相结合，以个性化培养的方式使学生获得相应层级的就业和生活胜任能力，他们在社会就业结构中形成合力，共同推动社会就业问题的解决。四类创业型人才的培养模式用表 4-5 所列的六个方面进行简述，即分别从学习目标、学习方式、职业发展、实践方式、教学结构和成果展现方面说明。

表 4-5 不同层级创业型人才培养模式

人员类别	自主创业者	中层管理者	普通雇员	自由择业者
学习目标	解决创新和创立企业问题，成为自主创业者	培养沟通能力、管理能力、执行力，成为企业决策层和执行层之间的中枢管理者	掌握服从领导指挥、遵守规章制度创造性地开展本职工作的能力，成为企业、事业、政府机构中有素养和职业技能的体力劳动者和脑力劳动者	拥有正视现实、积极进取、勇于挑战、阳光有爱的择业和生活心态，成为奉献社会、创造美好生活的社会公民
学习方式	校园学习、生活与创业实践交替进行	校园学习、生活与社会工作交替进行	校园学习、生活与社会工作交替进行	校园学习、生活与社会工作、自我爱好交替进行
职业发展	基于解决社会经济领域复杂问题的使命进行学习，使所学能指导自己的自主创业活动并追求创业成功	基于负责协调和控制基层生产或商业活动的管理职责，带动企业健康持续发展、实现组织目标	基于创新能力、执行力解决组织结构的日常业务问题，保证工作质量和工作效率	基于个人偏好、个性特长创造性地满足社会和个人需求
实践方式	通过课堂实训、高校和社会提供的创业孵化平台实践，能在校或毕业后独立创立企业	通过课堂实训、校内社团、高校和社会提供的创业孵化平台、校企合作企业实习等	通过课堂实训、校内外平台实习、兼职等方式开展实践学习	通过课堂学习、课外活动、各种实践渠道锻炼适应环境、沟通交流和团队合作等

续表 4-5

人员类别	自主创业者	中层管理者	普通雇员	自由择业者
教学结构	围绕自主创业者综合能力获取模式组织教学实践	围绕企业中层管理者所需的知识智力、岗位素质和职责组织教学实践	围绕责任感、创业心态、遵守规则、团队意识等雇员素质组织创业教学活动	围绕 95 后学生特点，开展创业类、人文类的通识教育和素质教育
成果展现	独立创立商业企业或社会企业	帮助扶持下属并带领团队岗位创业、创建分企业、创造和传播企业文化	在校或毕业后能发现就业机会，求职成功，成为企业业务骨干	找到适合自己的就业方式和生活方式，健康幸福地工作生活

2018 年 3 月 12 日，中华人民共和国人力资源和社会保障部印发《关于做好 2018 年全国高校毕业生就业创业工作的通知》(人社部函〔2018〕16 号)。通知指出“2018 届全国高校毕业生人数达到 820 万人，促进就业任务十分繁重”“着力推动创业带动就业”“各地要适应高校毕业生多元化、个性化就业需求，加强就业市场供需衔接和精准帮扶，指导帮助毕业生理性择业、积极就业、爱岗敬业”。透过此通知，我们可以清晰地针对大学生就业问题解读出几个要点：大学生就业问题是摆在社会和高校面前的严峻问题；大学生创业带动就业是推动解决大学生就业的重要举措；大学生的就业需求是多元化和个性化的；大学生就业问题涉及自主创业、岗位创业、理性择业和就业心态。层级式创业教育模式以多元化和个性化方式进行创业型人才培养，围绕自主创业开展全方位的素质教育，其理论架构和实践方式与此通知要求高度吻合，是履行通知精神的务实教育模式，现将该模式发挥大学生创业带动就业倍增效应的发生逻辑和作用机制用图 4-6 说明。

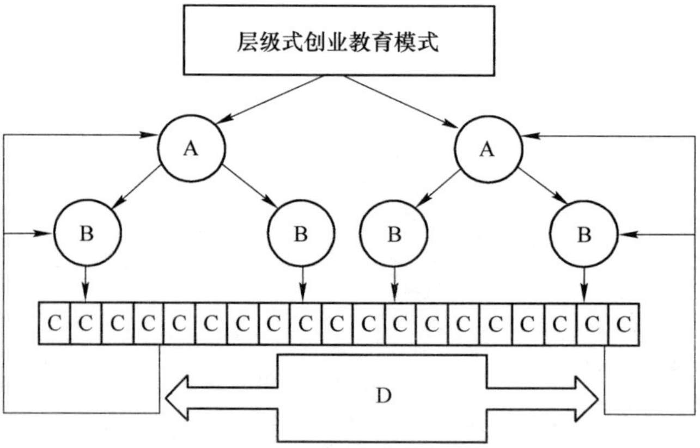

图 4-6 大学生创业带动就业倍增效应示意图

图4-6中所示的四类创业型人才分别用A、B、C、D四个代号表示：A代表自主创业者，B代表中层管理者，C代表普通雇员，D代表自由择业者。这四类创业型人才相互关联和带动，共同构建社会就业网络结构，产生出叠加的就业倍增效应。

不同层次创业型人才的创业活动存在着内在联系，相互伴随而生，就像一个价值链、产业链，链条上每一个环节都对整个系统的最终价值造成影响。层级式创业教育模式中的每一个创业型人才都对整个社会的创业、就业活动产生重要影响。自主创业者作为大学生创业带动就业的主体，与其他创业型人才及其创业活动同时并存，相互依赖，随着社会经济环境和市场条件的变化，大学生创业和就业的原有平衡会被打破，在动态变化的循环过程中，大学生创业、就业形态不断重构，创业型人才的定位也如电子跃迁一样，在新的机会、资源和平台中获得新的动能，继续产生连锁效果，循环发展。

理论上构建多元化的层级式创业人才培养模式为落实创业教育革新和有效开展创业教育提供了一种现实逻辑，形成了可操作的标准。层级式创业教育模式具体地开发和设计了创业教育整体架构，对于落实和提高创业教育质量是一个前提条件，对于培养社会真正需要的创业型人才是一个有力的保障。该模式充分尊重个体差异和就业意愿，是分层培养创业型人才以满足社会需要的深入探索，它服务于分类、分层的社会就业结构，是对“分层施教”创业教育原则的真正践行，对提升大学生的就业倍增效应起着关键作用。

层级式创业教育模式有助于高校在不同层次和不同领域的创业型人才培养工作中走出一条差异化的发展之路，突破了传统专业教育的教学模式，有别于传统教学组织，是“育人”和“育才”并重的高层次的素质教育。层级式创业教育培养的创业型人才呈现层级结构，他们在商业创业、社会创业和自我实现的各个层面产生累积的就业效应，他们共同为社会稳定和解决就业问题贡献自己的力量。开展层级式创业教育培养多元化的创业型人才是高校服务于社会经济发展的政治使命，也是高校开展教育革新、谋求自身生存发展的必然选择。

第五章

层级式创业教育体系

层级式创业教育是一种具象化的创业教育模式，具有应用属性，本质上具有教育和创业教育的所有特征。该模式包含创新教育和创业教育的内涵，具有全新的价值取向和教育理念，实质上是一种教育的创新和创业，是对传统教育模式进行革新而创立的一个创新教育体系。可以说这种新体系的确立象征着创业教育基业的创立，意味创新教育进入了科学化、系统化和实践化的历史阶段，体现了高校自身发展和变革的实践价值。从另一个角度讲，层级式创业体系创新的教育理念、创新的教育体系内容及其成功的实施都将为大学生生动地展示成功创业的范式。

第一节　层级式创业教育理念

层级式创业教育模式与传统专业教育模式在教育体系方面存在一定程度的差异，传统专业教育的主要教学理念是让学生深入地学习专业知识和技能，具有很强的专业性和职业性特征。传统专业教育以教学内容的规范性、稳定性和单一性为特点，以知识记忆和再现作为考评学生学习效果的标准，强调学生掌握知识的数量和准确性，强调对以往专业知识的识记，没有重视学生判断性思维、创新思维和创新能力的培养，学生的应变能力、创新能力和解决问题的能力在大学期间得不到系统和充分地发展和训练，这样容易造成学生即使走上就业岗位，也将面临事业可持续发展空间受限的局面。

我们一向对传统专业教育以标准化的统一规格进行要求，如教师的统一规格、同类高校办学条件的统一规格、课程体系的统一规格、教学评价的统一规格等，这些教育要素在专业教育中都以固定的标准加以规范，同时把学生掌握知识的数量作为教学评价的标准。这样“育人”就变成了批量化“制造产品”，高等教育工作也变成了标准化、可复制、规模化的工业化生产模式，忽略了人才个性化培养对社会经济发展的重要性，这对人才的综合素质培养和满足社会多样化的就业需求都是不利的，也没有充分体现教育“以人为本”的教育精神。

传统专业教育以培养就业岗位所需的各类专业人才为目标，在实质上它更倾向于“育才”的教育功能，基本上是培养在一个专门领域或专门岗位从事专门职业的专门人才的教育，具有很强的职业特性，教育内容比较聚焦专门人才所需要的专门领域的知识。传统专业教育的主要教学内容是传授专业知识，训练技能，各个高校也开设必修通识课，但是这类必修通识课开设范围限于语文、数学、外语、政治等基础科目，主要附属于专业教学和专业学习。另外，各个高校也会开设5~6门的通识教育选修课，这类选修通识课基本以培养学生人文素养和夯实专业基础为中心，其地位和效果远远弱于专业必修课。也就是说传统专业教育的通识教育主要是在入学初期阶段或后期开设少数的几门基础课程，没有与专业教育有机融合，与真正贯彻落实素质教育存在差距。

大学期间是人的人生观、就业观和价值观形成的重要时期，如果大学生在大学阶段能够接受系统的通识教育和与其融合的专业教育，这对他们创业综合素质和未来人格特质的养成都具有根本性的影响。我国开展创业教育有自己的经济背景和社会背景，开展创业教育的指导思想也有自己的本土创造。教育大师陶行知早期提出的“生活教育理论”和“新学生”观念，强调教育活动要让全体学生参与、学生在校要管理好自己，学校要模仿社会化环境等新教育理念，虽然这不能称作创业教育理念，但却蕴含着我们今天开展创业教育的精髓。胡晓风发扬和继承了陶行知关于创业教育要“以培养合理的人生为宗旨”的创业教育理论，在陶行知生活教育思想基础上提出“创业教育要注重培植生活力、培养劳动力和发挥创造力”和“人生就是人的生活方式和存在方式”，这与我们现在的流行语“创业是一种生活方式”几乎是如出一辙，这说明我国的创业教育从实践到理论的发展都有自己的发展脉络和现实需求，我们的教育理念一直就在那里。从陶行知的“生活教育”理念到今天的“面向全体、分层施教”原则，都体现了一脉相承的教育理念，即教育要注重让每一个受教育者成为有素质的社会公民，具有能够创造美好人生、服务社会的才能。

层级式创业教育在继承与创新的基础上，本着“以人为本”的“育人”精神，将素质教育作为一种办学思想和理念加以贯彻执行。它以培养大学生的综合素质、训练大学生的创业技能和扶持大学生成功创业、就业为己任，通过分层开展创业教育活动，传授创业知识和创业技能，输出符合社会经济发展需要的各类创业型人才和合格的社会公民，引导每个大学生在毕业后能够创造完整、合理的人生。因此区别于传统的专业教育，层级式创业教育模式秉持的是以通识教育贯穿创业教育始终开展“育人、育才”的素质教育理念。即层级式创业教育以通识教育作为素质教育的手段，重视通识课程的作用，将创业教育真正提升到素质教育的层次。

通识教育的英文表述为“general education”或“liberal education”，“general education”的字面含义是一般教育或通才教育，“liberal education”的字面含义是“自由教育”或“博雅教育”。不管哪一种说法，通识教育是有别于专业教育的素质教育模式，是实现教育“育人”功能的重要方法，具有非职业性和非专业性的特点，主要目标是让学生广泛涉猎各类自然和人文知识，培养学生进行独立思考、融会贯通、博爱的精神气质，成为具有人文素养和科学素养、能担负人生责任和社会责任的社会公民。通识教育重在培育全面发展的人，而传统专业教育开设的各类通识课程与通识教育有不同之处，它没有系统性地体现教育“育人”的重要功能，没有将“教”和“育”紧密结合起来，通识教育的素质教育功能没有得到彰显。而层级式创业教育将通识教育作为教育核心思想，上升到教育主线的地位，并将其与专业教育和创业教育贯通性融合，形成自身独有的教育特色，这是对传统专业教育的突破创举。

层级式创业教育面向全体大学生，按照分层分类施教原则，将通识教育贯穿创业教育始终，培养多元化的通用性创业型人才。这些创业型人才成为各层的社会就业结构中最重要和主要的构成要素，是具有社会责任和全面发展的公民，他们具有独立思考判断的能力、有效沟通的能力、辨识普遍性价值的认知能力。层级式创业教育模式既致力于学生专业知识和创业能力的培养，为学生成功创业、就业提供专业和创业相融合的创业教育，同时更把非职业性、非功利性的素质教育作为教育宗旨，使培养的各层各类创业型人才具有时代需要的创新精神、开阔的视野和完整的人格素养，满足经济社会发展需求和大学生个体价值实现的需求。这也与胡晓风[1]提出的现代教育规律相符，他指出：“教书育人，育人创业，是自然—人—社会这个序列的要求，是立体思维的结果，反映了现代教育的一般规律。”他解释了立体思维是把教书、育人、创业者三个维度综合考虑，使创业教育成为具有区别于传统教育理念和传统教育模式的立体教育。层级式创业教育模式对于人才类型的立体开发、对于创业教育目标的立体开发都与立体教育思想相契合，这也是层级式创业教育遵循教育规律的科学体现。

层级式创业教育将通识教育融入专业教育是对开展高层次素质教育的践行。通过这种融合达到培养学生思考、探索、开拓等创业精神和创业能力的目的，让学生不仅学习专业知识还要关注知识、创业背后的正义性和善意性，全面开发学生的人性美德和职业素养。通识教育在层级式创业教育体系中不是一个短时功利性和职业性的教育，也不是创业准备或就业教育，它是帮助学生准备成功的综合素质，让他们在未来的职业生涯和社会生活中以健康的心态、抗挫折的勇气和通权达变的能力参与经济社会建设。通识教育在层级式创业教育中担负素质教育功能，它面向全体学生，培育学生的人文素养、创业精神和创业意识，它是融入专业教育、融入学生整个学习过程的创事业教育，是一种教养型教育，不是弱化的专业教育。

---

[1] 胡晓风．创业教育论集［M］．成都：四川教育出版社，1995.

层级式创业教育理念改变了传统专业教育重视专业知识和职业技能的教育宗旨。它强调学生的全面发展，将提升培养综合素质的通识教育放在创业教育的主脉络中，全程、全方位培养学生从业或生活所需的综合能力和素质。层级式创业教育并没有忽略专业教育，而是把通识教育和专业教育融合起来，让通识教育伴随专业教育的整个过程，把专业教育作为通识教育的载体，培养全面发展的创业型人才。因此重视学生专业知识、综合素质、创业能力的全面培养是层级式创业教育的价值追求，旨在让不同层级的创业型人才在社会各类就业岗位和生活中开展创造性的活动，合力促进经济发展和建设和谐社会。这是落实创业教育、提高人才培养质量的要求，高校创业教育因此得以科学定位和有效实施。

长期以来我们对于高校的素质教育说得多做得少，效果有限，层级式创业教育的“育人”理念意在从根本上改变这种现状。目前我们对于通识教育和素质教育的认识还局限于教学大纲和教学计划的形式层面，在大多数基层教师的认知中，通识课就是公共选修课或基础课，与专业教育相比，其作用要相对较弱，属于没什么用的课程，通识教育的真正意义和价值没有被正确理解和重视。在层级式创业教育的“育人”理念中，通识教育的素质教育功能对于各层级创业型人才从事各类创业活动都是通用的，这是通过通识教育的熏陶植入学生身心的素质基因，通识教育同专业教育一样在创业教育中不可或缺，相伴相随，其“为人”和“为学”的“通”，更是层级式创业教育的灵魂。在 1922 ~ 1927 年任清华学校校长的曹云祥曾提出“学识易求，道德难修”，他希望学生在讲求学问之外要在道德上多用功，否则学识虽强，但眼光浅窄，贪图小利，不善容人，不知从大处着想，则不能成大业。曹云祥校长甚至提倡采用“通—专—通”的模式培养学生，他认为刚入大学不宜分专业，要先接受通识教育，进行人文素质的熏陶，再进一步聚焦专业的学习。因此通识教育的核心地位让层级式创业教育成为一种通用、有效的“立业”教育模式，是真正践行素质教育的典范模式。

在此需要澄清关于通识教育的两个误区：第一个误区，通识教育是一种创业启蒙教育，是创业准备的教育。有人认为“在学生缺乏创业精神准备，因此还不想自己创办企业的情况下，着重向他们将怎样去创办企业是没有用的”❶，因此要进行通识教育。这实质是将通识教育作为大学生能有效创立企业的前期过渡教育，最终指向自主创业教育。层级式创业教育是将通识教育课程确立为教养型和素质型课程而贯穿整个高等教育阶段，它不以短期功利性指标作为评价标准，而是放眼学生在校期间和未来的个人潜能，为社会和谐进步和国家经济发展培养综合素质过硬的各类型创业人才。这是有别于传统专业教育、也有别于狭义创业教育论的新主张，其视域超越解决就业和鼓励创业的短期功利目标，对于各层级创

❶ 蒋明新．对在 MBA 学员中开展创业精神教育的几点意见［M］．北京：清华大学出版社，2004.

业型人才的潜能激发和未来可持续发展具有突破性价值。第二个误区，通识教育传授的知识是无用的知识。通识教育有别于专业教育，在大学期间或毕业后的某个时期无法直接见效，通识教育的效果也无法被量化评估，但是学生所学文化和思维方式的内化以及潜移默化形成的通用能力，都会体现在他们未来的人生事业中，系统化的通识教育传递的是有用的文化，而且会长期发生作用。通识教育是关于价值观和思维方式的非职业教育，但它与个人的职业发展密切相关，他的“有用”体现在“人”的方面，“人”是创业就业的根本因素。我们试想一个没有正确价值导向和决策眼光的人怎么会出色地经营自己的事业，即使创立了企业、有了工作岗位和发展领域，未来又能走多远。所以层级式创业教育将通识教育放在重要地位贯穿整个教育过程，是谋求经济社会可持续发展和学生个体长远发展的战略举措，这种教育理念让学生“为人”“为学”“为业”并举，全面发展，是“有用”的教育。

总而言之，层级式创业教育理念主张面向全体学生，尊重学生个性需求，将通识教育贯彻于创业教育始终开展个性化素质教育，体现了“通—专”高度融合的创业教育模式，突出了学生人格素养、知识智力、创业能力均衡发展的教育追求。层级式创业教育理念旨在培养出具有现代精神、健全人格、高素质的社会公民，使接受过创业教育的大学毕业生在自主创业时是有开拓冒险精神和责任担当的企业家，在家庭中是有责任担当的人生角色，在社会上是人格健全且能造福自己和他人的合格公民。层级式创业教育中的通识教育和专业教育相辅相成，通识教育让学生有素质、有情怀、有追求，专业教育使人有知识、有能力、有技术，这是层级式创业教育的理想和灵魂，它的教育理念是人文精神与科学精神的统一，道德人格培养与创业知识技能教育的统一，依此培养不同层级全面发展的创业型人才。

第二节 层级式创业教育管理机构

当前我国各高校都已把开展创业教育、深化创业教育改革作为首要任务，积极贯彻国家政策开展全覆盖、分层级的创业教育。期间完善创业教育管理机构设置或重组是高校开展创业教育的一项重要工作，逐步形成了适应高校自身需要的管理机构设置类型。

借鉴国外高等学校创业教育的经验，从 2002 年 4 月开始教育部高教司在 9 所高校试点创业教育，这 9 所创业教育试点高校是清华大学、北京航空航天大学、中国人民大学、上海交通大学、南京财经大学、武汉大学、西安交通大学、西北工业大学、黑龙江大学，见表 5-1。这是政府引导中国创业教育发展的尝试，各高校在政府创业教育政策的指导下尝试开展符合自身特点的创业教育，包括创业教育的管理机构和管理机制建设。

表 5-1 9 所创业教育试点高校创业教育管理机构设置情况

序号	试点高校名称	创业教育管理机构
1	清华大学	校团委统一领导
2	北京航空航天大学	多部门联合实施、流程化管理
3	中国人民大学	校团委统一领导
4	上海交通大学	校团委统一领导、多部门配合
5	南京财经大学	校领导负责、校行政部门和科研院所共同参与
6	武汉大学	大学生创业指导中心组织协调
7	西安交通大学	多部门协调合作
8	西北工业大学	校团委统一领导
9	黑龙江大学	设立多功能创业教育管理机构：创业教育领导小组、创业教育学院、创业教育协调委员会、创业教育顾问团和专家组等

从表 5-1 可以看出，我国高校在开展创业教育初期形成三种创业教育组织管理模式：校团委统一领导模式、多部门协调管理模式、设立专门的创业教育管理机构模式。采用校团委统一领导模式，主要由校团委所属的就业中心对在校大学生提供创业和就业方面的咨询和指导服务，功能更多地倾向于学生就业和职业发展方面的信息交流服务。社团组织、勤工助学办公室是这种模式发挥作用的直接机构，这些机构对学生的就业实习、兼职助学、创业实践等活动起着协调和组织的作用。这个阶段的多部门协调管理模式有利于集中校内优化的教育资源开展创业教育，多部门涉及高校的招生就业处、教务处、学生处、团委、创业科技园、科研处、商学院、科研院所等科研、教学和行政机构。这种模式采用流程式管理，各部门、各单位在学校创业教育开展的不同阶段承担不同的功能和职责，他们互相支持，工作职能前后衔接。采用这种管理模式时高校把创业教育按照学生全体、实施阶段或教育目标进行区分，不同的部门承担属于自己职责范围内的创业教育工作，如学生处、招生就业处、创业园、二级学院负责创业教育实践指导、创业场地提供、课程教学等；进一步推进由二级学院、创业园、创业孵化器等机构对有创业潜力和意愿的学生进行专门的自主创业辅导，鼓励大学生在校期间开展自主创业活动，为其创业活动提供咨询、技术、资金和管理方面的扶持。后续可能还会有对新创企业进一步发展提供资源和后勤服务等措施，这些创业教育活动开展的层次和深度不同，各部门和各单位发挥不同作用，互相配合衔接，共同分工协作推动创业教育的开展。在表 5-1 中显示的设立专门创业教育管理机构模式中，黑龙江大学具有代表性，该校成立专门的创业教育管理机构，以此提高创业教育管理效率，保证创业教育质量。黑龙江大学为了有效开展创业教育成立了校级创业教育领导小组，负责全校创业教育决策工作；成立创业教育学院负

责对全校的创业教育工作开展宣传、计划、组织、协调工作，为确保创业教育工作顺利开展，成立了由13个职能部门如教学、科研、后勤、财务等负责人组成创业教育协调委员会，这些专门性的创业教育管理机构的建立和运作，对提高学校创业教育管理质量起到了保障作用，大大提高了创业教育资源的整合和使用效率。

在9所试点高校推行自身特色的创业教育管理模式后，其他高校也在管理机构设置方面进行了改革，目前高校形成了与上述创业教育管理模式类似的3种管理机构设置类型，见表5-2。

表5-2 高校创业教育机构设置类型❶

类 型	内 容	设置方式
领导小组负责制	校长任组长，其他职能部门负责人协同开展相应工作	单独设置或多类型设置
多部门联合负责制	教务、科技园、团委等多部门联合齐抓共管	单独设置或多类型设置
专门机构负责制	成立创立就业指导服务中心或创业学院	单独设置或多类型设置

在设立各种类型的创业教育管理机构过程中，值得一提的是目前全国各地高校广泛设立了创业学院，专门对全校的创业教育工作开展实施工作和指导工作。2015年，浙江省教育厅印发了《关于积极推进高校建设创业学院的意见》，要求2016年3月底前，全省普通高校（含独立学院）除公安类等特殊类型高校外，普遍建立创业学院，并完善相应的管理体制和运行机制。该意见指出，创业学院将设立理事会，由学校领导、相关部门负责人、合作企业、风投机构和创业教育专家等组成，既可以依托校内二级学院、就业创业指导中心，也可以和校外地方科技园、大学生创业园和特色小镇合作，共同开展建设创业学院探索。在浙江省，温州大学较早地为开展创业教育设立专门的管理机构，温州大学立足区域独特的地域文化，以大学生创新创业能力发展为核心，在2009年就设立了实体处级单位——创业人才培养学院。创业人才培养学院与教务处、就业处、团委共同作为温州大学创新创业教育工作小组成员，对全校开展创业教育、提供创业资讯、指导创业实践、组织开展社团活动等承担主要的组织管理职责。温州大学瓯江学院早在2002年就成立了创业中心，后来形成实体的创业就业办（部），2015年在创业就业工作办（部）基础上成立创业学院强化创业教育，培养具有“新温商”精神（敢为人先、吃苦耐劳、现代意识和国际视界）的应用型创新创业人才。创业学院行使瓯江学院创新创业教育工作职能，开展创新创业教学与研究、学生创业实践与实训、创业项目培育与推广、创业班级建设与管理、创新创业竞赛与组织等事务，创业学院下设创业教育工作办公室、创新创业教育研究室

---

❶ 王占仁．“广普式”创新创业教育改论［M］．北京：人民出版社，2016.

和创业园（众创空间）管理办公室，指导学院学生创业联盟、学生创业促进会、大学生创新创意俱乐部等学生组织与社团。

可以说设立创业学院是我国目前高校开展创业教育的主要管理模式，各高校的创业学院是开展创业教育的重要组织机构和实践平台，是推进高校教育改革的突破口，其根本任务是培养具有创业意识、创业精神和创业能力的新时代创业型人才。政府或高校自身赋予创业学院不同的职责，但归纳起来，创业学院的具体工作职责可以分为两个方面：第一方面是为高校开展创业教育做好各项行政管理工作，包括在全校宣传、推广和贯彻国家和地方有关大学生创新创业与就业指导的方针、政策，提高全体师生对创新创业教育的认识；整合校内外各种资源，负责与政府、地方、企业及其他市场资源广泛对接，落实相关产业扶持政策，促进大学生创业项目孵化和新创企业发展，同时管理本校的创业教育资源，与其他部门齐抓共管、协同合作，统筹开展全校的创新创业教育工作，为大学生自主创业做好各种服务；制定和完善大学生创新创业工作的各类规章制度及实施细则等。第二个方面是教学管理职责，包括全面系统地开展创业教育、创业实践和创业孵化，负责培训和管理创业教育导师，明确全体教师创新创业教育职责，并对教师定期进行考核；与具有示范效应的国内外高校开展创业教育合作，共享教学资源、创新教学内容；跟踪扶持创业项目孵化、落地，提供创业咨询、创业训练、创业指导并与创业政策对接；管理大学生创新创业社团、组织学生团队参加创新创业比赛，广开渠道对创新创业实践提供资金支持等。

政府和高校自身赋予了创业学院不同的管理职责，此外各高校创业学院的组织架构也不尽相同，比如三峡大学创业学院下设综合办公室、教学办公室、人文素质教育办公室、创新创业教育办公室等。北京工业大学设立了创新创业学院管理委员会，由校长任管理委员会主任对学院教育教学和创业实践工作进行管理和指导，此外还设立了创新创业学院和就业创业指导中心，创新创业学院依托就业创业指导中心开展工作；北京工业大学创新创业学院下设创新创业教育办公室，就业创业指导中心下设就业创业市场外联办公室、就业指导办公室、就创业教育办公室；北京工业大学创业教育管理机构的设置旨在全面提高大学生就业创业教育、指导和服务水平，探索培养创新型创业者与职业协调发展的教育服务体系与机制，其教育变革对其他高校开展创业教育是一种有益的启示。义乌工商职业技术学院被教育部授予“全国高校实践育人创新创业基地”，它紧密依托义乌市场优势，打破常规、结合市场需求和学校实际情况走出了一条以“创”立校的创业教育之路，形成了创业教育、创意教育、国际教育三大特色教育，该校设立了创业学院、电子商务学院、创意设计学院，创业教育组织管理机构的设置秉承创意文化，为学生提供全方位、立体化的创业学习和实践空间，形成了创业与创新紧密结合培养创意型创业人才的创业教育特色。为有效开展创业教育而专门设立管理机构的个案不一而足，从高校的管理实践中可以看出，很多高校创业教育组织机构设置体现了管理覆盖全体学生、教学分层分类、管理部门分工协作的管理思路，也有还未设立专门创业教育管理机构的高校，他们还处于学习借鉴和尝试起步阶段，但是无论处于哪个阶段的高校，为了保证创业教育的有序有效开展，合理的管理分工和部门设置是必然的选择。

面向全体、分类施教是创业教育的基本原则，目前高校对该原则也有普遍的认知，在实践中也都遵照此原则开展各项创业教育活动，但是该原则的真正落地和创业教育的效果是模糊的，甚至是不理想的。层级式创业教育模式采用“教育、实践、孵化、输出”相结合教育形式，分层次、分类型地科学实施创业教育，是创业教育的系统性实施，该教育模式的有效运作需要高校有分工明确、协同运作的管理机构。层级式创业教育开发了具体的分层施教的层级模式，面向全体学生界定差异化的创业人才类型，该模式为保证创业教育的质量和效果提出了具体可操作的范式，但是各高校有自身的具体实际情况，开展层级式创业教育无法采用可复制、可推广的统一模式，理论上的层级式创业教育模式不可能为不同高校提供可仿用的样板，高校创业教育的管理机构设置要充分考虑教育变革、教育实施和弹性管理的可行性，确保有效服务于创业教育的开展。正如德鲁克在《21 世纪的管理挑战》中所说：“没有唯一正确的组织结构，只有普遍适用的组织原则。”创业教育的组织管理原则是通用的，都是为了社会经济发展培养多元化的创业型人才，都是为了有利于区域经济发展、高校自身变革和学生个体的人生发展。层级式创业教育的管理工作应遵从以下原则：

（1）有利于开展跨学科的创业教育原则。层级式创业教育面向全体学生，涉及不同专业和不同学科的学生群体，高校需要对不同层级的学生、不同层次的师资队伍和不同层级的教学、实践活动进行组织管理。管理创业教育的组织机构设置要能够发挥各级管理部门的资源聚集功能，如创业学院、创业中心、创业服务中心等专门协调机构要在整合创业教育各方资源和协调跨院、跨专业、跨学科的工作方面发挥聚合效应，相互衔接，共同促进跨院、跨学科、跨专业的各项创业教育活动的有效开展。层级式创业教育的管理机构功能复杂多样，如发布即时创业资讯、组织跨学科学生参加创业计划大赛、开展跨学科的创业教育教学和研究活动、组织开展创业研讨会、向不同学科专业方向的学生提供创业指导和资金资助等，因此高校管理创业教育的机构要根据高校自身特色设置，不同的机构侧重不同的职能，如教学型职能部门、研究型职能部门、服务型职能部门等，并采用适合自身创业教育开展的组织管理模式。

（2）职责明确、高效协作原则。高校在设置专门的创业教育管理组织结构的时候，会自觉或不自觉地有一种沿用传统管理思维的惯性，或者仿照其他高校开展创业教育使用的组织结构形式，尤其是当看到有些示范性创业教育高校也在采用类似的组织结构时，高校管理者会更加坚信决策的正确性。但是高校创业教育管理机构是实施创业教育的载体，肩负实现创业教育目标的重任，各管理部门职责明确、高效协作是机构设置的一个重要原则。设置层级式创业教育的管理机构，实质是为了开展创业教育教学、科研、实践而进行的分工协作和安排，它是让组织工作有效运转的手段。我们常常看到开展创业教育的过程中，部门内部或部门之间整天忙于开会协调，问题却得不到有效解决；有些部门有职责却不拥有权力，无法有效实施创业教育的各种理念，无法有效地做出相关决策；有些高校开展创业教育的管理机构全面、完整，但是没有关于创业教育具体的、可操作的流程，造成有些事多人管理，有些事没有人管。为了真正实现层级式创业教育培养不同类型创业型人才的目标，管理机构设置需要简单化，做到管理层次合理，如果部门过多，会造成管理流程割裂、不畅，以致效率低下；除了注重管理机构之间的垂直分工设计，也要重视部门之间的横向协作机制设计；此外还要明确分配好各部门的具体职责和相应的职权，保证有效开展创业教育各项活动，对部门之间的协作关系要建立集中统一、上下左右协调配合的工作机制，做到各个管理部门既合理分工又能跨部门合作，保证层级式创业教育开展的流程能够顺畅运行。

（3）灵活性原则。创业教育本身具有灵活性，因为创业教育面对的是禀赋不同、个性各异、创业选择差异巨大的大学生群体，各个高校开展创业教育的方法也各不相同、灵活多样，管理机构是为有效开展创业教育服务的，因此灵活性是设立创业教育管理机构时要遵循的重要原则，各层级管理部门要能够对外部环境变化、内部工作变化和创业教育工作需要的变化做出及时、充分的反映，确保创业教育工作顺利开展。开展层级式创业教育是一个动态的过程，需要进行师资的灵活调配、需要弹性化地开展跨学科团队建设、师资队伍建设要多元化、创业教育资源要共享化，所有这些工作特征都决定了创业教育管理要适应创业教育需要而灵活调整，不要成为创业教育变革的束缚。灵活性原则在管理机构设置中体现为部门横向沟通和协调及时有效，应对理论教学、实践教学和科研工作的动态变化可以进行灵活管理，管理流程设计既具体又可操作，并能根据工作需要做出即时反应。开展层级式创业教育是一项复杂的系统工程，好的管理机构设置能够促进各项工作的开展，固化、管理中心化的管理机制必定阻碍创业教育的有效开展。

（4）系统性原则。层级式创业教育的构成要素之间具有内在的逻辑联系，创业教育的教学与实践活动必须循序、系统、连贯地进行，因此创业教育管理机构的设置要注重不同部门和单位之间的合理分工、衔接和协调，要考虑工作流程的系统性设计，把管理机构设置作为系统开展创业教育的“支架”。系统性地设计创业教育管理机构，需要高层管理者对创业教育具有真抓实干的态度，并且具有将层级式创业教育理念付诸实践的决心，透彻理解创业教育的本质和目标，依此对管理部门科学布局。从理论上论证系统性原则是容易的，整个世界都是一个系统的生态，系统性地开展工作也是很多管理者的普遍经历。但是在实际开展层级式创业教育工作时能够真正系统性的运转是难以完全实现的，创业教育的经验我们都在摸索，系统性地设计管理机构并系统性地开展创业教育工作是让创业教育落地并富有实效的必要手段，是高校保证层级式创业教育有序开展的前提条件，只要认识到其重要性，层级式创业教育的实施终会有的放矢。

设立专门的创业教育管理机构是落实创业教育的关键，其核心是确保创业教育的效果、质量和秩序。管理的智慧就是开展创业教育工作的智慧，创业教育管理工作本身就是创新和创业的过程，一个富有创新意识和创业精神的高校管理组织才能有资格承诺创业教育的质量和效果。

第三节 层级式创业教育课程体系

开发科学的创业教育课程体系是高校推进创业教育最直接、最基本的途径，是层级式创业教育要解决的核心问题。2015 年教育部印发《关于做好 2016 届全国普通高等学校毕业生就业创业工作的通知》，要求从 2016 年起所有高校都要设置创新创业教育课程，对全体学生开发开设创新创业教育必修课和选修课，纳入学分管理。课程是开展创业教育的重要载体，创业教育课程体系是按照创业教育目标和学生应该获得的知识结构，将创业教育类课程按照一定的顺序、组合成具有内部联系的创业教育规划方案，是一个完整的有机课程系统。

层级式创业教育课程体系是以“育人”和“育才”为指导思想，通过具体设置课程架构实现分层培养创业型人才的教育目标。层级式创业教育课程体系体现了创业教育的理念和目标，是在层级式创业教育理念驱动下开展创业教育活动的依托。它包含不同门类课程、课程开设的进程和课程活动方式等，课程体系中的各个要素在围绕实现创业教育目标的动态过程中会进行变动调整，这是保证和提高创业教育质量的关键。由于每个学生的个人经历、知识基础和成长环境都不一样，他们对创业课程的需求也有差异，开发层级式创业教育课程体系应该围绕多样化的人才培养目标，根据不同层次的人才培养要求和学生特点开发具有不同侧重点的创业课程系列，使学生可根据自身的特定需求来选择自己所需要的课程。

当前我国高校创业教育课程体系设计不能说完全体现了“育人”和“育才”的教育思想，相反很多高校的课程体系还不完善，存在许多问题，如未能与通识教育和专业教育紧密融合、未能把创业教育理念体现在人才培养目标和培养方案中、创业教育课程体系与实际教育教学和生产实践严重脱离等。各个高校的创业教育课程体系因自身资源条件和所处环境的不同而各自不同，但与创业教育相关的课程几乎都侧重于创立企业所需知识和技能的学习、训练。

2012 年教育部关于印发《普通本科学校创业教育教学基本要求（试行）》的通知中体现了我国创业教育的根本教育原则和教学内容，这些规定更是一种总体方向性的政策描述，这种宽泛的规定在课程体系建设方面给高校留有一定的空间，高校在开发层级式创业教育课程体系过程中应该体现“育人”和“育才”并举的教育理念，以突破当前困局，即创业教育理论研究很深入、很全面，而创业教育实践却聚焦在开设分散的几门创业课程、教学生如何独立创业等方面，忽略通识类课程对于素质教育的重要功能。

在我国，创业教育课程体系之所以需要体现通识教育的重要性，把培养人格健全、素质过硬的创业型人才作为创业教育的重心，是因为随着时代变迁和经济发展，我国出现了新的社会经济发展形势和新的就业生态。比如“慢就业”现象出现，就急需通过强化通识教育的素质教育功能塑造学生的择业观、培育健康的就业心理和抗压能力。“慢就业”是 90 后新生代高校毕业生逐渐展现出来的一个新的就业特点，据中国青年报社社会调查中心联合问卷网对 2009 名受访者进行的一项调查显示，72.9% 的受访者周围有“慢就业”的大学生，“慢就业”正逐渐成为一种新的择业趋势。“慢就业”与家庭经济条件提高和社会环境变化有关，当今社会让大学生有更多的机会和可能性，父母对孩子的自我意愿也更加尊重，同时社会的宽容程度越来越高，这种现象也从另一方面反映出学生对自我没有充分的认知，对于自己毕业后的生活方式和职业道路都比较迷惘，他们非常需要心理素质、价值判断和职业生涯教育。相比单纯的创业技能训练，学生通用素质的培养更有利于他们的创业和就业质量提升。层级式创业教育将通识类教育课程贯穿创业教育的始终，让学生在每一个学习阶段都能有稳定的、一贯的素质养成环境。层级式创业教育课程体系要切实体现这样的教育思想，进行科学设计，以达到培养全体学生的创新精神、创业意识的目标，服务于学生的素质养成及其未来的职业发展。

美国在创业课程体系设置方面有《美国创业教育国家内容标准》，教育机构根据这个标准设立课程体系。这个体系标准包含三个部分：第一部分，创业技能；第二部分，基本商业知识和技能；第三部分，商业技能。三个部分对于学生应该习得的创业知识和技能做了相当详尽具体的规定，具有极强的可操作性，但它囿于培养商业创业人才的范畴，并未体现联合国教科文组织提出的“创业教育从广义上来说是培养开创性个性，重视学生的冒险精神、创业能力、独立工作能力以及技术、社交和管理技能”这些素质教育的内涵。真正重视并落实素质教育是层级式创业教育的一个新挑战。

我国创业教育课程体系设置目前主要有三类：第一类是保守型。这类高校主要是职业技类应用型高校，课程体系由理论基础课 + 专业理论课 + 专业实践课构成，课程体系的目标是增加学生专业知识和培养学生的专业技能。第二类是理念驱动型。这类高校在设计创业教育课程体系时，基于时代需求、秉持自身的创业教育理念，将教育主张贯穿整个课程体系中。如复旦大学依托学校文、理、医、工多学科的综合性优势，建设跨学科的“创新创意创业”学程课程体系，贯穿学生创业学习过程，旨在培养学生的创造性思维，激发创新创业灵感，培养交叉型创新创意创业人才。第三类是分层设计型。这种类型的课程体系针对不同层级学生的学习需求和培养要求，设置结构合理、层次丰富、内容贴近相应人才培养方向的课程体系。如基于某一类创业人才培养要求和培养阶段将创业教育课程分阶段设置，呈现不同层次的课程结构，设计课程体系时按照先分教学阶段再设置课程类别的方法，构建通识课程 + 专业基础课程 + 专业课程 + 实践课程的课程体系。也有的高校按照知识、素质和能力的培养规格设定不同的课程性质和比例，形成通识教育课程 + 学校特色基础课程 + 专业教学课程 + 创业实践课程的课程体系，主张灵活实施。

不同类型的创业教育课程体系反映了各个高校都考虑了分层施教的创业教育原则，课程体系具有分层分类的设计特点，同时也可以看出创业教育课程体系具有很大的弹性和差异性，蕴含着高校自身的教育理念和教育目标。创业教育课程体系建设也与高校自身具体情况和区域经济发展紧密关联，层级式创业教育课程体系不可能是千篇一律的模式，但存在通用的构建思路，包括：

（1）确立通识教育的重要地位。层级式创业教育倡导对学生通用能力的培养和人格素养的培育，尊重学生的个性差异和选择，分层分类地开展创业教育。因此层级式创业教育课程体系包含不同的分支体系，各分支体系具有不同的细化教育目标。包含四个育人层级的课程体系内部既交叉又独立，但共同的特点是通用能力培养贯穿每个分支体系，层级式创业教育对于学生通用能力的培养是通过通识教育实现的，通识教育是开发层级式创业教育课程体系的根本指导思想，要将通识课设置作为层级式创业教育课程体系的主线，这是创业教育理论与创业教育实践紧密结合的最好证明。

我国各高校创业教育通识课与美国的通识课设立方式有某种程度的类似，也就是通识课作为基础课和常识性课程，重点在于拓宽学生知识面，是一类创业基础课或基础知识课。美国有些高校的通识类课程依托网络课程（我国有些高校目前也是如此），按照宽口径、各学科互通、知识相关的理念，面向全体学生开发创业基础课程，目标是增加本科生知识总量、与创业融会贯通。当前我国高校通识课的学时比例约占总学时的1/3，开设的时间集中在第一学年和第二学年，课程的门类包括必修性质的基础课如体育、语文、外语、数学、政治和计算机，选修通识课一般规定为以短课程方式面向全校学生开设的素质教育课程，包括自然科学类、社会科学类和人文科学类课程，多数高校选修类通识课的学分占通识类课程比例的17%左右，可以看出，素质教育类的通识课在创业教育课程体系中的位置处于弱势地位，与专业课的融合程度有限，这与创业教育是高层次的素质教育观念相背离。

层级式创业教育课程体系要将“育人”的教育目标放在“育才”目标之前，让通识教育的地位优于专业教育，这是践行创业教育科学理论和遵守教育规律的体现，是对传统专业教育的根本变革。提高通识教育地位的途径是将通识教育类课程贯穿层级式创业教育课程体系，使通识教育、创业教育和专业教育深度融合合力育人的机制。

（2）运用设计思维理念，凸显个性化培养。设计思维作为一种系统思维方式注重人性化设计，运用设计思维可以理性地分析并找出最合适的创业教育课程体系方案，它以人为中心的设计过程对于围绕学生个性需求开发设计创业教育课程体系具有现实意义。借鉴设计思维的构思过程，层级式创业教育课程体系的设计构想如表5-3所阐释。

表5-3　层级式创业教育课程体系总体构想

设计维度	课程体系内容	设计规格
授课层级	根据学生特点和需求分为四个层级：创业精神教育、岗位创业教育、自主创业教育、自由择业教育	确定培养自主创业人才、中层管理人才、普通雇员和自由择业型创业人才应具备的知识、素质和能力要求，因各高校具体条件不同而具有差异
课程性质	总体包括通识类课程、专业类课程、特色类课程、实践类课程	通识类课程属于素质教育课程，专业类课程属于知识技能教育课程，特色类课程是区域经济特色和高校特色型课程，实践类课程属于创业实验、模拟实训和实战类课程
融合交叉	通识教育＋专业教育＋创业教育	基于跨学科的融合交叉设计
组织保障	政策支持、多方参与、高校重视、师资队伍、运作机制、校内外平台	从硬件和软件方面保障有序开展通识教育、专业理论教学和创业实践教学

表5-3所示的架构仅仅是构建层级式创业教育课程体系的一个总体构思，每所高校要根据自身的实际情况和生源特点设置课程体系，规定不同侧重点，为学生提供适用的个性化教育方案。

（3）要紧扣经济社会发展需求。要紧扣经济社会发展需求的原则同样体现在美国的创业教育中，第二次世界大战后美国经济逐步恢复并得到了快速发展，工业文明高度繁荣，这时创业教育虽已萌芽但并未得到发展，20世纪60年代末，随着大企业的衰落，国家需要一些有生机的中小企业来激活市场活力，社会对创业教育的需求逐渐增加经济增长迅速，高校为了适应社会与市场的需求，开始探索并发展创业教育，各大高校的创业教育在这一时期发展迅速，对学生实际创业技能的培养促进了小企业的兴盛，这极大地促进了美国经济社会的发展，提供了众多的就业岗位。从这个角度看，创业教育是一个国家经济发展的产物，是经济发展需要促进了创业教育的发展，创业教育的目标之一是满足经济社会发展需求。随着我国经济转型升级和社会总体就业趋势的变化，层级式创业教育在内涵和外延上都得以扩展，开展创业教育不仅仅要激发学生的创业热情和教他们如何创立企业，更是推进素质教育的有效路径。创业教育对我国经济转型和各类社会问题的解决担负着时代使命，承担为经济建设输送合格建设者、为社会稳定和谐培养优秀公民的责任。层级式创业教育的课程体系设计就是要适应这个要求，实现为满足经济社会发展需要培养多层级创业型人才的目标，通过提升学生整体素质对我国经济社会发展产生长期效应。

（4）基于“大学习”观念构建面向全体的“大课程”体系。“大学习”是一个开放的概念，是相对传统学习模式的教育观念。“大学习”是综合考虑第一课堂与第二课堂、显性课程与隐性课程、校内学习与校外学习对创业型人才培养的功能和贡献度，统筹安排课程结构和比例，形成层次性、功能性、针对性较强的开放式课程体系。采用“大学习”观念构建课程体系是针对不同层级创业型人才所需的共同能力而言的，需要安排不同层次的组合型大课程群来实现分层分类地开展创业教育，使“面向全体”的教育原则落实到具体科学的教学实践中。

在应试教育大环境下，高等教育作为教育体系的重要一环，不能完全脱离功利性教育观念，因此国内绝大多数高校还没有将创业教育的分类“育人”功能具体体现在课程体系中，缺乏对课程教学目标的梯度设计，创业教育类课程覆盖不够，系统性不强，那些培养学生独立思考、有效思维、勇于开拓等综合素质的隐性通识课程往往受到忽视，不能做到与显性的专业课和创业教育课很好地融合。基于“大学习”观念开发的层级式创业教育大课程体系由不同层级的大课程群构成，立足各个层级学生群体的共同需求，让全体学生都能找到归属和认同，奠定深入学习和进步的基础。“大课程”体系体现了人才培养层级的梯度设计，每个层级的大课程群具有从简单到复杂、由内向外递进的课程序列特征，该体系旨在从课内外、校内外、显性和隐性学习相结合的“大学习”视角，实现不同层级创业型人才在综合素质方面的合理发展。

（5）要具有可实施性。课程体系是层级式创业教育人才培养目标实现的主要载体和提升创业教育质量的重要手段，是学校层面的顶层设计。课程体系的设计是高校基于教育理念，将“最有价值的知识”和“最值得学生学习的知识”以科学系统的架构呈现，其价值通过有效实施加以体现。目前有一个不容忽视的问题是高校创业教育人才培养目标和创业教育课程体系的设计缺少一种可对应实施的属性，课程体系的教学目标大多停留在宏观抽象的表述，不够具体清晰，也没有体现可实施的路径。课程体系应能够落实并贯彻到具体的课程教学中去，才能体现人才培养观和人才培养效果。从宏观层面讲，高校应根据科学的人才培养方案，将人才培养目标体现到层级式创业教育的课程体系设置中，构建起包含通识教育课程、专业基础课程、专业课程、专业方向任意选修课程、实践教学课程、创新创业课程等的人才培养目标、能力和标准明确的课程结构，使不同类型的课程在培养创业型人才过程中发挥实际作用。从中观层面讲，高校的各个院、系要做好课程结构中不同类型课程的教学设计，特别是设计通识教育课程和专业教育课程的融合教学，以通识教育"育人"功能为主线开展专业教育和创业教育，而且要让教学实施对应不同层次创业型人才的培养目标。从微观层面讲，在层级式创业教育课程体系的实施过程中，教师要做好教学管理，科学设计教学活动，改进教学效果。这样，层级式创业教育才能最终走上"层级式创业课程体系+课程设计+教学实施"深入递进的可行性实施路径。

层级式创业教育课程体系的重要特点是以"育人"为中心，通识教育始终与创业教育和专业教育融合。该设计思路把"创业教育是高层次的素质教育"变为可实现的事实，且践行了陶行知的生活教育理念，是对学生的生活、生存和生命负责的教育担当。这个课程体系的设计理念在当前中国的经济社会环境下尤其重要，它对于创业教育的深入开展和不同类型创业型人才的教育质量都是起关键作用的因素。前面提到的"慢就业"现象，95 后毕业生不再有就业的紧迫感，在形形色色的生活方式和新型就业领域中，他们需要从业的通用能力和综合素质帮助他们克服不确定的迷茫心理，层级式创业教育课程体系旨在帮助他们复杂的经济社会环境中做出合理选择并能持续发展。根据领英发布的《第一份工作趋势洞察》，第一份工作平均在职时间呈现出随代际显著递减的趋势。70 后的第一份工作在职时间平均超过 4 年，80 后则是 3 年半，而 90 后骤减到 19 个月，95 后更是仅仅在职 7 个月就选择了离职。当就业后在职时间短暂成为一种普遍现象时，我们不得不质疑是什么导致这种局面出现？层级式创业教育有责任探究解决学生择业和从业心理的问题并拿出解决方案，课程体系设计是直接的实现路径。此外，回到创业教育的焦点问题"创立企业"上来，这是一个鼓励"大众创业、万众创新"的时代，但是创业之路绝非坦途、成功绝非易事。2018 年 1 月，80 后创业标杆级人物茅侃侃在家中打开煤气选择了自杀；2018 年 8 月 7 日腾讯前员工、游戏创业者甘来用跳楼的方式结束了自己的生命；同一天，另一位创业者谷安天下兼安全牛创始人李华也以极端的方式离开了这个世界。越来越多的类似事件警醒教育者：创业维艰、生活不易，在经济优越环境中成长起来的 95 后创业者，他们如何才能勇敢创业、坚韧前行？那就是通过高层次的素质教育给他们健全的人格、坚强的内心和练达的人生态度，使他们在进入社会环境后能有成功创业的勇气和信心，也有承受创业失败的心理素质。将通识教育贯穿层级式创业教育课程体系，是放眼未来的重要教育策略，这也是层级式创业教育“育人”核心价值观的重要体现。

第四节 层级式创业教育师资队伍

师资队伍是层级式创业教育体系的重要构成要素，多元化的高水平师资队伍是创业教育理念得以践行、跨学科的创业教育得以实施的决定因素。层级式创业教育体系是一个多元交叉的综合教育体系，师资队伍的构成和师资规格要能满足培养多层级创业型人才的教育要求。美国是创业教育的先行者，美国创业教育的成功与其强大的师资力量密切相关，在此我们可以借鉴美国高校创业教育师资队伍在结构与管理等方面的经验，来发现我国创业师资队伍建设方面存在的不足，并在此基础上构建符合我国创业教育现状的师资队伍，从而提升我国创业教育的效果和质量。

美国高校开展创业教育的师资构成采用专兼职合理配置的结构模式，专职教师和管理人员是开展创业教育的主力和基础，专职师资由教学水平较高的教师、学术型教授构成，美国高校非常重视学术能力较强的专职教师提升自身实践能力，美国高校积极鼓励专职教师从事创业活动和社会实践活动，高校与企业的关系也很紧密，保证了信息互通，丰富了教学平台。从总体上看，美国高校中的专职创业教育教师一般都有过真实的创业经验或具有在企业从业的经验，相比美国的师资状况，目前中国高校的老师多是从校门到校门，缺乏企业和行业实践经验，更缺乏创业经验。美国兼职教师队伍由校外聘请的具有丰富实践经验的创业者、企业家、行业领袖、政府部门管理者等创业型教师组成，他们来自多个学科领域和产业领域，这非常有利于学生跨学科学习，同时兼职教师扩充了美国高校创业教育的师资队伍，给美国高校开展创业教育带来了活力和丰富的社会资源。目前我国高校也在思想上倡导聘请校外企业专家进校门活动，但是实践过程中并未深入开展专兼职教师的联合授课，效果也差强人意，目前兼职企业家、校友进校授课还局限于临时聘请他们开展创业论坛或创业讲座，他们与高校关系松散。我国有些高校尝试开展专职教师与校外聘请的兼职教师合作授课，但缺少成熟授课模式，教师心理上也有不习惯或排斥的反应，合作授课效果甚微，目前并未推广普及。美国创业教育教师面对的学生群体一般是来自全校的不同学院，来自不同专业和学历层次的学生，我国高校在选修课层面也开展了跨学科选课的工作，但跨学科授课范围有限。美国高校创业教育师资能成功地担负起创新创业教育的使命，其师资队伍管理经验也可作为我们开展层级式创业教育的参照标准。

美国高校创业教育师资管理严格且自由。美国高校对从事创业教育研究和教学的校内外师资的水平要求较高，其中对教师的学历背景和教学能力、创业教育研究能力、创业或企业工作经验、对创业教育理念的理解和认同有较高的要求。但是他们选用的手段是灵活的，应聘教师可以提交相关证明和相关主题的成果作为佐证材料，还有百森商学院的推荐制度，向具有商业领域背景和创业行为经验的人才提供足够的脱颖而出的机会。美国师资选用的硬件条件标准很规范，描述很明确，要求也很高，选聘时还考虑很多关于师资素质的柔性条件，如重视创业教育师资对创业教育理念的认同和对创业教育管理领域的理解，优先考虑认同创业教育理念的应聘者。这给我们大的启示是：成功的创业教育是由高校和教师基于共同创业教育理念的自觉实践。美国高校对创业教育师资选聘的柔性评估手段值得我们借鉴。

我国教育领域和研究领域对于创业教育有很深入的理解和研究论证，但真正认同教育理念并依此切实开展创业教育实践的高校不多，很多高校都是随行就市，坚持在大的时势背景下不掉队就好，因此师资的格局没有发生大的改变，基本以不变应万变。

目前的社会经济环境表明，创业实践活动对创业人才的要求是多方面的，创业人才需具备相应的综合素质。在教学内容上，层级式创业教育课程内容涉及多个学科，各个学科还有融合和交叉；此外，在校大学生的创业实践还涉及科技创业领域，这意味着层级式创业教育模式需要教师掌握相关知识和技能才能更好地指导学生，创业教育教师除了有很好的学术背景，还应该与产业、行业更多接触，高校也应借鉴美国经验邀请既有创业经验又能授课的专家进入高校开展层级式创业教育。虽然各个高校有不同的资源特色、生源特点和区域特点，但是创业教育师资队伍的建设思路都蕴含同样的追求，就是让过硬的创业教育师资撑起创业教育的理想。教师是播种者，种瓜得瓜、种豆得豆，没有合格的创业教育师资一切都是空谈，对于层级式创业教育师资队伍的建设思想阐述如下：

（1）高校在创业教育师资建设中扮演三个角色：设计者、使用者和保障者。目前我国高校在高层次师资方面可以说是不遗余力的，但是引进高层次的创业教育师资还没有形成普遍状态。层级式创业教育所需的师资构成具有综合性和复杂性，师资队伍建设需要以系统的思路开展整合性的工作，如何建设一支共担使命、能力互补、协调运作的创业师资队伍是高校管理者的重要职责。作为这样构建师资队伍的设计者，高校需要以求真务实的态度担当重任，建设好创业教育师资队伍，保证创业教育创业师资结构的合理性，这是响应国家创业教育政策和落实创业教育的核心工作之一。高校作为创业教育师资的使用者，用好人才是和引进人才一样重要的命题，如何用好引进人才、使人尽其才是高校要认真践行的创业教育工作精神，这是充分发挥创业师资作用、提升创业教育质量的关键。作为师资建设的保障者，高校需要在制度建设、管理方法、制约机制等方面保障教师利益。如让创业教育研究者有研究的自由空间和条件支持，让教师有足够的创业教育教学安排自由并保障他们的权益，这也是师资力量良性运作的基础，是保障师资队伍稳定和创业教育质量的必然选择。

（2）正确有效地培育创业师资。目前各个高校都在加强对创业教育师资的拓展和培训的力度，有的高校鼓励教师转型，向“双师”或“三师”方向发展；有的高校定期或不定期组织教师培训、开学术讲座和校际交流，使教师的创业教育观得到塑造调整、创业教育知识和方法得到丰富和完善，以提升创业教育教师的教学能力和综合素质；有的高校积极鼓励和选派具有潜质和条件的专业教师参加创新创业教育的国际交流与合作，并帮助教师创造机会到国外高校进修，拓宽教师的国际视野，提升教师的创业教育知识水平；也有相当多的高校聘请创新创业领域杰出的企业家、创业成功的校友、企业中的专家对教师开展企业运作、创业感悟、管理方法、最新行业动态等方面的学习和培训，不断地更新教师的现有知识储备和教学技能。可以说，高校对于创业教育师资的培育都是相当重视的，但是创业教育师资水平提升效果还存在空间，还有待进一步打开创业教育课堂教学和实践教学的局面。究其原因有管理者和教育者思想认识的问题，也有实际操作的方式方法问题。根本原因是创业师资培育没有立足真正解决创业教育的教学和实践。开展创业教育理论授课和实训指导的老师大多非创业教育科班出身，承担创业教育任务也都是临时受命。政府和高校也从创业教育师资转型的角度开展了不同范围的培训活动，比如创业导师培训、双师培训等，一般是组织为期几天的集中培训，通过发放证书认定为“创业导师”或“双师”，有的学校“双师”认定是以教师自己申报并提交职业技能证书为标准进行认定。我们需要思考的是：几天培训得到的证书能够在何种程度上证明创业师资的能力和素质提到提升？通过职业技能证书进行认定双师资格，又能多大程度代表教师能够胜任创业教育教学？获得证书在某种程度上能够代表一定的教学能力和资质，这里需要弄清高校有没有把创业导师的名称真正与创业教育需求联系起来，表象的名称和师资结构的数字比例不能作为评判一个学校师资水平的绝对标准，否则我们会走偏甚至背离开展创业教育的初衷。

（3）层级式创业教育师资构成是一个有机的系统。层级式创业教育模式本身是一个动态关联的系统，参与运作的教师队伍同样是相互配合、分工协作的有机整体。层级式创业教育功能的实现无法由少数的教师个体实现，而是需要高校管理者高瞻远瞩，以战略的眼光建设一支层次多元、学科交叉的师资队伍，满足层级式创业教育的工作需要。拥有不同知识结构、能力结构和素质结构的教师队伍才能培养具有综合能力和素质的创业型人才，因此理解师资队伍是一个“有机的系统”，还要从横向的师资耦合关系扩展到纵向的师资内涵建设上来，高校除了要注重不同类型师资的协同关系，还要从师资的跨学科知识结构到多元化的课程实施方面加强创业师资队伍的系统打造。

（4）把创业教育师资的通识教育能力作为重要资质标准。层级式创业教育模式的突破之处是把素质教育作为与自主创业教育一样重要的教育内容，该模式将通识教育贯穿不同层级创业人才培养的始终，无论是专业教学还是创业知识、创业技能的传授都与通识课交叉或融合。在当今“慢就业”现象凸显、95 后毕业生选择全新领域就业的时代背景下，通识教育对于学生和教师都尤为重要。通识教育与专业教育、创业教育的交叉融合目前还是一个新尝试，需要在课程、教材、教法方面进行科学设计，需要开发适合层级式创业教育模式的融会贯通型通识教育模式。这对创业师资提出了新要求，创业教师首先应该是一个具有通用能力和综合素质的创业型人才，是对创业教育理念和目标有透彻理解并愿意付诸实施的“创业者”。这个要求对我们目前的大多数教师都是一个挑战，高校有义务将层级式创业教育理念切实体现在创业师资的培养和选拔上，重视师资的通识教育能力和综合素质。要使创业教育师资具有通识教育能力，高校从两个方面要做到位：一是选聘时遵照创业教育知识、能力、素质至上的标准；二是对现有师资进行相关培训，包括校内培训、校外培训和各种交流、挂职锻炼等方式；三是要根据教师的个人特点和特长为其提供合适的创业教学岗位，这与层级式创业教育模式倡导的“以人为本”是一致的，该组织管理思想适用于学生管理，也适用于教师管理。重视教师通识教育能力需要管理者从思想上真正重视创业教育理念指导下形成的课程体系及其实施，真正以培养高素质创业型人才的需要为出发点来塑造教师队伍。

（5）建立外聘师资选拔和任用的长效机制。这里的外聘师资是指从社会机构或企业中引进具有创业精神、专业基础知识扎实、专业技能过硬的行业技术专家、管理者或学者来校任教，建立一支比例合理、人员任用相对稳定的外聘兼职教师队伍，这是优化本校师资结构、提高层级式创业教育质量的重要举措。选拔外聘兼职教师应与创业教育的教学需要和专业类别挂钩，注重外聘师资的适用性。外聘的专家技术人员或管理者都对行业现状和自己的岗位职责很熟悉，但是理论上进行系统概括的能力不足、语言表达能力不足、授课内容设计能力不足，这就会产生这样的现象：在企业里他们是骨干，但到高校面对学生授课能力欠缺。所以高校在选拔外聘师资时要高度重视这个问题，以确保外聘教师的授课能力和效果符合预期。高校目前普遍都有外聘师资的制度，但是外聘师资中大部分是外校的专业教师，聘请外校的兼职教师弥补本校教师短缺的问题不是这里要重点讨论的主题，我们要关注的是从企业聘请创业教育所需的有效师资。高校目前大多以讲座、实践指导的形式从企业临时聘请的业务骨干或管理者，这些从企业外聘的师资几乎都是短期的、临时或挂名的，这就造成表面上专兼职教师队伍建设数据完善，但实际教学效果差强人意的现象。要扭转这种局面，必须建立外聘师资选拔和任用的长效机制，建立稳定的聘用机制。长效的聘用机制可以让外聘人员有一种归属感，同时强化他们的责任感，稳定长效的外聘师资也有利于对教学效果跟踪，便于后期进行动态的教学调整，因此外聘师资队伍要坚持科学选拔、合理任用的原则，切实提高创业教育质量。

“人”始终是教育的最核心要素，层级式创业教育既要培养人，也要依靠人。层级式创业教育培养的人才类型与师资队伍人才类型具有一定适切性，高质量和多元结构的师资队伍是保证层级式创业教育效果和质量的关键。层级式创业教育是一个复杂的综合性教育体系，要真正实现其教育目标，师资队伍建设是不可回避的一场硬仗。高校要转变传统管理观念，遵循创业教育的教学特点和规律，让“跃进式”的师资队伍建设节奏“舒缓”下来，以持久战和可持续发展的眼光减少互补、优质的创业教育师资队伍，同时要给予教师宽松、自由的工作创新环境，要注重构建引人和用人的管理机制。

第五节 层级式创业教育实践平台

中国的创新创业教育自 1988 年胡晓风在四川合川开展“生活教育整体实验”到 1999 年清华大学借鉴国外高校经验自发组织创业大赛，再到目前“大众创业、万众创新”政策导向的出台，我国的创业教育走过了探索期，从理论和实践方面积累了一定基础。当前摆在我们面前的紧要任务是面向全体学生树立“大创业观”，拓宽对创业型人才的认知，坚持“整体创业教育”的方向，培养学生开拓事业、营造幸福人生的能力，力求通过创业教育加强学生不同层级的创业实践体验。实践教学是创业教育的重要环节，创业教育实践平台是高校落实创业教育理念、提升创业教育实效的硬件基础。为了强化创业教育实践，在政府政策的鼓励下，各地区、各高校利用各种资源建设大学科技园、大学生创业园、创业孵化基地和小微企业创业基地，同时也建设了一批大学生校外创新创业实践基地，可以说高校的创业教育实践平台建设取得了一定成果。

创业实践教学是不同层级创业型人才的学习需求，创业教育实践教学平台是高校开展不同层次创业实践教学的系统平台，具有多功能和贯通性的特点，能满足不同层级学生创业实践体验的需求，并为他们在不同创业阶段的顺利发展提供连贯的软硬件支持，本书的研究试图对该问题进行系统性论述。

一、层级式创业教育实践教学平台建设的思路

实践教学及教学平台建设对层级式创业教育模式不可或缺，中国高校应该建

设功能完善的创业教育实践教学平台，以此推动我国分层分类开展创业教育实践，其构建思路是：

（1）将创业教育实践平台作为创业教育体系的重要组成部分。创业教育实践平台的建设是完善层级式创业教育体系整体功能的重要举措，平台的功能要对接创业教育体系的其他环节，针对多层级创业型人才培养目标。实践平台的功能要与层级式创业教育人才培养方案、专业教育、学生校内外创业实践需要紧密结合，形成促进大学生创业就业的“共担机制”，即创业教育实践平台作为层级式创业教育体系的一个组成部分，与层级式创业教育整体体系具有相同的教育理念和培养目标，平台每个环节的设计都致力于提升创业教育实际效果。所以创业教育实践平台是实现层级式创业教育体系整体教育功能的重要手段，凸显了层级式创业教育的实践属性，强化了教育效果。

（2）形成社会、产业、企业和高校协同构建机制。高校在建设创业实践平台的过程中，一般都离不开各方社会力量的参与，在各个参与者中，高校是主体，在创业实践平台建设的协作中起关键作用，是各项组织、协调、管理、控制工作的主力，承担规划、设计创业教育平台各项功能的重任，其他部门和组织的参与程度取决于高校的建设主张和举措。高校应力促社会、产业和企业深度参与高校创业教育平台建设的全过程，争取通过社会力量给予层级式创业教育实践平台建设以咨询、运作、评估等方面的支持，如争取社会力量给予平台设计、学生创业的种子资金资助、企业师资介入、提供实习岗位等构建支持，此外高校还可以依托政府和企业现有的创业园区，通过协作引入此类创业教育实践平台的资源。这样在校内外实践平台的共同构建过程中要力求形成一种协同机制，以实现层级式创业教育实践平台运作的科学性和可持续发展。

（3）充分利用校友资源开展创业实践教育。校友对于开展创业教育是一种特殊作用的社会力量，这股社会力量蕴含了情感、商道、榜样的意义，是高校创业教育实践平台建设中最富潜力的资源。在探索创业教育实践渠道和创业教育实践育人的过程中，高校应该充分挖掘校友资源，形成引入校友资源实现创业教育目标的实践模式，让校友成为高校开展创业实践教育的有生力量，也让校友成为在校学生进行创业实践的榜样和动力。

（4）坚持“双赢”“多赢”的平台建设理念。高校创业教育实践平台的建设，将让学生获得不同层面的创业实践体验，解决自主创业的学生在创业初期关系网络薄弱的难题，也为自主创业的学生募资、指导等提供重要的支持。企业参与到高校创业教育实践平台的建设，也获得更多接触高校资源的机会，包括人力资源储备、办公硬件条件的获得、低成本业务操作支持、高校的研发创新能力等，这种“双赢”“多赢”的局面是强化高校与社会、产业、企业合作关系的纽带，为创业教育平台的建设和成功运作提供可持续的发展动力。

(5) 高度重视教师的创业体验和实践经历。没有合格的创业师资，创业教育不过是纸上谈兵和照本宣科，为此最切实有效的做法是加强创业师资的创业体验和实践经历，鼓励教师参与大学科技园、创业园的运作，鼓励教师开展校内外的创业活动。除了教师在校外独立创业，高校的校内外创业实践基地在发挥指导和扶持大学生创业功能的同时，也应该成为教师体验创业的平台和资源，只有教师拥有了丰富的创业体验和实践经历，才能保证教师指导学生创业实践的水平和质量。

(6) 要致力于切实提高大学生创业就业能力。高校创业教育平台是创业教育体系的重要环节，是连接创业型人才培养与社会需求间的引桥。建设创业教育实践平台应本着创业教育需求导向和社会人才需求导向的思路，使实践平台成为不同学科、不同层次创业型人才聚集的创业实践和社交平台。因此实践教学平台承担着大学生获取不同层级创业实践体验的功能，平台要在给予大学生创业实践体验的过程中不断提升他们的创业就业能力，这是层级式创业教育的一个重要理念追求。

二、层级式创业教育实践教学平台的构成

层级式创业教育实践教学平台是一个多功能的系统，具有层次性，能满足不同层级创业教育实践教学的需要，提供不同程度的创业实践体验。其构成部分包括平台使用群体、课内实践平台、校内创业实践基地、校企协同育人平台、校地合作平台以及实践平台教学评价体系。层级式创业教育实践教学平台满足全体学生和教师体验创业实践的需求，具有功能的多样性、体验程度的差异性和平台构成的多元性特征。

(一) 全员创业实践群体

创业教育实践平台的建设前提是满足不同层级创业型人才的实践需求，通过整合校内外资源和信息形成的运作系统，该系统以学生和教师需求为本，因此在建设实践教学平台之前首先要明确的是不同层级实践群体的分类。高校参与创业教育实践的群体是全员性的，包括不同创业层级的大学生群体和创业师资队伍，平台主要面向这两个群体提供系统性的创业实践和工作支持。进行全员创业实践群体分类应该确定全体学生的创业实践类型，根据不同的学生特点、需求和创业就业规划划分参与创业实践的学生层级，同时也要考虑创业师资的实践需要和工作需要，让创业实践平台全方位满足学生和教师群体的创业实践体验需求。因此根据本书前面第三章对创业型人才的分类和教师的创业实践需求，可以将层级式创业教育实践的参与群体做以下划分，见表 5-4。

表 5-4　创业教育实践平台参与者分类参考标准

群体类别	实践性质	实践需求	体验层级
学生	自由择业	生活能力、工作态度、个人综合素质熏陶	最低
学生	普通雇员	职业规范和技能	低
学生	岗位创业	开拓创新、创造业绩	中
学生	自主创业	设立运营商业组织或社会组织，力求成功	高
教师	创业指导	自主创业支持，创业教学经验获取	高

（二）课内实践平台

创业教育课内实践平台是指通过现代教育手段和技术，在教室组织学生开展创业模拟实践教学，同时开发线上课堂，对学生进行先期的创业价值观、理念和创业知识的教学。课内实践平台结构见表 5-5。这类平台的构成要素包括：传统教室、多媒体教室、智慧教室、线上课堂等，采用的训练手段包括：互动课堂、直播课堂、实验软件模拟操作、微信在线课堂、云课堂等。课堂实践平台面向的学生群体包括跨学科的全体学生，主要教学目标是实现学生素质提升、知识积累和创业技能的初步习得。该课内平台是后续深入开展创业实践教学的前站，在创业教育实践教学过程中起着基础性的作用，大多数学生是通过课堂实践平台完成创业学习和个人素质熏陶、提升的。

表 5-5　课内实践平台结构

场地类型	实践教学类型	教学目标
传统教室	理论知识学习及应用、师生互动、小组活动	知识技能传授，师生充分互动，弥补现代教学手段对学生情感心理需求的关注不足，训练智商、情商
多媒体教室	理论知识学习及应用、案例教学、团队训练	利用多元互动手段充分开展创业知识、流程和案例教学，组织团队参与，训练组织、合作能力
智慧教室	理论知识学习及应用、分组研讨、创新工作坊等	除传统教学功能，延伸出师生即时互动的课堂，训练独立判断思维、创新思维
云课堂	学生获取信息资料、教师高效管理大批量学生群体的课堂实践，掌控整体实践局面和个体表现	在线全面展示教学资源，尊重学生个性特点、分层施教、关爱每一个个体成长，实现课堂上深入辅导每一个学生学习
线上教学平台	理论知识和技能学习、应用，自由实践，自主锻炼	开放课堂，赋予学生自由安排创业学习的空间，满足学生个性化选择学习内容的要求
实验室	软件模拟操作实践，实验室条件下创新创业实践	以课堂教学方式给予学生模拟创业实践的体验

（三）校内创业实践基地

校内创业实践基地是大学生在校期间创业实践能力培养和职业素养养成的重要场所。高校要围绕层级式创业型人才培养目标，以创业就业为导向，根据自身专业特点和培养要求，基于高校现有资源，建设校内实践基地，如开发商业铺面、自由交易区、公共服务、跨学科实训、创新工坊、自主创业实践、导师工作室等实践基地形式。高校的校内创业实践基地是形成创新创业的集聚效应、示范效应和辐射效应的主阵地，除了利用一己之力建设功能多样的校内实践基地，还要推动校校协同，积极拓展校外发展空间，主动谋划与周边兄弟院校、区域外的高校合作，建立不同高校创业实践教育资源共享机制，让全体师生都能享受优质的创业教育实践资源。因此高校的“校内”实践基地的含义不仅包括自身内部，还包括他校内部。高校要大力拓展不同地域、不同类型、不同层次高校之间的交流合作或对口支援，共享创业教育资源，推动校际的教师互聘、课程互修，鼓励大学生跨校建立创业团队等。通过校校协同建设创业实践平台，高校的创业实践教学实力便如虎添翼，可为创业实践教学活动提供更充分的物理空间和更全面的技术支持。

（四）校企协同育人实践平台

长期以来由于高校与企业之间在体制、目标、任务、核心工作、经费等方面存在着显著差异，校企之间的功能互补优势远未发挥出来。特别是在这个“大众创业、万众创新”的时代，高校正在面对全体学生开展分层分类的创业教育以满足行业企业对创业型人才的多元需求，企业对高校人才培养的引导和促进作用应得到充分发挥。为了真正落实层级式创业教育的实践教学，高校应加大各方面资源的整合力度，大力加强校企合作，积极促进新时期校企协同育人机制的形成。校企协同育人实践平台的建设要注重大学生职业能力和综合素质培养，建立集教学、实习、培训、创新、创业等于一体的创业实践基地。实践基地建设过程中应秉持校企共同规划、共同建设、共同管理的原则，实现校企人才双向流动，如企业师资深入高校，高校为企业组织安排员工培训、开展学位教育、向企业输送合格创业型人才等。校企协同育人实践平台是当今最具实效性和可操作性的创业教育实施路径，校企资源共享、责任共担的育人机制对于高校有效开展创业教育、真正服务于社会经济发展需要具有重大意义，同时企业也在人才储备、成本节约、业务外包等方面获益匪浅，这是一个双赢的战略。校企协同育人实践在新加坡、美国、德国等国家都已成功运行多年，我国高校依托校企协同育人平台深入开展创业教育的美好前景值得期待。

（五）校地合作平台

层级式创业教育以培养大学生创业综合素质和创业能力为总目标，它不仅涉及学校内部的教学改革、创业实践活动的开展和校园创业文化的建设等内容，还与国家政策导向、社会环境、企业人才需求等多要素相关联，高校创业教育实践平台的建设是一个涉及校外多主体、多要素的系统工程。让地方创业园区和孵化器深度参与高校的创业实践教学，高校便打开了接纳多种社会资源的大门，这将为提升学生创业体验层级发挥重大作用。高校应采用与校外科技园区和地方社区合作的方式建立校外创业实践教育基地，利用社会富余创业资源服务高校的创业教育实践需求，将学生的创业项目引导到社会平台，大大缩短大学生创业活动对接社会环境的进程。同时高校在校地协同建设过程中，还可考虑对接社会各类投资机构、收购地方小企业、与企业建立合作机制让学生参与到公司的经营管理中，以便拓宽学生创业实践渠道，提高创业实践平台质量和实践教学效果。

（六）创业实践平台教学评价体系

创业实践平台的教学评价体系是创业实践平台的重要组成部分，衡量创业教育实践教学开展的价值和意义。创业实践平台的评价标准除了效率、规模、效益等显性评价指标之外，还应考虑作为主体的学生、高校教师、参与校企协同育人的企业员工和企业师资等因素，如学生的认知度、满意度和提升度，还有企业员工、高校教师的体验与感受，以及社会影响和反映等。确定这些评价指标有一定难度，比如人的感觉、体验和程度很难量化，但高校依然要努力建立一套科学的创业实践评价体系，使创业实践平台能够真正体现其实践育人的价值。创业实践平台的评价标准也要与学校、学生和专业相适应，体现自身的创业教育特色，达到真正反映创业实践教学平台效果的目的。高校要通过有效的评价标准，定期对创业实践平台的教学进行科学评价，促使创业实践育人平台稳定高效运行与发展，最大限度地发挥其在人才培养中应有的作用。

创业实践教学平台的各个构成要素相互关联、有机运作，形成了一个与层级式创业教育人才培养目标相呼应的系统，为大学生开展创业实践活动发挥组合支持功能，系统结构如图 5-1 所示。

在层级式创业实践教学平台系统中，进行全员创业群体分类是核心工作，也是前提，因为平台系统的建设都是围绕人的需求展开的。其中课内实践平台、校内创业实践基地、校企协同育人实践平台和校外合作创业实践基地是直接提供给学生、教师和企业人员参与的平台，创业实践平台教学评价体系是平台系统健康发展、良性运作的纽带，通过对平台实践活动的科学评价和反馈，高校、企业和地方平台才有持续稳定运行的保证和依据，这个过程是循环往复进行的。

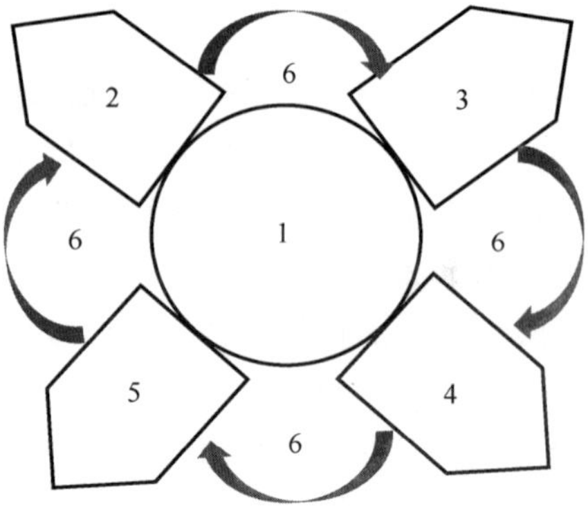

图 5-1 层级式创业教育实践教学平台运作系统

1—全员创业实践群体分类方案；2—课内实践平台；3—校内创业实践基地；
4—校企协同育人实践平台；5—校外合作基地；6—创业实践平台教学评价体系

习近平总书记指出："全社会都要重视和支持青年创新创业，提供更有利的条件，搭建更广阔的舞台，让广大青年在创新创业中焕发出更加夺目的青春光彩。"大学生是大众创业的有生力量，高校是培养各层次创业型人才的高地，高校构建创业实践教学平台对大学生创业能力和创业综合素质的培养具有不可替代的作用，是落实创业教育理念和实施创业教育方案的重要依托。随着科技进步和市场趋势的变化，大学生仅仅具备浅显层次的知识信息储备已不能适应当今就业市场的需求，也不足支持大学毕业生经营未来的事业和人生。而大学生的通用知识和能力、创业能力、创新精神和意识、开拓进取的人生态度等，成为大学生的核心竞争优势，也是大学生毕业后创业、就业、生活所需的重要素质。高校的创业实践教学平台为大学生获取上述工作和生活的综合能力提供了锻炼的舞台，这是提升大学生的创业实践能力和综合素质的实质举措，高校应该围绕层级式创业教育目标，整合各类资源，拓宽创业实践渠道，使创业实践教学平台能够切实促进大学生创业就业。

第六章

促进大学生就业倍增效应的教育实践

第一节　大学生就业问题

继2014年高校毕业生人数突破700万人达到727万人之后，2015年的毕业生人数持续突破700万人，达到749万人之多。近期教育部公布2018年全国普通高校毕业生人数达到820万人，再创历年新高，就业创业工作面临复杂严峻的形势，提出要切实抓好基层就业、服务国家、创新创业、统筹联动、服务保障五项工作。我国大学毕业生人数在年年递增，就业难也似乎成了社会常态和焦点问题，社会各界也就此寻求不同的解决方案。

根据社保查询网❶的信息，在我国就业人员指标反映了一定时期内我国全部劳动力资源的实际利用情况，是研究我国基本国情国力的重要指标。就业人员是指年满16周岁及以上，从事一定社会劳动并取得一定劳动报酬或经营收入的人员。归纳我国就业人员的范围描述，可以将就业群体大概划分为以下三类人：第一类是作为被雇佣者在企业、事业、政府部门或其他组织机构中工作并领取劳动报酬的人，这类人通常被称为雇用就业者；第二类是在自己的企业中工作，以经营利润为收入的人，这类人通常被称为自营收入者；第三类是在自家的企业中工作但不领取报酬的人，这类人通常被称为无薪家庭帮工。社保查询网也给出了从业人员的定义，指从事一定的社会劳动并取得劳动报酬或经营收入的各类人员，包括各类单位在岗职工、再就业的离退休人员、聘用的外籍人员和中国香港、澳门、台湾人员、领取补贴的兼职人员、直接支付工资的劳务工以及个体从业人员、农村从业人员和非正规就业人员等。

参考社保查询网对于就业人员和从业人员的说法，就业与从业人员都是拥有某个具体职业的人员，从业的人员范围更注重微观角度，要比就业的人员范围更宽，也就是从业的概念范围要比就业的概念内涵宽泛。上述从业人员包括了正规的就业人员，也包括农村人口和在劳动时间、收入报酬、工作场所、保险福利、

---

❶ 什么是就业人员？包括哪些？[EB/OL].(2016-01-29)[2018-12-30].http://www.chashebao.com/shiyebaoxian/jiu-ye-ren-yuan.html.

劳动关系等方面都很灵活的非正规就业人员，但总结下来，他们都是从事某种社会劳动获取报酬的人群，是有职业或事业的群体。第三类就业人员在自家企业工作但不领取报酬的说法有失准确，这也是一种通过劳动获得收入保证生活的就业形式，因雇主是自家企业的关系，其获取报酬的形式可能不同于被其他社会组织雇佣，在长三角、珠三角等民营经济发达的地区，这类从事家族企业工作的就业形式较为普遍，很多大学毕业生也从事这样的工作，但他们都是一般意义上的就业人员，具有就业人员的所有特征。综上所述，我们把就业从狭义上理解为上述就业人群从事的社会劳动，将劳动关系和生产关系作为就业的明显特征，去除从业人员中没有确定的劳动关系、没有确定的组织关系的工作方式。从广义上讲，不具有确定的劳动关系和约束性的生产关系的职业状态也是就业的概念范畴。这个理解回归到本书第三章对就业的定义："就业是劳动者从事的社会活动，就业者受到生产关系的制约，是一种具有社会属性、利他和实现自我的职业状态，就业可以有效地满足他人和社会需要。"下面我们在此基础上研究大学生就业问题。

现在，大学毕业生就业已成为社会普遍关注的问题，2018 年高校毕业生 820 万人都需要就业，如果太多的大学毕业生没有事做，甚至没有生活保障，无疑将是一大问题，解决不好会引起社会危机，影响社会的和谐稳定。因此大学生就业问题是关乎社会经济发展和大学生自身生存质量的社会问题，需要全社会来关注和参与解决。

研究高校毕业生就业问题，需要从两个方面入手：一是大学生就业的内涵是什么，二是当前大学生就业的类型有哪些。

一、大学生就业的内涵

根据就业含义，大学生就业是高校毕业生在毕业后从事某种社会劳动、并能借此获得报酬和收入的社会行为，包括有确定的劳动关系和没有确定的劳动关系的社会劳动。就业是大学毕业生进入正常的社会生活环境的必要行为，每个人都是社会群体的一员，参与社会群体活动是人们拥有正常的社会生活的一个基本特征。大学毕业生作为一个适龄的就业群体都需要通过特定的职业、事业进入正常的社会群体环境，都应该在社会分工中拥有自己的位置，从而实现个人的社会价值和人生价值。就业是一种人生价值观，也是个人生活的核心，是一种生活方式，封闭、狭隘、隔离的生存状态会造成人的社交障碍、不平等的社会互动、尊严和人格的损伤等，因此就业是大学毕业生自身的必然之选，也是创造和谐健康的社会生活的需要。

二、大学生就业的类型

传统的就业观强调正规的劳动关系，从契约的角度赋予就业一种法律关系的特点。但随着经济转型发展和新生代毕业生的就业趋势，产生了新的就业形式，很多新兴的就业形式成为经济社会的新现实，越来越多的新生代毕业生认可新型就业形式并践行。因此研究大学生的就业形式，有必要超越传统的正规劳动契约关系，放眼当下时间灵活、收入灵活、工作场所灵活多样的就业形式，将大学毕业生就业问题与时代发展的步伐关联起来。归纳大学生的就业形式，可以分类如下：

（1）雇佣就业。大学生毕业后在政府机关、企事业或其他组织机构中工作，与就业单位确定正规劳动关系，通过参与单位的社会劳动获取劳动报酬，选择这种就业形式的大学毕业生一般叫做雇员或职员。前面提到的岗位创业者和普通雇员都属于雇佣就业的范围，雇佣就业目前是大学生就业的主要形式，不论大学生所在学校类别如何，在“毕业选择”的意愿中，选择直接就业的毕业生每年都是主流，毕业后选择“就业”的情况均毫无疑问地排在首位❶。在毕业生的专业技能、社会经验、资本积累、社会网络关系都还很欠缺的情况下，雇佣就业是大学毕业生的首选，也是最传统、最主流的职业选择。在这种就业形式中，大学生毕业后就走上工作岗位，雇佣者和被雇佣者形成一种法律上的契约关系，也就是“被雇佣者”为“雇佣者”（企业事业单位、政府机构等）工作，并由雇佣者提供劳动报酬的一种约束性的劳动关系。

（2）自主创业。在“大众创业、万众创新”政策的感召下，以及在高校创业教育的推动下，大学生创新创业的意识和能力得到很好的培养，《2017 年中国大学生创业报告》❷ 指出，高校毕业生在校期间和毕业后创业的意愿持续高涨，创业意愿强烈的比例为 30%，有一定创业意愿的比例为 57.9%，从未想过创业的比例为 12.1%。大学生毕业后每年真正走向创业的人数比例也呈现弱增长态势。据麦可思研究院对 2012 ~ 2016 届大学毕业生创业情况的分析发现，5 年来大学毕业生创业比例平稳上升，从 2012 届的 2.0% 上升到 2016 届的 3.0%。本科生和高职高专生自主创业的比例分别从 2012 届的 1.2% 和 2.9% 上升至 2015 届的 2.1% 和 3.9%，2015 届与 2016 届持平。总体上来看，应届毕业生自主创业比例平稳提升，毕业生 3 年后的创业比例更高❸。大学生创业驱动力如图 6-1 所示。❷

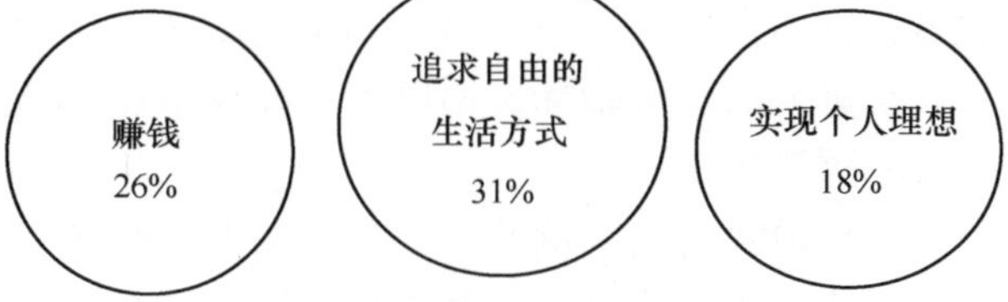

图 6-1 大学生创业驱动力

---

❶ 北京青年压力管理服务中心. 2015 年中国大学生就业压力调查报告 [R]. 2015.

❷ 大学生创业比例 5 年平稳上升 [N]. 人民日报，2017-09-22 (14).

❸ 2017 年中国大学生创业报告 [R]. 2017.

（3）自由从业。自由从业包括灵活就业和自由职业，它已经成为如今人们职业选择的一大潮流，人们越来越愿意以自由状态安排工作和生活，与此同时追求工作和生活的个性化。灵活就业是指大学毕业生选择与单位组织建立松散的劳动关系，以自我管理为主，从事没有正规“组织”的职业，如义工、临时工、直播主播等，表4-4中的弹性就业就属于灵活就业范畴。自由职业者往往是指拥有一定知识、技能，从事相对固定领域工作的群体，自由撰稿人、程序员、摄影师、艺术家等。美国作为自由职业大国，根据Upwork《2016年美国自由职业者报告》，美国有5500万名自由职业者，占劳动力的35%。和2014年相比，美国自由职业者数量增长200万人。而且，预计这个数字还将继续增长。在这样的时代潮流背景下，我国大学生自由从业的人数也越来越多，这种类型的就业也越来越被尊重。由于当今大学生家庭经济条件普遍好转，他们的生活压力不大，新生代大学生父母的就业观念也在发生变化，他们都会开明地支持孩子选择自己愿意的方式工作和生活。

自由从业的大学毕业生往往能够更积极地工作，能够更充分发挥自身所长，忠于自己的个性爱好，灵活性和自由度让他们拥有良好的工作体验和生活体验。灵活性、自由度和现代科学技术正在推动自由就业的兴起，成为大学毕业生遵从内心意愿选择的新就业形式，并成为95后新生代高校毕业生逐渐显现出来的新就业特点，这种新的就业理念逐渐被社会和家长尊重和接受，未来将有更多的大学毕业生开展自由从业的实践。

三、理解大学生就业

大学生就业问题是当前社会的一个热点问题，关系到社会经济的稳定发展，所以大学生就业问题的本质是大学生的完整人生与社会经济之间相辅相成的问题。人们往往将大学生就业问题理解为大学毕业后能否落实具体工作，以便有一个好的生活保障和个人价值实现的平台。教育部也将就业率作为反映高等学校组织管理、教育教学等各方面办学工作的一项重要指标，社会上各种高校排名中，大学生就业率也是非常重要的评价指标，用以考核高校毕业生落实具体单位的比例，也是高校竞争力的重要体现。

我国高校就业率统计模式是初次就业率的基础数据由高校完成，在固定的时间内，高校通过网络形式，将各自的就业数据定期上报、更新到教育部的就业信息平台，再由教育部进行统一的汇总和统计，掌握毕业生就业的进展。这种政府统计高校就业率的情况给高校制造了一定压力，也出现过高校就业率造假的问题。

高校就业率不能真正反映高校毕业生就业问题。各大高校就业率都在用就业率来衡量高校人才培养的质量、学校办学的质量、专业设置等有一定指导意义，但就业率不能完全体现大学办学水平，不能说就业率上去了，高校的专业教育或创业教育就是成功的。根据教育部直属院校就业率的数据，就业率排在前40名的高校就业率均在96%以上，很多二本、三本甚至高职高专院校的就业业率也很难发现有低于95%的，这么高的就业率与我们当前社会关注的大学生就业难问题形成反差，因此采用就业率衡量高校人才培养质量和水平有失准确。

把就业率作为高校硬性考核指标有违教育本质。高校办学如果围绕取得好看的大学生就业数据，或者担负着考核压力，这对高校科学办学是一个冲击。当就业数据成为高校的命脉，高校可能会放弃培养学生的创业精神、文化素养和社会责任，放弃培养大学生追求人生幸福的目标，而仅仅是为了学生形式上就业、达到高就业率而做出一些显性工作，却忽略了教育本质上对人和人才的教育和培养。这使得大学的价值被降低，内涵也不再丰富。

大学生就业问题是一个宽口径的问题。当前越来越多的毕业生选择暂缓就业，如准备深造、各类考试、出国发展或灵活就业，这是一种正常的现象，也是一种趋势。考评高校就业数据的内容应该包括以下几个部分：

一是协议就业。毕业生就业推荐协议与用人单位签约，根据学生与用人单位签订协议来确定学生就业状态。这是最普遍和为数最多的学生群体，大多数学生毕业后是以这种方式就业的，智联招聘一份针对2016届应届毕业生的调查显示，参与调查的应届毕业生中，选择就业的比例为75.6%。但是如果高校单纯追求初次就业数据，这部分内容是容易出现作假情况的，毕业生可能会与关系熟络的用人单位签订就业协议并盖章，高校以此确认学生顺利就业；或者老师会运用同样的方法帮助学生操作。

二是考研和出国留学。全国性的重点大学，这些学校的毕业生更倾向于读研或者出国留学。根据目前最新发布的《2016届中国部属高校毕业生就业质量报告》的统计数据显示，在中国的75所部属高校，以及工信部和中科院系统中的几所大学中，清华大学和西安交通大学本科毕业生在国内读研的比例均超过了50%，智联招聘的调查数据显示，2016届大学毕业生选择在国内继续学习的占16.5%，另有4.8%的毕业生选择出国继续学习。中国教育在线统计《2017年部属高校（部分）毕业生就业质量报告》发现，有超过一半数量的高校国内升学比例超过30%，其中近30%的高校国内升学比例在40%以上，而2018年全国硕士研究生报名人数达到238万人。这些数据说明本科毕业后，继续读研深造越来越成为很多大学毕业生的选择。

三是灵活从业。学生不签协议就业，以灵活的劳动关系受雇于某一个行业，或者从事新兴的自媒体、网络游戏等行业。

四是自主创业。大学毕业生毕业后整合资源创立实业、雇佣职员，依靠自己或团队的力量为社会经济发展作贡献，同时解决自己和他人的就业问题，这是目前国家倡导的就业行为，也是传统意义上高校开展创业教育的核心目标。这部分毕业生的人数所占比例较低，有自主创业意愿并在毕业后付诸实施的人数是所有就业形态中最少的，智联招聘的调查数据显示，2016 届高校毕业生选择创业的比例为 3.1%。

五是随着学生在就业过程中暴露出的问题和社会上就业压力的加大，科学地将学生毕业后的实习状态纳入就业数据。因为高校毕业生逐年上涨，就业形势严峻，企业用人的选择面较广，有的企业让学生签实习协议，先考察学生，不直接签劳动合同，在实习三个月或半年之后再做出是否留用的选择并签订劳动合同，学生在这段时间里就只能算实习，但高校统计学生的就业数据应该算作毕业生就业的情形。

大学生就业关系到国家经济发展和社会的稳定和谐问题，大学生按 2011 年我国第 6 次人口普查数据，大学以上文化人口占总人口比例为 8.93%，随着高校扩招和每年毕业生人数的上涨，目前大学生占全国人口比例会高于该数据。接受高等教育的大学生群体是社会上有知识、有能力、有素养的劳动人口，他们对于经济技术进步和社会文明的发展有着突出的贡献，大学生的就业选择影响着国民经济的构成要素，大学生的就业质量反映了社会经济发展的质量。就业也是大学生获得生活保障、实现人生的必要条件，大学生个人价值体现着社会的价值，大学生个人生活的美好体现着社会生活的美好，大学生就业是实现这一状态的必需途径。因此大学生走入社会从事各类行业的社会劳动，是国家社会经济建设的需要，反之，良好的社会经济环境为大学生提供了高质量的就业机会和发展空间，为大学生顺利就业提供了支持平台，助其构建合理人生，大学生就业与社会经济发展之间是相辅相成的关系。

解决好大学生就业问题涉及千千万万的家庭利益、学生个人利益和社会利益，这是一项综合性和系统性的工作，需要国家、社会、高校、家庭和学生个人共同努力，构建良好的社会就业生态，使促进大学生就业成为国家可持续发展的政治任务，最终实现国家经济振兴和民族富强。

第二节　大学生就业倍增效应解析

2016 年 6 月 6 日教育部发出通知，要求各地各高校做好大学毕业生就业创业工作，将就业创业结合起来，释放创业带动就业的“倍增效应”。因此“倍增效应”成为提升大学生就业数量和就业质量的理论用语，体现了当代大学生存在就业困难的社会问题和国家解决大学生就业问题的紧迫性。教育部的通知还要求各地各高校把深化创新创业教育改革作为推进高等教育综合改革的突破口，按照不同的创业教育阶段提高指导学生创新创业的针对性和有效性。这里明确了高校是促进大学生就业的主体，创业教育担负着大学生自主创业和就业的时代重任。

一、大学毕业生就业形势

大学毕业生的数量逐年攀升，来自教育部的数据显示，2017 届高校毕业生人数为 795 万人，2018 届为 820 万人，应届毕业生加上几十万人的海归，还有往届未就业和失业后再就业的大学生，他们一起组成了竞争上岗的就业大军。应届大学毕业生在就业市场上处于弱势竞争地位，面临一定的就业困境，有大批大学生找不到令自己满意的工作，就业状态处于变换和不稳定的现状中。除了上述众所周知的大学生就业难问题，对于大学生就业现状可以从以下几个角度综合考量：

（1）大学毕业生的总体就业形势是严峻的。除了大学毕业生数量呈现逐年上涨的趋势外，全球经济增速趋缓，对大学生就业产生一定影响；中国经济整体上处下滑周期和结构调整中，客观上会对大学毕业的就业结构产生影响，同时也会对全社会的就业总体规模产生挤压效应，尤其是我国传统支柱产业的企业重组加快，淘汰落后产能、部分行业持续低迷及产能过剩将造成结构性失业和转型性失业，这种就业环境让刚毕业的大学生增加了就业难度，在市场竞争中与其他就业群体相比处于弱势地位，缺少各方面竞争力。

（2）实体企业危机对大学生就业形成制约。我国的民营企业大多数是实体的中小微企业，它们解决了我国 90% 以上的人口就业，还为国家创造了大部分的财富，实体制造业才是我们社会稳定的基石，承担着国家经济发展、劳动者就业、社会稳定的时代重任。当前我国的实体企业面临着严峻的发展瓶颈，首先我国企业的实际税费负担率达到 30% 以上，在全球经济趋缓、中国经济下滑的市场周期中，我国大部分实体企业的利润率都不到 10%，高额税费负担导致大多数加工业企业处于困境之中，甚至亏损倒闭。此外，随着美国、德国等国工业基本上都进入了工业 4.0 时代，机器人开始大规模代替工人生产，我们的实体制造业面临着转型升级的成本负担。一些中小企业、民营企业技术创新的能力还比较薄弱，产品结构转型的步伐比较缓慢，受国内外市场竞争、产品技术含量、附加值等因素的影响，企业不得已实施低价竞争策略，大部分实体企业都面临控制人工成本的问题，如为了削减人工成本压力进行裁员或支付给员工偏低的工资待遇。实体企业主动降低人力成本而失去基本的人工优势，同时很多传统行业逐渐引入现代科技手段也减少了很多人工岗位，由于实体企业裁员和机器人技术的应用，它们为社会提供的就业机会相对过去要减少很多，这给大学生受雇佣就业形成极大限制。

（3）市场预期和大学生自我价值认知出现错位。一方面社会对于毕业生学历层次的需求越来越高，社会对高层次的复合型、资深型和开拓型人才的需求迫切，呈现出对人才的需求层次重心上移的趋势；另一方面随着我国经济转型和产业升级的加快，企业对人才的需求结构发生了一系列变化，对劳动力素质及技能提出了更高要求，很多制造业和服务业需要技术熟练和辛苦工种的技能型、应用型人才，但大学生既谈不上技术熟练也谈不上愿意辛苦劳动，出现人岗不匹配的就业现象。从大学生的角度来看，毕业生的就业期望值居高不下是普遍现象，毕业生们往往感到“找不到理想的单位”，大学生的身份认知、生活成本上升、独生子女优裕的家庭环境让他们不愿意从事偏远艰苦地区和基层用工岗位的工作，新生代大学生以事业为重的并不多，很多人追求高薪、追求舒适、追求名企的心态仍较普遍，都希望能到企业名声好、工作条件好、福利待遇好，甚至离家比较近的单位等。而大学毕业生缺少社会工作经验和熟练的技能，对于社会需求的高层次复合型工作岗位无法高攀，对于许多边远地区、中小城市、艰苦行业的基层一线中小型用人单位，大学毕业生又不愿意低就，这就反映出目前高校毕业生就业存在着市场需求与毕业生的能力素质、自身定位之间存在较大差距。

（4）用人单位越来越重视大学生的通识能力。现在的企业对高校毕业生的创新创业精神、职业道德、思想觉悟和能力素质水平都提出了越来越高的要求，看重“人品”和能力，对专业反而越看越淡。他们认为人的知识技能和经验可以在工作中很快拥有，但人的素质不是一朝一夕形成的。因此，那些综合素质好、动手能力强、具有创新创业精神的毕业生越来越受欢迎。然而在现行的教育体系中，高校重科技技能、轻人文，重书本知识、轻社会实践的教育活动还是广泛存在的，造成培养出的人才不符合时代发展要求的局面。在这种形势下，我们必须进一步强化创业教育理念，改变追求知识的单一性或专门性的教育思路，培养出大量具有宽口径、跨学科、厚基础等通用能力的素质型高级人才。

（5）大学生就业渠道多样化。在当前严峻的就业形势下，国家每年都出台了相应的就业政策和措施，为引导、协调、安排毕业生就业提供了有力的保障，如国家政策大力扶持的就业项目有“预征入伍”“部队直招士官”“西部计划”“大学生村官计划”“三支一扶”等。同时，随着知识经济时代的到来，我国产业转型升级速度加快，各种经济成分共同发展，非公有制企业、乡镇企业、欠发达地区和新兴的现代产业都为毕业生提供了就业的广阔天地。另外，国家提倡“大众创业、万众创新”的社会大形势，为高校毕业生自主创业提供了各种便利条件，大学生可以在校期间和毕业后瞄准商机、自主创业，在解决自己就业的同时，也为社会提供了新的就业渠道，缓解了就业压力，最终实现了个人的人生价值。

大学生就业不是用人单位的岗位越来越少、大学毕业生越来越多的问题，世界永远存在“水床效应”，就业市场某个领域出现的障碍会在其他领域出现通途。高校创业教育要做到的是，使大学教育的目标不要重点停留在让大学生学到专业知识和专业技能，而更重要的是让大学生们学会如何适应社会环境并具备在新环境中不断学习、开拓、自我发展的能力，要培养大学生具有较高的道德文化素养、较强的专业素质、健康的心理和体魄。

二、促进大学生就业倍增对社会经济发展的重要意义

就业是民生之本，也是社会和谐发展的基点。促进大学就业倍增，扩大就业，不仅是重大的社会经济问题，也是重大的政治问题，具有战略性、紧迫性和长期性。解决大学生的就业问题之所以重要，是因为它关系大学生个人及其家庭的切身利益，关系社会发展稳定的大局。就业是人民大众的具体利益，也是大学生获得幸福人生的根本途径。只有通过就业，一个人才能获得生存的保障、安居乐业、实现个人的人生价值。大学生是社会经济发展的中坚力量，应届和往届的毕业人数众多，他们都能安居乐业社会才能不断发展和进步。

解决大学生的就业问题已对我国经济社会的发展构成重大挑战，扩大大学生就业也是调整经济结构、促进产业转型升级、推动农村城镇化建设的关键。据新华社北京 2018 年 5 月 21 日发布的《2017 年度人力资源和社会保障事业发展统计公报》显示，截至 2017 年末，全国就业人员达到 77640 万人。根据国家统计局和教育部 2018 年发布的最新数据显示，全国目前共有在校大学生人数为 2695. 8 万人，2017 年应届大学毕业生 795 万人，全国共有具有大学教育程度人口为 1. 9593 亿人。这样看来大学生占就业人口的比例为 25% 以上，他们是社会劳动力中的特殊力量，是掌握扎实的专业知识和先进科学技术、最具创新活力的就业群体，他们在国民经济活动中所创造价值是社会普通劳动力无法比拟的。大学生就业作为高素质的人才参与国家的经济建设，他们为社会经济的持续健康发展提供必要的动力，对我国的经济结构调整、产业转型升级和社会发展具有不可取代的地位，反之持续健康发展的社会经济也为大学生顺利就业提供了前提和基础。

国家做出促进大学生就业倍增效应的政策导向，说明解决大学生就业问题是紧迫的，如果大学生就业这项工作解决不好、拖延解决或者不够重视，就会引发一系列社会矛盾和问题。首先不能很好地解决大学术就业问题关系到大学生个人的价值实现，每一个大学生的培养凝聚了大量的社会投入，如果大学生无法获得就业机会或没有满意的就业状态，那么无论对于大学生个体、其家庭还是社会来讲都意味着失败，大学生个人价值的实现和家庭幸福指数的提升也是社会价值的实现和广大民众幸福生活的实现，社会的和谐稳定发展源于此，其他就业群体的就业问题也一样。此外大学毕业生顺利就业是高校必然的教育责任，促进大学生就业问题的解决，扩大大学生就业倍增效应也是高校扩招继续健康发展的要求。如果招收进来的学生经过国家大量的教育投入，培养出来的多数毕业生不能顺利地就业，反而会制约高校的发展，从而阻碍中国高等教育向世界一流大学行列迈进的步伐。这与 2015 年 10 月 24 日国务院印发的《统筹推进世界一流大学和一流学科建设总体方案》(教研〔2017〕2 号) 相悖，根据这个总体方案，“到 2020

年，中国若干所大学和一批学科进入世界一流行列，若干学科进入世界一流学科前列；到2030年，更多的大学和学科进入世界一流行列，若干所大学进入世界一流大学前列，一批学科进入世界一流学科前列，高等教育整体实力显著提升；到本世纪中叶，一流大学和一流学科的数量和实力进入世界前列，基本建成高等教育强国”。所以高校持续健康发展一个有效的办法就是解决好毕业生的就业问题。如果高等校再按照传统的思路培养人才，以所谓的“守候”来等待或适应现有的就业岗位，就业问题就会有很大局限性。高校要改变教育思维模式，树立创业教育新理念，使高校毕业生不仅是求职者，而且能成为工作岗位的创造者，努力促进大学生就业效应的提升。

目前大学生所创办的企业很大一部分是创新性、技术型企业，这类新兴企业满足社会经济结构转型的需要，有助于我国产业改造和升级，此外新生代毕业生都接受了完整的基础教育和全面的高等教育，其知识水平和能力素养更能胜任现代产业对人才水平的需求，大学生自主创业或充分就业给社会经济带来的是发展新动能，大力促进大学生充分就业是全社会的责任也是全社会的利益。

总之，大学生就业问题不仅是大学生个人和家庭的问题，还是社会问题、经济问题和政治问题。解决大学生就业问题不是单一靠高校、靠政府、靠企业、靠社会就越能解决的，需要各方的合力来共同促进大学生就业问题的解决，从而获得各自的利益，所有的相关者都是利益共同体，都责无旁贷。

三、大学生就业倍增效应的触发因素

大学生就业倍增效应的实质是促进和扩大大学毕业生的就业规模，预防和杜绝不充分就业可能产生的各类社会问题和经济发展问题。要实现这一目标是需要社会各界的共同合作，努力扫除影响大学生就业的各种障碍，参与者包括社会、行业、企业、高校、家庭和大学生个体。在所有参与者中，高校和毕业生个体是促进大学生就业倍增效应的根本因素，其他参与者是支持性、导向性和接受性的因素。如果把这样一个系统比作一棵大树，那么这些支持性、导向性和接受性的参与者归属于人才培养输出的树干，高校是根基和土壤，没有这个根本因素谈不上人才产出和人才质量，更谈不上后续的就业问题，而大学生则是这棵大树枝繁叶茂的输灌，他们得到树根的滋养和树干的支撑，以昂扬蓬勃的姿态不断向上。因此，对于大学生就业倍增效应的触发要素，我们按照以下层次进行说明。

（一）高校

高校是促进大学生就业的主导力量，目前高校都在努力寻找合适的创业教育模式、创造浓厚的创业气氛、引导大学生在校期间和毕业后积极开展创业实践活动。高校开展创业教育是解决我国大学生就业问题的重要途径，通过创业教育培养大学生的创业精神和职业素养，提升大学生自己创业或岗位创业的职业能力，为社会输出未来企业家的后备力量。创业教育在大学生自主创业和“以创促就”方面起着关键作用，高校的创业教育活动是推动大学生就业倍增效应产生的催化剂，它不断挖掘学生的自主创业潜能，培养学生的就业通用能力，提升学生创造完整人生的能力，所以高校在培养社会需要的创业型人才方面，其作用无可取代。

此外高校在大学生就业指导和组织、开拓就业渠道方面有重大作用。高校开展创业教育的过程实际是对学生整体就业的教育和管理过程，创业教育，尤其本书核心论证的层级式创业教育是高层次的素质教育，层级式创业教育将培养学生综合素质和通用能力的通识教育放在贯穿始终的地位，既培养学生开拓创新、发现机会、勇于冒险的独立创业精神和能力，又重点培育大多数学生以创业精神从事被雇佣的职业、开拓事业新局面。基于这样的创业教育理念，高校的创业教育不仅是培养就业岗位的创造者，还培养高素质的劳动者。这样高校凭自身的教育优势就能做大已有的毕业生就业市场，培养出来的自主创业者在创造就业岗位带动其他人就业的同时，也解决了自己的就业问题，成就了自己的人生价值。简而言之，高校开展创业教育，培养出越来越多的自主创业者为社会提供更多就业机会，层级式创业教育开展过程中始终重视对大多数雇佣就业者进行指导，开展通识教育，正确引导学生的就业价值观，以培养大量合格的就业者，这对于促进优化社会经济发展所需要的人才结构起着重大作用，推动大学生就业问题健康平稳地解决。

（二）政府

政府是对大学生创业和就业的支持力量，国家各部委出台了一系列鼓励大学生创业的政策、法规，很多地方政府也出台了鼓励大学生创业的政策，对大学生创业就业产生了很大的推动作用。近年来我国政府在营造鼓励和支持大学生创业、服务创业的公共环境方面做了大量的工作，包括提供咨询服务，简化审批流程，适时跟踪帮助，解决保险问题，为创业大学生和员工提供档案托管、职称评定等便利，为大学生创业提供优惠贷款、解决资金问题，解决创业大学生的户口问题等。国家创业就业扶持政策见表6-1。

表6-1 国家创业就业扶持政策

文件号	文件名
国发〔2017〕28号	国务院关于做好当前和今后一段时期就业创业工作的意见
国科发财〔2009〕97号	科技部、教育部、财政部、人力资源社会保障部、国家自然科学基金委员会关于鼓励科研项目单位吸纳和稳定高校毕业生就业的若干意见

续表 6-1

文件号	文件名
财教〔2013〕236 号	财政部、教育部、总参谋部关于印发《高等学校学生应征入伍服义务兵役国家资助办法》的通知
人社部发〔2014〕38 号	关于实施大学生创业引领计划的通知
国办发〔2015〕9 号	国务院办公厅关于发展众创空间推进大众创新创业的指导意见
教学（2015）12 号	教育部关于做好 2016 届全国普通高等学校毕业生就业创业工作的通知
国发〔2015〕23 号	国务院关于进一步做好新形势下就业创业工作的意见
国发〔2015〕32 号	国务院关于大力推进大众创业万众创新若干政策措施的意见
财税〔2015〕99 号	关于进一步扩大小型微利企业所得税优惠政策范围的通知
教学〔2017〕11 号	教育部关于做好 2018 届全国普通高等学校毕业生就业创业工作的通知

表 6-1 所列的各项政策为引领和支持更多的大学生创业和就业提供了有力保证，提升大学生就业效应除了政府政策支持起到推动作用外，大学生创业者自身要努力运用政府公共资源和其他社会资源，展现创新活力，以创业带动就业。当前我国支持大学生创业的政策制度和服务体系越来越完善，政府激励创业、社会支持创业、大学生勇于创业的机制正在形成，大学生创业、就业的规模和比例相比以前有所扩大和提高。政府在促进大学生自主创业和就业方面发挥了舆论引导、氛围营造和政策支持和服务的作用，为高校毕业生在校期间的自主创业和毕业后的创业、就业提供了有力保障。

（三）企业和社会需求

企业和社会需求是高校培养创业型人才的导向，各地各高校都是围绕战略性新兴产业、现代服务业的用人需求开发和设计人才培养方案，结合地方社会经济发展实际，通过加强专业建设、人才培养方案改革、专业实践和创新创业教育，提升毕业生就业竞争力。企业和社会需求是高校毕业生就业的前提条件，制约着大学生就业的数量和质量，企业和社会对于人才需求旺盛与否决定了大学生就业形势的优劣，当然这与国家宏观经济环境密切相关。市场环境制约大学生的就业，但任何经济周期中，除了高校自身开拓、扩大就业渠道，大学生就业还受制于企业需求。目前有大量学生将外企、国企、政府机关作为理想就业单位，民营经济、小微企业也是大学毕业生就业的主要渠道，这也是大多数大学生独立创业的主要类型，这些企业为接收大学生就业发挥着关键作用。

为满足社会需求，高校和企业之间总是在寻求一种协调统一的关系，很多高校在创业教育的教学场地、设备、设施等“硬件”建设方面，或者教学大纲、教学目标、教学计划等“软件”建设方面，都遵循校企协同原则，或聘请企业人员直接参与教学活动。也有的高校通过各种合作形式将企业资源和社会资源引入校园，建设校企共享实践平台。通过与社会资源对接、及时了解社会需求，高校可以更好地为企业持续发展准备优质的人才库资源。对于高校来讲，以社会需求为导向，为高校按照市场规律开展教育活动和培养人才提供了依据和支持，对创业型人才的培养和顺利就业具有积极作用。

（四）大学生家庭

影响大学生就业的家庭要素包括父母的职业、社会阶层、经济收入、家庭成员受教育水平、家庭人口数量和结构、家庭所在地等，这些家庭因素影响大学毕业生深造机会、就业观、就业领域、就业竞争力、就业落实率、毕业生的起薪等就业内容，家庭对大学生就业的影响是一个持续累积的过程，如图 6-2 所示。

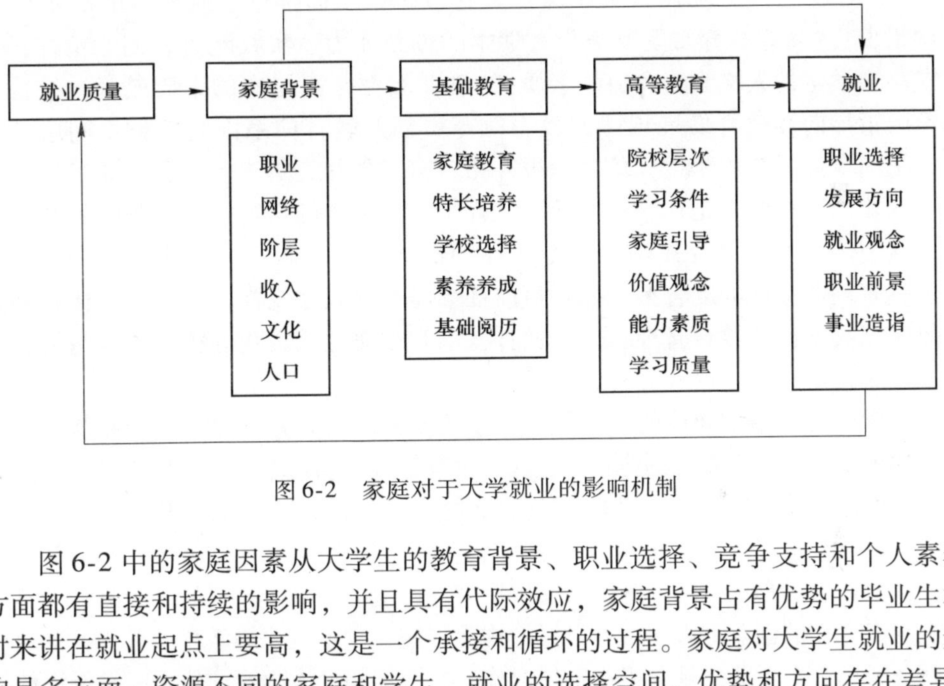

图 6-2　家庭对于大学就业的影响机制

图 6-2 中的家庭因素从大学生的教育背景、职业选择、竞争支持和个人素养方面都有直接和持续的影响，并且具有代际效应，家庭背景占有优势的毕业生相对来讲在就业起点上要高，这是一个承接和循环的过程。家庭对大学生就业的影响是多方面，资源不同的家庭和学生，就业的选择空间、优势和方向存在差异，除了家庭资源，大学生要学会整合个人资源和社会资源获得充分的就业信息和机会，创造性地开拓事业，获得发展。

（五）大学生个人

大学生就业问题的主体是大学生个人，虽然大学生就业受各种宏观、微观环境和外部条件的影响，但他们是市场的主角，是社会舞台的焦点。知识经济的到来和新经济形态的出现，市场对大学毕业生的能力素质提出了更高、更新的要求。走出高校的大学生要有应对不断变化的工作环境、持续学习的职业能力，要有勇于创新开拓的创业精神和实现自我人生价值的职业理想。很多企业认为，高素质的创业型人才具有共同的特性，即创新意识、创业精神、学习适应、解决问题、团队合作与沟通交流等，局限在狭隘的知识和技术范围内的人才能力结构不是现代社会和企业需要的人才标准。因此大学生个人是否具备上述创业、求职的竞争力决定其就业质量，再好的外部支持条件也无法超越大学生个人的选择和作为。高校开展的创业教育要满足社会经济发展和个人发展的需要，要积极发展学生的通用能力、核心能力，培养具有通用能力的劳动者，提高大学毕业生的就业优势和竞争力。

（六）创业教育体系

中共中央、国务院在《关于深化教育改革，全面推进素质教育的决定》中强调指出："高等教育要重视培养大学生的创新能力、实践能力和创业精神，普遍提高大学生的人文素养和科学素质。"创业教育是高层次的素质教育，是符合国家政策导向和教育发展规律的教育改革。创业教育体系面向各类不同层次学校、不同专业的全体学生，培养积极开拓、富于创新、勇于创业、素质过硬的创业型人才，更重要的是让学生在学习过程中形成持续的学习能力、判断思维能力等。这与传统专业教育强调学科专业和知识技能的理念不同，这类具有综合素质、具有创业精神的复合型人才是目前社会需要的人才规格，创业教育体系通过有效组织实施创业教育管理、创业教育教学和创业教育实践等实现人才与社会的对接，是推动大学生就业的实现手段。

大学生就业倍增效应的产生是一个多元要素综合作用的结果，但是教育是核心，如果没有以人为本的创业教育理念、没有符合市场需求的高素质人才产生，再完善的就业支持平台都是无效的。扩大大学生就业的重点是层级式创业教育的有效开展和人才结构层次的合理培育，这六个影响大学生就业的要素是互相关联作用的，社会合力是真正推动大学生就业倍增效应产生的关键。高校的层级式创业教育要立足多元化的创业型人才培养目标，构建促进大学生就业的教育体系和开拓大学生就业渠道，与企业和社会机构密切合作，共同承担育人、育才的国家发展大任。

第三节 层级式创业教育促进大学生就业的效应维度

我国自 1999 年开始实施基于解决经济和就业问题的高校扩招的教育改革政策，高等教育已进入到大众化教育阶段，很大一部分大学生要成为普通的劳动者。层级式创业教育就是面对这样的学生群体，有针对性地开展社会需要的创业型人才培养工作，让每一个大学生就业者在各层的社会就业结构中都能找到适合自己的位置，推动科学地解决大学生就业问题。随着知识经济时代的到来，创业经济和创新经济成为推进社会发展的新动能，各种类型的创业实践活动是大学生实现个人价值、获取幸福人生的必然途径，大学毕业生是促进社会经济的发展和促进整个社会就业的生力军，高校是培养具有创业精神的高素质人才的关键主力。层级式创业教育是高校深化教育改革、发展创业教育内涵、提升创业型人才培养质量的教育创新，这种创造性的探索旨在满足社会对创新创业型人才的多元化需求，提升大学生的就业效应。

层级式创业教育旨在塑造全体大学生的综合素质，提高大学生的就业创业能力。总体来说，参与层级式创业教育的学生比不参与的学生更具有创新意识、创业精神和判断思维，更能积极投身于自主创业和就业大潮中。欧盟的研究结果表明，参加创业教育的学生比没有参加创业教育的学生在未来工作生涯中创业的可能性高3～6倍。考夫曼基金会的研究表明，控制毕业生的个性因素及其他各种环境因素，接受创业教育的毕业生比没接受的毕业生在就业于新风险企业的人数方面高25%。毕业后，接受过创业教育的学生创业人数比没接受的学生高11%。创业教育有助于提高个人就业和创业技能，包括学生就业能力、组织能力、领导能力和交际能力以及其他雇主期望的高技能。一项对欧洲六国初中生成就——青年创业公司项目的评估表明，创业教育提高了参加者的团队工作技能（70%）、解决问题能力（66%）和决策能力（52%），加强了他们的经济思维能力（66%），提升了其经营公司的能力（55%）[1]。层级式创业教育是创业教育的具体化，以可操作的教育体系和实践路径推动创业型人才培养工作的落地，在培养创业精英、普通劳动者和合格的社会公民方面承担着社会责任。层级式创业教育在促进大学生就业方面的效应维度可以从以下视角分析：

（1）造就能够健康生活和有工作成果的公民。层级式创业教育主张以人为本培养通用能力，将通识教育贯穿教育过程始终，培养对于学生个人福祉和公共福祉具有价值的品质与能力。该教育模式有一种道德伦理目标，即不论何种个性的学生、不论何种背景的学生，层级式创业教育要对他们未来在复杂的社会环境中有活力地、幸福地生活和工作负责，也就是说层级式创业教育要培养能够有生存力和追求成功的社会公民。

学生接受层级式创业教育实质是在过一种特殊的生活，是在过为了未来的生活和工作做各种准备的生活，是立足学生当下的生活和行为、放眼未来事业的教育生活。层级式创业教育通过教育创新将高等教育变革为确保每个受教育的个体生命获得充分成长的摇篮，每个学生在这里接受熏陶，与崇高精神对话，延续人类的文明和文化，这比考核识记能力和知识积累数量的考试分数更重要，这关乎

---

[1] 武向荣，曾天山．国外创业教育体系现状与经验［J］．创新人才教育，2015（4）：75～81.

学生能否获得一生幸福的习惯、能力和艺术。层级式创业教育是“为了一切学生”和“为了学生一切”的教育，是促进每个人的全面发展，即身心、智力、思维方式、价值观、责任感、知识和技能等方面的发展，帮助每个人形成一种独立自主的、坚守情操的思想意识。

曾任耶鲁大学校长20年之久的理查德·莱文曾说过：“真正的教育不传授任何知识和技能，却能令人胜任任何学科和职业，这才是真正的教育。”层级式创业教育将创业教育提高到“人”的高度，最终把人“还原”为全面发展、和谐发展的人，达到人的自我实现。它对于知识、生活、事业的侧重决定着学生的未来生活方向，带给学生的是安身立命之本，最终造就的是能够在复杂社会上生存和事业成功的社会公民。

（2）促进创业精神养成。创业精神是一个人基本的生存素质，包括创业思想观念、个性意志、作风品质，这些特质难以量化评估，但是一个广义上的创业者热衷追求创新、善于捕捉机会、竭力保证成长是很具象化的，也可以很容易地做出评估，因此创业精神的培养是可以具体化的。创业精神是大学生就业的必要条件，不可缺少，它确保大学生在创立企业和受雇于企业时既全面展现自我才能、坚持奋斗，还能明确自身的使命与责任，不惧困难险阻。这是广义上成功创业的基本素质。

层级式创业教育致力于全体学生该项素质的提升，凸显了不同于传统知识技能教育的人本主义教育理念，大学生拥有创业精神是衡量创业就业质量的重要标准。解决大学生就业问题需要社会多方力量的作用，但是在我国大众化教育背景下，高校毕业生数量众多，层次不一，就业需求各异，单纯依靠国家经济增长来解决大学生就业问题显然是不够的，开展层级式创业教育使人才结构和素质合理化，使其以创业精神开展工作是解决大学生就业的有效战略。层级式创业教育的核心理念是培育大学生的创业精神，提升就业通用能力，使其成为具有综合素质的创业型人才。层级式创业教育以全覆盖的方式，针对大学生在校学习的不同阶段开展全程融合的通识教育，提升大学生的整体素质，既具有普惠性，又具有针对性。

普惠性的层级式创业教育致力于整体提升大学生的创业精神，如形成开拓、冒险、抗压、担责、进取等等创业素质。具有创业精神和优良素质的毕业生既能勇于创业，勇于发现就业机会，也能勇于承担失败的压力，在任何就业岗位都能以创业的精神开拓局面。这是层级式创业教育在赋予学生创业精神的同时，给予学生创业就业时受用无穷的通用能力。

层级式创业教育赋予学生的创业精神是一种人格特质，是大学生参与社会活动需要的通用素质，它使大学毕业生在自主创业、雇佣就业、自由从业时或在家庭、社会生活中具有事业心、开拓精神、创新精神、团队观念和责任感等。这种精神是普适性的，普遍适用于事业和生活的各种情境。层级式创业教育有意识地培养大学生的创业精神，激发大学生勇于开拓的事业心，提升大学生的创新意识和创新能力，这种创业精神是大学生适应社会活动的综合能力。因此层级式创业教育以创业精神的输灌和渗透作为对中国大学生就业的最大担当，它突破了传统专业教育以知识和技能为核心的教育模式，有效地引领大学生重视规划人生发展目标、拓展就业思路和开创就业新局面，促进大学生在校期间或毕业后积极创办企业，鼓励大学毕业生将创业精神贯穿人生的始终，通过个人或团队的创业活动创造出不同的经济价值或社会价值。

（3）优化专业知识结构。接受层级式创业教育的学生更具有合理的专业知识结构，也就是具有创业和就业所需要的最合理、最优化的知识体系。层级式创业教育并不是致力于知识数量的广和多，而是整合跨学科知识，构建合理的知识比例，致使全体大学生达到具有一定的专业知识水平，重点是能够融会贯通地开展创造性工作，解决实际问题。大学生获得合理的专业知识结构是高质量就业的必要条件，是社会需要的创业型人才的基本要求。层级式创业教育模式基于全覆盖的教育力度，开展通识教育、专业教育和创业教育三融合的育人和育才工程，该模式跨学科跨专业开展创业教育，学生获得的专业知识是宽口径的，是融入了多元学科要素的综合素质教育。层级式创业教育有别于传统的专业教育，传统的专业教育专注于专业学科知识和专业技能的集中教学，专业领域限定严格，而层级式创业教育是在变革传统专业教育的基础上优化了大学生的专业知识体系，重视知识、技能和素质的综合学习和协调发展。优化的知识结构是影响大学就业能力的重要因素，宽厚扎实的专业知识体系对增强大学生职业能力就业竞争力和个人自信心都有显著作用。

（4）训练和获得创业技能。实践教学是层级式创业教育的重要教学形式，它通过创业知识理论教育结合实践体验教学、指导各类创业竞赛、开展创业辅导和创业项目项目孵化等方式培养大学生创业能力。美国培训和开发协会提出了七种就业技能，包括基础技能、基本能力技能、沟通技能、适应能力、自我发展能力、群体交往能力、影响技能。层级式创业教育模式以强化训练大学生个人创业技能作为重要教学方法，让学生在校期间就能有意识对个人人生、创业、事业进行把握和规划，并让他们在创业和就业过程中有能力把握机会，开创事业新局面。提升大学生创业技能不仅对大学生自主创业具有直接影响，而且对于大学生作为求职者或雇佣就业也是必需的职业技能。为了强化和训练大学生创业技能，层级式创业教育模式不仅关注毕业求职阶段的毕业生最终就业能力的提升，如毕业生的就业观念树立、求职面试能力提升、工作能力展现等，而是将创业技能训练与创业精神教育贯穿整个大学教育阶段，综合提升学生各方面的创业就业技能，加强大学生就业竞争力，如机会发掘能力、资源整合能力、组织协调能力、创业决策能力和市场开拓能力等。强化通识能力培养是层级式创业教育的基本特征，而加强训练大学生的实践技能、锻炼大学动手能力和管理能力是其重要功能。从促进大学生就业的角度来看，层级式创业教育使大学生无论作为一名求职者还是工作岗位的创造者都能以开拓的创业精神和过硬的创业技能创造就业局面，从主观和客观上都能起到带动一批人就业的作用。层级式创业教育对学生创业技能进行集中、系统训练，这是推动大学生创业、以创业带动就业的重要因素，也是促进我国经济繁荣发展和提升就业数量、质量的关键。

（5）全面塑造大学生综合素质。大学生的综合素质是大学生在专业理论学习、通识教育和实践锻炼的基础上获得的，具有综合素质的创业型人才是兼有良好的心理素质和个性特征、较强的实践动手能力和创造能力的社会公民，这是满足社会需要和用人单位需求的必要条件。层级式创业教育重视大学生综合素质的全面培养，以提升大学生的就业竞争力和社会适应力。层级式创业教育模式将综合素质界定为基本从业能力、适应环境能力、开拓创造性能力等，具有综合素质的毕业生特点为：有事业心和责任心，有勇于开拓精神、创新精神和创业能力，在工作中可以快速适应和参与企业实践活动。

层级式创业教育通过加强通识教育致力于提高学生综合素质，从而全面提升毕业生的就业能力；它通过促进大学生在校期间对专业知识的学习积累、人格素质的养成和自身潜能的开发，达到实现全体学生充分就业、解决国家就业问题的目标。这是对于解决中国就业问题高屋建瓴的战略选择，是促进创业型人才全面发展和解决大学生就业问题的有效切入点。

大学生就业是高校毕业生在毕业后从事某种社会劳动，并能借此获得报酬和收入的社会行为，这种社会行为是大学毕业生的生活常态，具有普遍性。在本章论述的内容里将没有建立确定的劳动关系、没有约束性的组织关系的职业状态也列入就业范畴，主张审视大学生就业效应要以发展眼光、价值创造和生活幸福作为视域，要突破传统的就业观即认为就业是有个正规稳定的单位并获得薪酬保证生活条件。随着新生代大学毕业生的就业方式和生活方式的改变，大学生的就业效应显现出多元化的维度，我们要立足大学生就业现实和生活现实来评判其就业效应问题。

层级式创业教育对于提升大学生就业数量和质量方面的突出贡献是让大学生拥有多元职业选择的视角和权力。层级式创业教育和一般的创业教育一样非常重视自主创业技能的培养，因为自主创业是解决大学生就业问题最有效、最直接的途径，但层级式创业教育前瞻性地看到全员创业的非现实性，将创业教育的重心放在大学生通用能力的培养上，大学毕业生无论成为企业家还是成为普通雇员或自由就业，通用能力都能助其创造幸福生活、合理发展。该教育模式以创业教育为载体回归到教育的本质，重视培养大学生成功创业、就业和谋生的社会适应力和综合素质，拓展了大学生的就业边界和内涵，这对实施“大众创业、万众创新”的国家战略具有十分重要的现实意义。

第四节　提升大学生就业倍增效应的实践路径

创新创业高质量发展的特征之一是创业带动就业的能力明显提升，大学生是我国创业大军的主力，相较其他创业群体，大学生接受过系统学习和专业训练，具有一定的理论水平和实践能力，他们在自主创业、雇佣就业、自由从业等领域都体现着新生代大学生的特质，他们是未来高层次创业型人才队伍的后备军。但是大学生创业意愿和创业行为还没有被激发出来，大学生为就业而就业的职业观还是主流，大学生的自主创业层次和就业状态有低端化的倾向。

大学生受过高等教育理应处于我国社会就业层级的顶层，高层次的自主创业、高质量的雇佣就业应该成为我国大学生创业、就业的重要生态。高层级、高质量的大学生创业和就业可以有效地改善我国创业、就业环境，实现大学生通过创业带动就业产生“就业倍增效应”的政策目标，同时可以从根本上解决各类社会问题，对国家经济的长远发展和社会进步产生积极影响。层级式创业教育模式立足长远、通过强化大学生通用能力引导他们创造合理的人生，为国家经济和社会的繁荣发展担负教育使命。推行层级式创业教育，要根据社会发展对创业型人才的需求、结合大学生自身的个性特征和职业偏好，开创一条能够触发大学生就业倍增效应产生的教育路径。下面将对层级式创业教育的实施路径进行阐述。

一、以教育创新推动多元化创业型人才培养

层级式创业教育要做的是在教育创新、肩负社会责任的前提下让教育回归育人的本质，培养学生成为一个能够经营合理人生的独立个体，既重视外部雕琢，也重视对学生内在素质的引导。成功开展层级式创业教育首先需要高校进行教育创新，没有教育创新便没有基于创业教育的人本教育，教育创新是将传统的通识教育、专业教育融入创业教育，探索现代教育基本规律，做到育人和育才并重；同时高校的教育创新还体现在不再囿于教学、科研与服务的传统功能，而是发挥知识、能力、素质教育的重大作用，认识到教育本身就具有创业性的特点，积极开展创业活动，实现创业型大学的战略转型。

随着高等教育从精英教育走向大众化教育，又到当前的高等教育普及化，高校资源随学生数量的增加而紧张，创业教育的开展更要求大学为培养不同层级的创业型人才提供相应的教育资源，因此高校不得不像企业一样努力发掘出能支撑创业教育开展的校内外项目开展创业活动，高校的教育创新应该先于或同步于创业教育的开展。大学作为创新创业精神的培养基地和培养具有综合素质的创新创

业人才的主要场所，必须对人才培养模式进行相应调整和改革，才能更好地满足社会经济领域对创业型人才的多元化需要，履行服务和引领社会发展的职能。

建设创业型大学是一种创新的教育理念与人才培养模式，高校从注重知识教学向重视学生学习能力、实践能力和创新能力方面转变。创业型大学建设需要政府、企业和高校紧密地联系在一起，共同促进创业型人才培养和社会经济发展服务。在建设过程中，一是要推进高校管理体制和招生制度改革，在开展创业教育的问题上要让高校有教育决策的自主权，支持高校为了适应就业形势和社会经济发展需要，动态调整自身的专业设置和课程设置，使高校的创业型人才培养工作能够在创新和发展中有效开展；二是高校要科学调集和配置教育资源，面向不同层级的学生合理分配和使用各类校内外教育资源，满足不同层次大学生创业群体的多元化需求，真正践行层级式创业教育“面向全体、分类施教”的教育理念，提升创业教育的效率和质量；三是高校要对高校的三大传统功能——教学、科研与服务社会做进一步拓展，而非以教育创新的名义完全替代，让创业型大学建设使高校在我国新的历史发展阶段和知识经济时代呈现的新理念、新形态。虽然创业型大学战略不是所有高校在当前复杂的、不确定的经济和就业环境下的必然选择，但走创业型大学发展之路，依旧是高校以教育创新推动创新创业教育变革和谋求自身发展的最佳选择。

二、建立基于行动力的层级式创业教育实施策略

行动力是一个管理学的概念，是指规划个人或团体的行动目标并有效地付诸实践的能力，对个人而言，它就是创新开拓的实践能力；对团队而言，就是领导力和执行力，行动力以擅长“速度和动手操作”为突出表现。从个体的角度，“旗帜行动力系统”[1] 对个人行动力划分成四个等级：一是入门级阶段，标准是有想法，但学习或工作主动性差，害怕冒险，惧怕将要面对的困难与挫折，容易受惰性和不良环境氛围的影响，对自身没有自信，行动目标不坚定，缺少行动动力。二是初级阶段，特点是敢于主动应战，能承担相应的责任和风险；敢于探索解决问题的方法，勇于克服困难与挫折，对自身比较有信心；行动具有相当明确的目标，并开始尝试为之努力。三是中级阶段，特点是敢于打破固有行为模式，敢于采用新思路、新方法对原有任务进行创新和解决问题；敢于立即采取行动，有承担失败和打击的勇气；对于学习和工作总能按时或者提前完成，能积极应对学习和工作压力，能有效采取行动，并掌握一定的实现目标的具体方法。四是高级阶段，这时个体具有较强的企业家精神，非常愿意通过不断尝试创造从无到有

[1] 旗帜行动力系统是山东旗帜软件股份有限公司开发的一款个人管理软件，是国内第一套面向大学生、职业人士与企业，专业提供行动力服务的工具。

的局面；面对过程中的困难与挫折毫不畏惧，坚持初心，有足够的行动力实现目标、管理目标。

这行动力四个层面的表现既概括个体具有的不同程度行动力，也适用于组织机构行动力的阶段特点，其核心是创新和有效实践。这与层级式创业教育基于创新和创业的教育理念吻合，也是高校开展创业教育应该具有的行动导向，因为层级式创业教育就是围绕培养学生个体具有高层级的创业行动力而进行设计的，同时也有效实施层级式创业教育也需要高校作为组织结构具有高层级的行动力，以确保层级式创业教育的有效实施。

三、进行层级式创业教育的教育职能设计

教育职能的设计以实现层级式创业教育目标为宗旨，高校实施层级式创业教育是一项系统工程，内、外部要素相互关联制约，各种职能需要协调运作，这是提升层级式创业教育实施效果的技术基础。图 6-3 所示是从五个维度和序列设计层级式创业教育的职能模型。

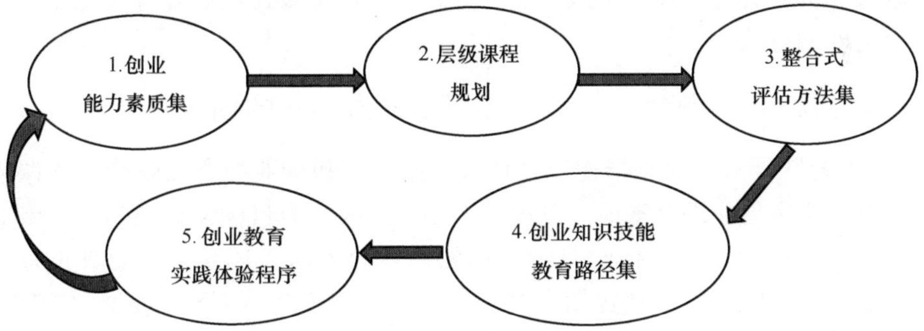

图 6-3　层级式创业教育职能模型

图 6-3 所示的模型中，第 1 个职能，即创业素质能力集，是具体的、可评估的层级式能力培养计划，与传统专业教育的人才培养计划不同的是，它具有分层和可评估的特点，每个层次的能力素质设计都是实施创业教育具体的工作内容，而不是笼统的、描述性的规划。从某种程度上来说，它是教育实施纲领，不同的能力素质设计影响到后面的教育框架。第 2 个职能，即层级课程规划，它有别于传统专业教育课程体系，以分层培养创业型人才为基础，将通识课、专业课和创业课进行整合设计，开发适合不同层级创业人才的课程系列，不同层级的课程系列又具有内部耦合的功能，为不同类型创业人才在动态中成长学习提供连贯的课程支持，以构建不同层级的创业人才培养计划。第 3 个职能，即整合式评估方法集，将创业能力素质考核所使用的知识识记考核与学生个体和团队互评、教师评价、校企协同评价等柔性考核方法进行整合，形成循序渐进和相互作用的评价机

制，对学生创业能力素质进行科学考核，以改进创业教育方法，促进学生成长进步。第 4 个职能，即创业知识技能教育路径集是对学生整个学习创业知识和技能的过程设计层级式的综合能力和素质训练路径，并将实践体验教学与通识教育、专业教育紧密融合，形成递进的“通识教育、专业教育、创业教育融合”的创业教育实施路径集合，满足层级式的创业人才培养需要，具体体现为实施“三融合”教育的不同路径体系，具有分层、综合的特性。第 5 个职能，即创业教育实践体验程序，是对层级式创业教育的实践教学进行层级式设计，从不同程度的体验层级设计学生创业实践教学的阶段、形式和内容，让有不同创业教育需求的学生接受相应体验度的创业实践训练，合理安排学生的学时，使学生在校期间获得合理发展。

层级式创业教育职能模型中的五组职能是前后衔接、分层递进、内部耦合的一个复杂体系，它是一个循环的生态，不断改进和调整，在动态执行中趋于平衡，集中体现了学生个体和高校的行动力。该模型的五个教育职能都是具体的、可操作的，包括了学生的具体学习内容和程序，也包括了高校应该履行的层级式创业教育职责，具有很强的实践特点，为高效设计层级式创业教育实施路径提供了一个清晰的思路。

四、实施“三融合”的课程体系培养大学生的创业综合素质

“三融合”课程模式是指通识教育、专业教育和创业教育的融合，该课程模式以提升大学生创业综合素质、分层培养创业型人才为目标，将通识课、专业课和创业教育课进行整合，构建科学合理的创业教育课程体系，并能真正将其实施。大学生创业的综合素质包括良好的适应能力，承受压力和克服困难的勇气，独立判断并善于与团队合作的能力，拥有调节遭遇挫折、失败的心理素质等，这类创业综合素质对于增强大学生的就业竞争力、在社会经济生活中获得充分的生存与发展条件至关重要。从本质上来讲，在大学生的职业生涯中，综合素质是事业发展的决定因素，专业技能是具有可获得性的基本职业要素，创业能力是提升人生价值和职业发展空间的保证因素，“三融合”的课程体系是对大学生这三种能力素质进行聚合式培养，也是层级式创业教育模式直指大学生就业问题的突破创新点。因此，构建和实施“三融合”的创业教育课程体系是推动培养大学生创业综合素质的实质性教育实践，它为培养和造就大量高素质创业型人才提供了有力保障，在创业实务和就业观念的教育方面也凸显与传统专业教育的不同。

（一）“三融合”的课程体系的构建原则

“三融合”的课程体系的构建原则如下：

（1）将通识课、专业课和创业教育课进行系统整合。层级式创业教育的课

程体系要从学分课程的设置到以项目为主的创业实践课程，都把通识课程与专业教育的课程体系深度融合。高校不仅在专业必修课、专业任选课的设置中要始终融入通识课程，而且要在创业实验课程和创业项目实践类课程的设置中体现通识教育的宗旨，采用实践与通识能力融合的教学指导方式。通识课、专业课和创业教育课整合的突破口在于改变当前通识课与专业课合创业教育课独立、割裂设置，独立、割裂开展教学的情形，要改变通识课就是语文、数学、外语、政治的课程设置理念，改变通识课就是经典、文化、艺术类课程的认知，除此之外，它还是随时随处的言行教育，是体现在课程融合和具体教学活动中的。要让学生成为一个有能力获得幸福生活和取得事业成功的社会公民，不是靠单独在特定阶段开设几门人文艺术类的课程可以实现的，因此将通识课、专业课和创业教育课进行系统整合，形成“三融合”的课程体系是实现层级式创业教育目标的前提。

（2）“三融合”课程体系要以通识课程为基本脉络。层级式创业教育最重要的目标是“育人”，其次是“育才”。与“育人”的教育目标具有本质共识的就是通识教育课程，通识课是培养学生精神、理念、思维、能力等综合素质的根本途径，作者不认同大学不教学生知识和技能的教育理念，但是失去了灵魂的知识和技能又有多大的社会价值和人生价值。因此通用能力的培养是层级式创业教育的核心，通识类课程是串联起专业课和创业教育类课程的主线，在创业教学活动开展的过程中，高校要通过课程设置和各个教学环节输灌通识教育理念，实现层级式创业教育模式的教育理想。

（3）要具有可行性。层级式创业教育的理念和宗旨是抽象的，是描述性的，要实现其理念和宗旨需要具体可执行的课程体系，“三融合”课程体系的开发要具有可行性才能保证人才培养方向不会偏离教育初衷。可行性体现在：通识课真正体现在课程体系中并处于核心位置；创业教育是高校的初始实践，经验和积累不够，都在摸着石头过河，因此现成的教学资源缺乏，如师资、教材、实践平台等。因此，“三融合”课程体系要加强资源建设，确保课程体系能够真正实施。

（4）秉持有效性。层级式创业教育的有效性是一个很难界定的指标，达到什么标准算是有效难以评价，尤其是以通识教育为主旨的层级式创业教育，其评价视域宽广，不仅仅是考虑个别学生成功创立企业。但是有效性是开展层级式创业教育的重要诉求，课程体系需要体现出实施的有效性。评价“三融合”课程体系的有效性是一个多维度、多角度、系统化的问题，它涉及多个评价主体、多种评价手段和多样性的教学组织。高校要从社会、企业、高校自身、学生等多个方面开发教学评价体系，并能够在有效的评价体系基础上循环改进层级式创业教育体系，以保证创业人才培养目标的实现、满足社会需求、造福学生的合理人生。

（二）“三融合”课程体系促进大学生就业的实践路径

目前，在高校普遍存在对通识课重视不够、创业类课程游离于专业课程体系之外，二者都作为零星点缀，大多是为学生普及一些专业课之外和创立企业的基本知识。完善的、三者融合的、有层次的创业教育课程体系构建严重缺失。“三融合”课程体系是层级式创业教育的基本教学载体，是系统化推行的创新层级式创业教育、提升大学生就业效应的根本要素。

（1）将通识教育融入专业教育。通识教育不仅仅是让学生巩固基础学科知识和了解人文、自然和社会，而是在此基础上的提升，是将人文、自然和社会的基本知识转化为学生正确的价值观和判断思维，目标对准大学生在生活和工作中所需要的态度和行为方式，依照这样的理念开展专业教育。通识教育的根本目的是服务于专业教育和创业教育，最终是为了学生成功地生活和就业。

通识教育和专业教育的融合方式可以采用开发与专业课对应的通识课，然后将二者的开课时间进行先后紧邻安排的方式，或者将通识能力和素质教育的内容放在专业课教学内容中，独立开发适用的教学资源，使专业教育成为塑造学生职业素养的专业技能教育。这样学生在接受专业课教育的过程中实质是在学习以何种价值理念从业，并成为带给社会福祉同时实现个人福祉的创业型人才。无论大学生毕业后如何选择职业，他们都是有能力生存和成功开拓事业的社会公民。

（2）将通识教育融入创业教育。这里的创业教育是指主流认知的关于创立企业的教育与实践，通识教育融入创业教育是将通用能力的培养融入大学生创立企业的实践活动中，让大学生本着创新精神、企业家精神接受创业教育，并开展创业实践活动。高校要在创业基础教学、创业实践训练、创业实战演练、创业项目竞赛等创业理论和实践教学中传递通识教育理念，培养学生具有自主创业的通用能力，也要在“职业生涯规划”“就业指导”“第二课堂”等创业教学环节中培养学生正确的就业观和价值观。在创业教育过程中融入通识教育的载体是课程设置、教材、教师和教法，这些要素的有机作用使创业教育的理论和实践教学都围绕学生自主创业的通用能力来开展，并达到促进大学生就业和创业的目标。

（3）基于通识教育理念将专业教育融入创业教育。这种融合旨在培养学生在专业领域自主创业或就业的通用能力，是高校和教师本着创业精神对传统专业教育的变革。有别于传统专业教育的是专业知识和技能被赋予了通用性和创业的功用性，这体现了层级式创业教育的终极境界，是让大学生成为专业领域中出色的创业人才、融入社会的有效途径。这种融合带着创业实战技能的特点，而正是这类创业型人才的成功创业才是产生大学生就业倍增效应的催化剂，他们对于大学生就业的带动作用是触发式的，是解决大学生就业问题的核心群体，是未来社会就业机会的主要创造者。

基于通识教育理念将专业教育与创业教育进行融合，目标是以创业教育为载体，通过专业课程内容体系的变革、人才培养模式的变革培养既懂专业又懂管理的复合型创业人才。高校要从创业课程设置、专业教学内容、教学方法、师资队伍、创业实践教学等多个环节，推动专业教育融入创业教育，为此要做到：优化课程结构，创业教育的教学内容要增加专业行业导向课程和专业类创业课程；通过整合与创业相关的专业课程，构建“专业层面课程群＋岗位创业＋自主创业”的专业课程新体系；通过专业课程教学内容和方法改革，将创业元素融入专业课程教学；通过融合性通识课程体系建设，塑造学生创业价值观，培养创业通用素质和能力。

五、建立校企协同育人机制

大学教育的根本使命就是促进社会的可持续发展和进步。《国务院关于推动创新创业高质量打造“双创”升级版的意见》(国发〔2018〕32号）强调要“培育更多充满活力、持续稳定经营的市场主体，直接创造更多就业岗位，带动关联产业就业岗位增加，促进就业机会公平和社会纵向流动，实现创新、创业、就业的良性循环”。在知识经济时代，大学与社会经济发展的联系更加紧密，已经成为经济科技发展的发动机。作为技术创新的主体——企业，与作为知识生产和传播的主体——大学，二者在资源上的相互吸收和利用是生成新的生产力并获取竞争优势的关键。大学与企业之间的良性互动、谋求共同发展已成为知识经济时代大学和企业关系发展的必然趋势[1]。

2017年12月，国务院办公厅发布了《国务院办公厅关于深化产教融合的若干意见》(国办发〔2017〕95号)，该意见指出：“受体制机制等多种因素影响，人才培养供给侧和产业需求侧在结构、质量、水平上还不能完全适应，‘两张皮’问题仍然存在。深化产教融合，促进教育链、人才链与产业链、创新链有机衔接，是当前推进人力资源供给侧结构性改革的迫切要求，对新形势下全面提高教育质量、扩大就业创业、推进经济转型升级、培育经济发展新动能具有重要意义”。其主要目标是构建教育和产业统筹融合发展的格局；强化企业在高校人才中的重要主体作用；推进产教融合人才培养改革；促进产教对接双向对接。产教融合、校企协同育人可以说是层级式创业教育培养满足社会需求的不同类型创业型人才的有效手段，是促进大学生在校内参与社会实践的良好平台，高效建立校企协同育人机制符合国家政策导向，也是提升创业型人才培养质量和效果的最佳选择。

校企协同育人就是高校要建立与社会用人单位紧密合作的人才培养机制，主要内容包括：创业型人才培养目标的协同机制，如与企业协同制订人才培养标

---

[1] 黄兆信，张中秋，赵国靖，等．英国高校创业教育的现状、特色及启示［J］．华东师范大学学报（教育科学版），2016，34（2）：39～44.

准，完善人才培养方案；高校创业教育教师队伍建设的协同机制，校企之间双向交流，统筹安排创业教育的专兼职教师队伍，依托协作企业提高各个高校的实践教学水平；校企之间健全资源共享机制，推动社会优质教育资源转化为创业教育的教学内容；校企协同健全管理机制，相关企业或部门与高校建立教学、实践和就业的对接平台，对人才培养过程和大学生就业问题进行协同管理，培养真正适应经济社会发展需要的高素质创业型人才。

因此，高校要重视依托自身的教学科研资源，紧扣地方特色、面向社会经济发展需求，构建服务区域社会经济发展的校企协同育人的平台和机制。校企协同育人机制的核心工作有：

（1）订单式培养。“企业需要什么人才，就培养什么人才”的人才培养理念，校企双方按照联合招生、联合培养，共同定目标、定计划、定课程、定学时、定设施、定教师、定就业方案，共同制定人才培养方案和教学质量考评体系，组织联合教学，一体化育人。

（2）引企入校筑平台。校企协同育人过程中，高校充分利用校内创业实训基地为企业提供场地和设备，将对口企业引入校园，将企业业务和文化引入学校教室、实训室，为学生毕业后的创业和就业创造“无缝对接”的市场环境，以期有效培养学生的创新精神、创业能力和创业素质，构建校企协作和创业型人才培养新机制。企业也有责任和义务提供业务实践平台和便利，协助和支持高校开展创业型人才培养工作，双方结合人才培养的需求和各自利益点，共同为学生创造校内和校外的实践机会。

（3）学生走向企业。高校采用分层次、分阶段的递进培养模式将校内、外实践教学活动进行整合安排，在特定的阶段，在校学生带着创新创业项目进入企业，熟悉企业业务流程、了解岗位所需技能，并在企业的相关岗位协助开展工作。这是高校真正落实专业教育和创业教育融合问题的有效渠道，也是考核创业教育质量的有效途径之一。

通过校企协同育人，企业将拥有人力资源开发的便利，根本解决企业人才的开发和储备问题，同时高校也为学生拓宽了就业渠道，部分学生可以免除就业之忧，在一定程度上可实现高校毕业生的高质量稳定就业。学校、企业、教师、学生在协同中实现了共赢，高校和企业形成了一种“人才共育、过程共管、成果共享、责任共担”的紧密型创新合作模式。

六、以“双创”大赛撬动大学生创业和就业

“双创”大赛在三创良性循环的过程中具有不可或缺的作用。《国务院关于推动创新创业高质量发展打造“双创”升级版的意见》中提出，在全国高校推广创业导师制，把创新创业教育和实践课程纳入高校必修课体系，允许大学生用

创业成果申请学位论文答辩。这样高校的“双创”竞赛和以竞赛项目为载体的创业活动被空前激发出来，从1998年清华大学的创业计划大赛创办以来，各类国家级、省级、市级、校级的竞赛项目层出不穷，如中国创新创业大赛、创青春全国大学生创业大赛、挑战杯大学生创业大赛等，我国的创新创业大赛经历了高校自发、政府主导、公益支持、市场机制等方式组合存在的不同阶段。当前创新创业的比赛机制日趋完善，大学生对于创新创业大赛的认识不断普及，参与热情不断高涨，优秀的创业项目也层出不穷。

“双创”大赛是大学生在创业导师指导下，在与团队合作过程中发掘市场机会，利用校内外资源开发创业项目的模拟创业活动。开展“双创”大赛的作用是积极的，它可以促进大学生对创业的认知和体验升级，激发创业热情，得到专家指导和实质性的资助，也是高校创业教育课堂教学和实践教学的拓展。虽然参赛项目主要诞生于校园环境，但是参加“双创”大赛却真正检验了大学生在接受创业教育之后所表现出的各种创新创业精神、创业能力和创业综合素质。“双创”大赛是培养自主创业者的有效路径之一，通过双创大赛让具有企业家精神的大学生创业者脱颖而出，接受类似真实市场创业环境的考验，同时优秀的创业项目对于自主创业的大学生来说既可以作为毕业后创业的阶梯和基础，也可以作为大学毕业生创业的实践启蒙。因此高校要重视双创大赛的重要作用，加大宣传和动员力度，让双创大赛成为撬动大学生创业和就业的支点，促进大学生就业倍增效应的产生。

（1）以“育人”为核心理念指导“双创”竞赛。层级式创业教育将通识教育贯穿创业教育全过程，本书中将通识教育定性为素质、人格、价值观的教育，强调层级式创业教育要通过“三融合”的课程体系加强对全体学生人格素养的培育，是培养有能力创造合理人生的“人”的教育。大学生参加双创大赛展示的不仅仅是创业项目，更是全面展示大学生创事业和创生活的综合素养。高校在指导大学生参赛的过程中要确立学生的主体地位，重视学生的切身体验和主观感受，引导学生在创业项目的开发过程中，本着企业家精神，体现创业能力，展现自身独立思考和融会贯通的精神气质。因此参与“双创”竞赛，是高校践行“育人”理念的实践路径，应突破功利性，把它作为教学和育人的手段之一，创业教育的质量和效果自然就会逐渐显现。因此“双创”竞赛是参赛团队理念、创新项目、言行风貌的对垒，更是高校创新创业教育展示和教育的重要平台，检验高校开展创业教育的水平和人才培养能力，高校要正确对待“双创”竞赛，并将其纳入创业教育的教学体系，并不断地改进提升，扩大组织和学生参与范围。

（2）让创业项目体现商业价值和社会价值。大学生参赛项目的价值也是创业教育的“育人”价值，不能落地的创业项目和竞赛内容无异于南郭吹竽。创业导师引导大学生开发的创业大赛项目是检验高校创业教育质量和学生创业能力素质的标尺，参赛项目和参赛活动过程应成为大学生未来创业的起点，是对大学生家国情怀和社会责任担当的熏陶教育。因此高校要对参赛项目长期持续的支持和辅导，促进大学生通过双创平台创业和就业，避免赛后团队散了、项目停了。

（3）补齐师资和技术短板，以赛促创。目前高校的创业导师基本是从校门到校门的师资，不少高校教师和领导者对创业竞赛仍有认识误差，没有将组织和参加创业大赛放到重要位置。另外，在校大学生缺乏社会阅历，没有对市场和经济趋势的准确认识和把握，这对高校组织参赛项目和后期扶持参赛项目的价值提出了挑战，也对鼓励大学生基于参赛项目创业并带动就业提出了新的要求。高校要利用校企协同育人平台优化创业导师队伍，引入具有企业家精神的企业导师，使创业导师是先于学生具有创业能力的创业型人才，能在项目、综合能力和素质方面指导学生的创业学习，扶持学生创业、激励学生就业。同时高校自身培养的创业导师要打破形式主义，真正着眼于导师队伍对于创业教育和大学生创业就业的促进作用，改变短期培训认证的表面程序，破解临时凑数的局面。

七、依托创业教育平台拓展大学生创业就业渠道

大学生是创业人群的主体，大学生的就业问题是社会核心问题，高校要通过开展层级式创业教育和整合各类平台扶持大学生创业，鼓励他们以创业带动就业，构建合理的人生和事业格局。不断提高现阶段大学生的就业率，努力拓宽大学生的就业渠道是高校、社会和政府的责任，其中高校是起能动作用的核心角色，高校拓宽大学生创业就业渠道可依托的平台和要素包括：

（1）政府政策平台。政府在促进大学生创业、就业的政策制度方面密集出台了许多通知、意见，涉及高校开展创业教育的要求、大学生创业就业扶持、创业资金渠道、创业公共服务平台等方面。如高校毕业生创业的小额担保贷款政策，加大了对大学生自主创业的支持力度，简化了贷款手续，重点惠及大学生初创企业；政府出台的各类资金扶持政策中，鼓励企业、行业协会、群团组织、天使投资人等以多种方式向创业大学生提供资金支持，设立重点支持创业大学生的天使投资和创业投资基金。对支持早期创业企业的投资，按规定给予所得税优惠或其他政策鼓励；针对创业大学生缺乏经验等问题，政府政策侧重对有关部门加强创业公共服务的要求，创业公共服务将覆盖院校、园区、社会的创业公共服务体系，为大学生创业提供系统性的服务，这将直接促进大学生自主创业活动开展，扩大就业效应。

（2）高校制度平台。《2017 年中国大学生创业报告》显示，大学生最希望高校提供的创业扶持政策包括“创业算学分”（24%）、“实验设备向学生开放”（17%）和“学校科研成果优先向创业学生转让”（16%）。当前我国高校提供的

主要扶持政策为“休学创业”、“实验设备向学生开放”以及“创业算学分”。高校在支持大学生创业的制度保障方面，要真正重视全体大学生的分层发展问题，不同层级的学生有不同的创业教育需求和不同的职业方向，高校要根据分层分类的指导思想，处理好学生参加课堂理论学习、创业实践学习和企业实习的学时学分和考核问题。高校在推出这些创业扶持政策的同时，还要将参加企业实习的学生与在校学习的学生分类考核，区分考核内容和形式，跟踪实习过程和效果，让特定阶段外出实习算学分变成保障制度，也让在校学习、实践的学生对不同考核方式有公平和公正的认同感。同时要充分发挥校园市场的重要作用，通过举办分层次、分类别、分行业的招聘活动，提高招聘活动效率，并要主动联系用人单位，结合毕业生专业特色，提供相应的就业见习岗位，使大学生就业渠道建设形成制度机制。

（3）高校层级式创业教育体系。层级式创业教育以培育全体学生的综合素养为己任，重视对学生价值观和就业观念的培养，鼓励学生将创业纳入职业选项中，引导他们主动地结合自身特长去创业和就业，探索自己的人生价值。这些教育职责的履行需要系统的层级式创业教育体系支持，层级式创业教育体系也是大学生认识创业、学习创业的重要支撑，是实现大学生良性创业和就业的教育要件。层级式创业教育体系从各种途径培育学生的人格素养、创业意识，支持大学生创业和健康合理地生活。因此，高校的层级式创业教育体系可以保证创业教育有效开展，实现多元化的人才培养目标，形成创业就业的倍增效应。

（4）就业服务平台。高校要与企业、行业协同建立毕业生精准推送就业服务机制，及时准确地掌握学生就业信息和社会需求信息，形成内外畅通的就业信息渠道。同时高校要建设毕业生求职意愿信息数据库和用人单位岗位需求信息数据库，搭建精准的高校毕业生就业对接服务平台。同时，每年毕业季对离校一定时间未就业的毕业生做好跟踪、管理和服务，要积极主动和人社部门、未就业毕业生和用人单位做好就业信息衔接，为未就业毕业生做好就业过渡期的服务工作，持续为离校未就业毕业生提供就业指导和信息服务。为此，高校要通过信息建设、制度建设和渠道建设构建大学生就业服务平台，做好大学生毕业前的创业就业服务工作，同时做好大学生毕业后一定阶段待业或自主创业的接续指导和服务工作。

（5）大学生创业硬件和软件平台。开展创业教育，高校应为大学生提供开展创业活动的实践平台，为学生开展各类创业活动提供场地、设备、指导教师等方面的支持，鼓励和扶持学生成功地开展各类创业实践。高校促进大学生创业的硬件平台包括校内的硬件平台，同时也包括校外的创业硬件资源。校内创业硬件平台最主要的是各个高校都有建设的大学生创业园，有的叫做大学生科技园，这是大学生的精英创业场所，集大学生创业咨询、校企协同育人入驻项目、学生自主创业项目、大学生创业比赛、大学生网络兼职等多功能的硬件平台，为大学生在校期间创业提供政策咨询、机会和创业指导，提高大学生创业的成功概率，其扶持大学生创业的思路是将其扶上马。此外高校可利用的其他创业扶持平台还有校外的科技企业孵化器、高新技术开发区、经济技术开发区、工业园、农业产业园、社会性质的众创空间、闲置厂房仓库等现有资源，这些都可以作为大学生的创业孵化基地，这需要政府和高校协同整合资源，建立一体化、可接续的大学生创业扶持平台，形成政府、高校和企业共同参与的创业实践平台建设机制，共同促进大学生创业成功和提升大学就业效应。

当今时代是一个知识经济时代、信息经济时代和技术经济时代，要促进层级式创业教育和大学生就业，各地各高校要在教学、实践和就业工作中充分利用现代技术，根据大学生的不同特质、学习需求和就业需求，将他们的求职意愿与用人单位岗位相对接，实现智能化供需匹配，为毕业生精准推送就业岗位。还可以广泛利用手机等移动终端，开展订制服务，为毕业生“送岗位、送政策、送指导”，实现就业服务个性化、信息化。

在推行层级式创业教育、促进大学生自主创业和顺利就业问题上，高校应提高认识、整合力量、完善机制，不断探索改进创业教育工作机制。开展层级式创业教育推动大学生“以创促就”是一项系统工程，需要充分利用不同平台和调动各方面资源，高校应结合自身实际情况统筹协调创业教育资源，形成学校整体规划、职能部门协调配合、学院落实主体责任的层级式创业教育工作格局。更重要的是高校要与政府、企业和创投机构开展合作，积极吸引和对接社会资源，不断探索产学研用、高校与企业多方协同开展创业教育的创新机制，构建“面向全体、结合专业、梯次递进”的创业教育体系，分层次、有针对性地培养不同层级的创业型人才，发挥不同类型人才的聚合功效，促进大学生就业问题的解决，并引导学生成功经营事业和人生，促进整体上形成创业就业效果动态提升的局面。

第七章

开展层级式创业教育的瓶颈和突破

“大众创业”“草根创业”是当今时代的新浪潮，大众创业的特点是普及性，创业大军中大学生是大众创业的主要力量，层级式创业教育以“面向全体、分层施教”为基本教育原则，是推动大众创业的基础性工程，重要性不言而喻。目前创业教育在政策、理论、实践和普及方面达到了一定程度的发展，政府、社会、学校都在大力推行创业教育，但并未形成创业教育的文化基因和内在的理念认知，层级式创业教育的开展和实施在各方面存在瓶颈，有待突破。

第一节　瓶颈问题及突破思路

一、观念陈旧，形式大于内容

层级式创业教育重通识教育和综合素质培养，这是一种具有隐性效果的教育活动，与解决社会急需的就业问题有一定时差，存在滞后性，正是这种滞后性让人们急于跨域和忽略它的长期功用，转而关注眼前的短期任务和绩效。面向全体、分类施教的教育理念在学术界目前有基本共识，有些高校也以此作为创业教育的指导思想，但在真正实施的过程中往往理念与实践脱节，形成理念上是倡导素质教育和通识教育，但在实践层面依然追求自主实体创业的效果。创业教育、素质教育、通识教育的提法往往在人们的思想意识中是为大学教育锦上添花的，是可有可无的附属教学活动，大多数院校还是以传统的专业教育为根本内容，创业教育基本上是一本教材、一门课的事。因此很多高校的创业教育以短课时和网络公选课的方式开展，辅以聘请一些企业家或创业导师来校举办讲座，或与第三方合作在毕业生中开展 SIYB、SYB 的短期培训，创业教育变成一场你追我赶的流行运动，花多果少。要超越这样的思想认知和实践模式，高校应该做到：

（1）以创业的思维从事创业教育。从事层级式创业教育的工作者实际是创业者，没有创业者的创业精神和创业能力是无法开创性地开展创业教育的，更遑论成功地开展创业教育。高校教育者和管理者应该像创业者一样思考和行动，打破传统教育管理模式的惯性思维方式，用创业精神整合资源，化被动为主动、勇于创新尝试，给创业教育革新以自由发展的空间。管理者和创业教育教师的创业意识、创业精神、创业能力等就是很好的创业教育样板，独立自由的教育环境就是创业教育的一部分，高校从事创业教育本身就是在创业。创业教育的理念不仅仅是针对学生的，对于教育工作者同样适用。

（2）对创业教育认识不一。教育者和管理者从不同的角度对高校创业教育有不同的理解，对于创业教育的认识和决策，从大学校长的立场、二级学院院长的立场、普通专职教师的立场、辅导员的立场，他们考虑创业教育的出发点是截然不同的。在高校任何一项创业教育工作的推动和运转，需要没有行政管理工作背景的教师和员工准确理解行政管理干部所传达的信息，但是高校中的普通教职员工，他们对创业教育的理念、规律和体系一无所知，这会造成上下无法统一认识和行动，或理念、制度无法真正实施落实的情况。因此如果一所高校从上到下对创新创业教育没有一个统一的认识，创业教育就会停留在形式上或某一环节上，如聚焦如何教学生开办公司、创办企业；关注如何参加大赛多拿奖等，这显然背离了创业教育的理念和目标，偏离了教育“育人”的轨道，也不符合教育教学规律。高校要培养社会所需的各类型创业型人才，他们数量众多，富有创新创业精神，勇于投身实践和社会生活，所有人都在各层的社会就业结构中有所归属，这不是单项教育工作和活动能够承载的使命，而是一项系统工程和协同合作项，高校顶层设计管理人员和基层操作人员都要对创业教育的初衷有一个共识，这样才能开展系统性的工作，并真正将层级式人才培养工作落实到位。

（3）层级式创业教育的核心是通识教育。层级式创业教育要回归教育的本质，高校应将层级式创业教育本质确定为：育人为主，培养学生独立思考的能力、终身学习的能力、面对未知和不确定性困难的能力，成为有志向、为社会经济进步作出贡献的高素质人才。这些通用能力是创造合理人生的终极能力，层级式创业教育的通识教育功能应该重于创业知识和技能培养的功能，因为学生毕业后会有更广阔的空间提升自己的知识和技能，而在大学阶段的素质养成却是社会环境无法取代的。各项调查数据也表明大学生需要综合素质提升的通识教育，他们工作中也是在这方面体现出弱势，因此通识教育应作为创业教育的核心内容，并于创业教育和专业教育有机融合。

（4）营造学生身心健康成长的人文环境氛围。目前我们有足够的创业政策氛围，而学校内部的人文环境还需进一步加强建设和塑造。层级式创业教育是面向全体学生的，学生成长环境氛围是全体受益的，人文环境氛围包括校园文化、管理文化、管理制度、活跃的校内外社群交流、学习和生活平台提供、校园人文主题日活动等。因此层级式创业教育的人文环境是一个包含理念、认知、制度、资源和实践内涵的概念，高校要重视对不同层面学生群体的引导和接触，建设完整的、适合不同层级教育对象的创业教育人文环境，营造“面向创业—就业—生活、人人皆参与、事事皆创业”的文化软环境，让所有学生都有机会参与和体会校园文化，激发他们的创业意识和生活热情，让他们在未来的工作生活中能够“有责任、有担当、友善地敢为、想为、愿为”。层级式创业教育的人文环境旨在灌溉整片果园，而不是独秀的几棵树，从而形成长远的“育人”效应。

（5）追求创业教育的效果不要急于求成。育人是大学教育的本质，创业教育也不例外。当前很多高校追求在校大学生的创业率、就业率，以在校期间是否创业成功衡量创业教育效果，以自创小微企业的利润水平判断成功的程度，将在校期间创业作为高于课堂学习的行为加以推崇，以高就业率作为绩效标准。这种偏离“育人”功能而重创立和经营商业企业的教育观是有危害的，它有损学生正确价值观和人生观的确立，让学生忽略对系统文化知识的学习，缺乏大学文化教育环境的熏陶和综合素质的养成，对学生长远发展和未来成功创业都是不利的。创业是在动态的市场环境中博弈和在复杂的社会环境中健康生活，取得成功的根本决定因素是创业人才的综合素质、通用能力，创业教育应该注重这种素质能力的培养。层级式创业教育的最佳效果是能够让学生获得成功经营人生和事业的能力，做一个能够长长远远成功的有素质的创业者，高校切不可仅仅将在校大学生的眼前创业行为和毕业时的就业率视作创业教育工作的绩效，而忽略了教育的本质问题。

（6）正确认识各类创业教育平台的作用。实践是创新创业的重要环节，也是高校非常重视的创业教育手段，实质是鼓励和帮助大学生在校创业，训练大学生的创业技能，提升大学生的就业能力，丰富大学生创业经验，为他们毕业后很好对接社会环境奠定基础。所以各高校利用各种资源建设大学科技园、大学生创业园、创业孵化基地和小微企业创业基地，同时建设一批大学生校外创业实践基地。此外各类创新创业大赛形成一股创业教育浪潮，国家级、省级、市级和校级的创业大赛层出不穷，应接不暇。但是无论创业园类的创业孵化还是各级别的创业大赛，学生参与度都不高，无法完全体现“面向全体”的政策导向和教育理念，创业教育效果也不理想，没有体现大众创业的社会思潮，也有悖面向全体学生的教育原则。况且各类创业园、创业孵化器的内生发展动力不足，效果有限，加上精英化的各类大赛，创业教育实践形成形式大过内容、创业教育效果浮于表面的局面。有效实施层级式创业教育模式，需要一种即时干预机制，及时调整、优化创业教育实践育人的方式和方法，高校和教师有责任认真评估各类创业教育实践平台的教育效果，科学采用，对全体学生负责，勇于推陈出新、科学务实地变革创业教育要素。

二、分层分类设计和实施的复杂性

层级式创业教育体系是创业教育向纵深发展的关键，特色鲜明的教育模式必须依托设计合理的教育体系。这个分层分类创业教育体系的建设以科学分层、精准落实为前提基础，以通识教育为素质教育载体，以此建设“素质 + 创业”导向的创业教育体系。育人+育才的层级式创业教育模式绝非举办几场讲座、教学生创办几家公司、创业大赛拿奖那么简单，该模式背后的逻辑是真正推进创业教育实施，惠及全体学生，提高他们的综合素质，将创业教育的真实效果落到实处。层级式创业教育体系设计的主要问题集中在“什么层级”“教什么”“如何教”“怎么算教好了”，面对这些实际问题，不思考、不作为是开展层级式创业教育的大患，在目前创业教育资源有限的条件下，深入探索和开发实现创业教育目标的教育体系是一种考验也是挑战，主要的突破路径分析如下：

（1）双向选择，分层分类。分层分类开展创业教育是使全体学生共同学习进步的有力措施，孔子时代就提出“因材施教”，但“因材施教”一直是一个难解的问题，层级式创业教育的分层施教也如此，面临着如何分层和差异化教学的困难。开展层级式创业教育需要首先确定学生可以归属的创业人才层级，但是学生自己都可能无法明确意识到自己的创业偏好、个性和潜力，高校如何对这些指标进行测度是缺少标准的。若不能很好确定学生所属的创业层次，创业教育的效果就会大打折扣，教育质量也是空谈。

学生的潜力、基础和水平是开展分层创业教学的前提，开展层级式创业教育首先应该根据不同培养方向确定层级，按照学生的年龄、性别、身体素质、心理素质、知识基础以及性格、爱好、个性特点等进行双向选择开展分层。分层前要对学生做深入细致的调查了解，按照学生个性化特点和需求，建议学生初定层次，同时把选择权交给学生，允许学生按照自己的特长和偏好做出自己的选择，如自主选择课程、师资、创业实践类型、学习时间等。还有重要的一点是让学生在心理上正确理解分层，不要在内心感觉分层是划分优劣，让他们认同分层是划分类型，让他们积极、科学地加入自己的学习层级，在教学过程中可以变换梯队动态调整，最终每个学生都能拥有学习的获得感并不断进步。

（2）做好分层教学和管理。对全体学生进行分层的目的是分层施教，如何施教和管理决定了创业教育的最终效果，使层级式创业教育不至于流于形式。不同的学生层次有不同的教学目标、教学内容、教学课时、教学步骤和教学方法，其中教材内容、实践内容和形式、评价方法都会因层次不同而改变。层级式创业教育的突出特点是通识教育贯穿始终，注重学生素质而不是仅仅考核识记性的知识积累，学生素质的提升被当作层级式创业教育的重要功能，也是评价创业教育效果的重要指标，开展层级式创业教育格外要注意的是综合使用弹性评价标准和手段进行考核，如采用严格性评价、赏识性评价和模糊量化评价等评价方法，相应调整管理制度，让学生张弛有度地学习和发展个性，既能在专业知识上打下良好基础，也能有足够空间自由发展、提升素质，不要让我们的教育教学和管理制度变成学生成长进步的枷锁。同时层级式创业教育的教学过程是一个动态的开发、分化、再组合的过程，在分层进行教学和管理的过程中，学校要密切关注各层级学生对学习的适应性和效果，充分尊重学生在学习成长过程中的重新选择和改变，允许和保障学生做出重选创业层级的决定，让层级式创业教育适应不同学生的个性需要和学习水平，成为学生跑道上的助推器。

（3）围绕学生体验层级开展创业实践教学。层级式创业教育模式培养学生具有通用的创业精神、创业能力、创业品格，这些通用素质能力对于创业和在任何企业就职，不管是就职于大企业、小企业、国有企业、民营企业还是盈利企业、非盈利企业、跨国企业都至关重要，对于学生个体能获得理想人生也是不可或缺的要件。而学生创业精神、创业能力、创业品格的获得需要多加体验才能被植入创业素质的基因，成为自觉的创业风格，实践教学是层级式创业教育的重要教学形式。层级式创业教育的实践教学应该以学生体验层级为基础开发不同形式的实践教学活动，分层开展体验式创业实践教学，这体现了重视大众化创业教育而非精英式创业教育的教育观，普遍重视大学生创业意识、创业精神、创业能力和创业素质的培养，而不是单独训练少部分大学生创业的实践教学。高校要根据受教育对象的个体差异、所属层级和人才培养方向采取适当的创业实践教学模式，开发不同的创业实践教学体验层级，让学生适度体验。依据四类创业教育人才培养规格，创业教育实践教学的体验层级分类见表7-1。

表7-1 创业教育实践教学层级

层级类别	创业实践教学内涵	适用的人才类型
Ⅰ	创业精神体验教育	自由择业者、普通雇员、中层管理者、自主创业者
Ⅱ	模拟创业体验教学	自由择业者、普通雇员、中层管理者、自主创业者
Ⅲ	全真创业体验教学	中层管理者、自主创业者
Ⅳ	自主创业实战体验教学	准自主创业者

三、通识教育、专业教育与创业教育“三融合”的困难性

近年来，我国高校创业教育开展得轰轰烈烈，某种程度上取得了一定成效，但仍有不少高校将创业教育视为对少数具有创业潜力、创业意愿、创业条件的学生开展的教育，没有将创业教育融入整个人才培养体系，出现了创业教育与通识教育、专业教育割裂的情况。层级式创业教育注重通识教育，它以通用的创业能力和素质为核心，尊重学生个体差异，兼顾创业意识、综合素质、专业知识、创业实践技能的培养。将通识教育、专业教育和创业教育深度融合是层级式创业教育模式的重要创新之处，而目前我们在创业教育的课程设置和课程讲授方面大多没有做到针对不同层级开展差异化教学，很多高校依然是打着创业教育的旗号，依然以传统教育模式为主按部就班，课堂教学与创业实践教学互相脱离，更不要谈通识教育、专业教育和创业教育的科学融合。

为了有效落实层级式创业教育理念，高校应将通识教育、专业教育和创业教育贯穿于创业型人才培养全过程，这是适应经济社会发展的需要，符合人才培养规律和教育本质，也体现了大学育人的重要功能。从经济社会发展的角度看，三者有机融合可以实现学术生通用素质、专业知识、创业知识、创业技能的系统化培养，提升大学生创业的质量、增加创业成功和可持续发展的可能性，形成机会型、创新型、高成长型创业耦合联动的局面，并形成高质量就业的良好局势，有助于就业问题的长效解决。同时三者融合可以使通用知识、专业知识可以直接融入大学生创业的社会生产实践中，促进就业能力提升，并能转化为强劲的社会经济发展动力。从人才培养角度看，三种者有机融合有利于大学生全面发展，为面向全体学生开展全覆盖的创业教育提供了合理性解释，对培养学生的综合创业素质、树立创新精神、强化创业实践都是一个有效的实现路径。“三融合”的创业教育理念是大学服务社会的长远战略，有利于推动层级式创业教育理念真正落地实施，是将创业素质、专业知识和创业能力与人才成长、经济社会发展融为一体的系统考量。

目前，要实现三类教育的有机融合需要不同教育要素的协同。通识教育、专业教育与创业教育在教育目标、人才培养目标和课程体系上都存在差异并且是独立的状态，将三者有机融合的困难之处体现在如何保持三者各自的教育功能，又能在培养不同层级创业型人才中产生耦合作用，这要求高校能够建设一套成熟的“通、专、创”融合的课程体系。一些高校由于学校的学科力量较弱，一线教师缺乏对创业教育的系统认知，创业教育的科学研究和理论水平有待提升，教师在系统化开展创业教育、层级式培养各类创业人才方面难有建树，只能机械执行上级要求换汤不换药，在创业教材编写上没有突破，“通、专、创”融合还困难重重。为突破这种困境，我们不妨从以下角度进行探讨：

（1）坚持差异性和需求导向原则。开展“三融合”的创业教育原则，其差异性有两个层面的含义，首先是紧密结合不同专业的差异性、不同课程的差异性。接受创业教育教学的是全体学生，他们来自不同专业背景，“三融合”教育模式要适应不同专业学生的学习需要和培养目标，只有探索适应差异性的“三融合”教育模式，才能使层级式创业教育具有更大的包容性和适应性。其次差异性原则是指学生个体差异，只有在尊重学生个性禀赋、爱好、特质等方面差异的前提下实现通识教育、专业教育与创业教育的融合，开展分层的“三融合”创业是真正践行多层级创业型人才培养观的体现，也是素质教育的重要手段。此外，国家经济和社会发展的需求和学生的教育需求是高校开展创业教育的重要依据，也是通识教育、专业教育和创业教育有机融合的重要依据。只有坚持需求导向，着眼于社会经济发展所需要的各领域高素质创业型人才培养，才能具有开展通识教育、专业教育、创业教育有效融合的现实基础。有效融合的关键内涵是通识教育、专业教育和创业教育各展所长、相辅相成，以层级式创业教育体系的整体目标为驱动，去调适各要素之间的组合关系。“通、专、创”融合是创业教育改革的一项系统工程，三者共同服务于学生成才和经济社会发展需求，旨在获得最佳育人效果，实现强国富民和社会和谐。

（2）明确复合型人才培养目标。层级式创业教育模式研究了四类创业人才培养规格，这四类创业人才都是兼具创业人格素养、创业精神、创业能力的复合型人才。创业复合型人才是具有深厚的素质教养、宽阔的专业知识和多种发展潜力的创造性人才。当前社会的就业领域增强了对复合型人才的需求，很多职业领域出现了学科交叉、知识融合、技术继承的市场需求现象。因此高校要致力于培养复合型高素质的创业人才，以通识教育、专业教育与创业教育融合开展创业教育是必然之选。只有明确复合型创业人才的培养目标，才能促进通识教育目标、创业教育目标与专业教育目标的整合和优化，并将层级式创业创业教育的理念、内容有效融入通识教育、专业教育，形成一体化的人才培养机制。

（3）建立系统化的“三融合”课程体系。复合型人才培养目标的实现需要依托“三融合”的系统化课程设计，“三融合”课程体系能彰显层级式创业教育的内涵和层级式创业人才培养特色，是开展层级式创业教育的重要载体。在实践中，高校要完善全覆盖的通识性创业课程体系，也要完善体现专业特色的创业课程体系，两类课程体系以创业教育为依托，动态组合对接，形成耦合联动的作用机制。各高校应根据自身学科特点，组织由高校、企业、研究院所共同参与的专家团队开发相应的“三融合”课程体系（见图7-1）。课程体系因高校自身特点、资源条件、区域环境等而有差异，但都应该服务于层级式创业教育培养四类创业型人才的教育目标，整个课程体系是一个有机的系统，适用不同层级的分支系统又自成体系，特定层级都具有各自的“三融合”特色。建立“三融合”课程体

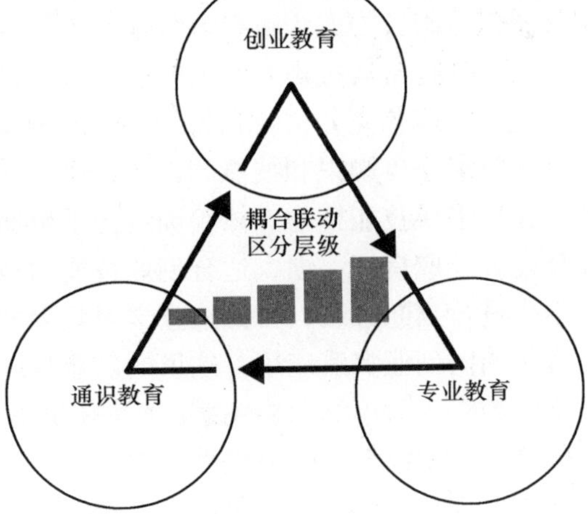

图7-1 “三融合”课程体系示意图

系关键是通识教育课程、专业教育课程和创业教育类课程能够有机整合对接，而且要体现一个前后衔接、渐次深入的教育过程。总之，三类不同的课程模块要形成有效的支撑和接续机制，将“三融合”的教育理念作为前提基础，将课程体系设计和实施作为根本。

（4）改革教学方法。教学方法体现了层级式创业教育的人才培养观，直接指向不同层级的创业型人才培养的教学目标，教学方法受层级式创业教育“三融合”课程体系的制约，不同的教学内容和教学组织形式决定教学方法的使用。创新教学方法的关键是协调通识教育课程、专业教育课程和创业教育课程的作用关系，优化课程体系中理论教学与实践教学的结构，整合传统的专业教育实习平台与创业教育实训平台，使其有机统一起来。层级式创业教育的价值取向是以“创新、创造、创业、就业”为核心的素质、能力教育，也是通识教育、专业教育和创业教育在知识经济时代创新性、交叉性、综合性、集成性的集中体现，这是高等学校深化创业教育改革的方向所在。很多高校对教学方法进行过各种形式的改革，从教学程序、教学介质、教学观念、实践体验等方面都取得过创新成果，现在是将这些改革和创新思路用于层级式创业教育的时候了。层级式创业教育模式的教学方法要在原有基础上，对教学指导思想、基本方法、具体手段、教学组织方式等进行再造，形成有利于层级式创业型人才培养的差异化创新方法体系。

传统专业教学常用的教学方法有：讲授法、小组讨论法、团队或个体练习法、任务驱动法、参观教学法、试验教学法等。层级式创业教育的教学方法需要根据不同层级学生的教学需要设计系统化的方法体系。这个新方法体系的主线是素质陶冶—教学呈现—体验训练—引导探究—实践应用（见图 7-2），它们之间是有机衔接的关系。素质陶冶是以欣赏活动为主的教育方法，强调欣赏和心灵陶冶，通识教育贯穿层级式创业教育模式始终，其素质教育的功能被提到突出的位置，陶冶教学法在层级式创业教育中尤为重要。教学呈现是教学工作者惯常使用的教学方法，传统专业教学往往常通过声音、文字、图像以及多媒体技术将教学内容诠释展示给学生，让学生能够充分接收到教师表达的知识和信息，适合知识原理性教学。体验训练侧重对学生知识和技能的训练，该方法让学生运用所学知识去反复完成一定的操作以形成技能技巧。体验训练使学生通过做中学尝试解决有关问题，掌握创业技能并养成良好习惯，适合创业技能的技术性教学。引导探究是在教师引导下，学生进行判断思维，自我检查学习效果并总结反思。这四种类型的教学方法最终都是指向创业实践应用，这里的创业是广义上的创业内涵。

这五类教学方法不是独立、简单的承接关系，而是叠加融合的关系，素质陶冶应与其他各种方法融合用于创业教育的层级教学中，学生在学习有用的创业知识和创业实践技能的同时促进其价值观等创业人格素养的养成。教学方法可以进行弹性整合，但背后的设计逻辑是始终不变的：双向互动，传递价值观念，分层

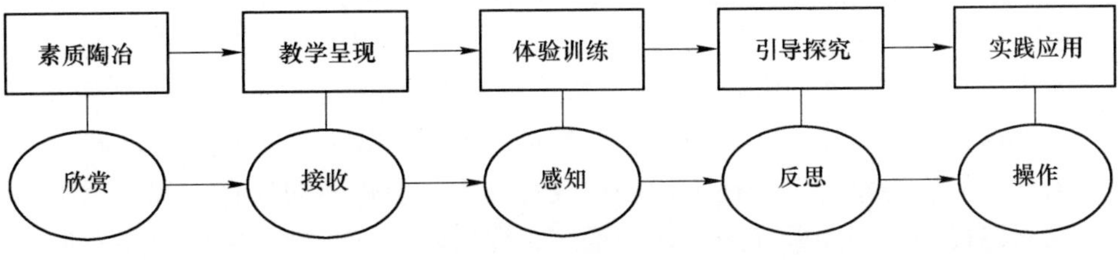

图 7-2 层级式创业教育教学方法体系

分类培养创业型人才。教育工作者可以将该方法体系灵活应用于不同层级的创业教育教学中，作为教学主体的教师有责任实现创业教育教学的以下转变：以课程为载体全面提高学生综合素质，将“三融合”贯穿于创业人才培养全过程；知识传授与素质能力培养并驾齐驱；以学生学习和创业就业需求为中心；注重学生接受创业教育时的参与体验。

层级式创业教育的“三融合”课程体系与教法是创业教育的具体执行，三类教育的融合设置和实施中充分体现了创业教育可持续发展的特征。它让不同层级的大学生真正学有所成，并学以致用，创业教育也不再是一项政治任务或时髦运动，而是让教育回归到“人”，并让教育理念落实到人的“思想”和“行为”。在 2015 年 5 月 4 日发布的《国务院办公厅关于深化高等学校创新创业教育改革的实施意见》中指出：“到 2020 年建立健全的课堂教学，自主学习、结合实践、指导帮扶、文化引领融为一体的高校创新创业体系。”“三融合”课程体系正是以不同的学科背景，将三类教育的育人功能有机、完整地结合，系统、全方位地体现文化、知识、技能与科学素养的培养，不同类型的创业人才通过层级式创业教育都能得到创业意识与创业精神的沉淀、掌握基本技能和专业思路，很好地适应外在环境并获得合理的人生。

四、锦标至上观念

《教育部办公厅关于印发〈普通本科学校创业教育教学基本要求（试行）〉的通知》(教高厅〔2012〕4 号）中明确指出，高等学校应创造条件，面向全体学生单独开设“创业基础”必修课。该通知中附《“创业基础”教学大纲（试行)》，该大纲对课程目标的描述为：使学生掌握开展创业活动所需要的基本知识；使学生具备必要的创业能力；使学生树立科学的创业观。从该政策用语我们可以清晰认识到，创业教育的教学活动具有针对性和实效性的特点；创业教育是培养学术知识、能力和观念的教育模式；创业教育是一项相对复杂的教育过程，核心环节多，效果呈现周期长。开展层级式创业教育以通识教育为中心，短期效果容易呈现隐性特征，目前很多高校把大学生创业率、就业率作为评价创业教育效果的标准，将学生参加各级各类创新创业竞赛的成绩作为学生创新创业能力的体现，注重参赛和拿冠军的数量，追求锦标主义，这严重阻碍层级式创业教育的落地实施，人才培养的远期效益几乎被完全忽略，对人才培养质量是不负责任的举动。

产生这种现象的原因在于我国创业教育的氛围虽如火如荼，大有赶超欧美之势，但在人们思想意识深处还未把创业教育作为一项长期的教育工程，全国各高校的探索路径和典型经验尚未形成和推广，在校际、行业内、区域内还未形成资源互补和良性互动，创业教育还没有获得深层次的发展，我们还处于“表象教育”的初级阶段。层级式创业教育是具体化的创业教育探索，它不是针对少数学生开展的教育，更不是单纯针对毕业生的就业教育，它是“浸染”教育，层级式创业教育的教育观不仅着眼于大学生在校期间德、智、体、美、劳的教育，更放眼于大学毕业生在未来创造理想事业和生活的通用能力培养。因此开展层级式创业教育的意义大大超越对锦标主义的追求。为了实现层级式创业教育的实质育人效果，我们当怀抱“广角创业教育观”，让各层级创业型人才共同勾绘国家发展的宏伟蓝图。要突破锦标观念，落实层级式创业教育，需要阐释以下三点：

（1）建立科学的创业教育评价体系。对创业教育效果的评价标准影响创业教育开展的形式。锦标观念重视的创业教育绩效指标也都是教育效果的客观呈现，但对于兼具复杂性和长期性的层级式创业教育工作来说，又都是片面的，层级式创业教育应该采用学生的内化素质和外化行为作为标准来评价创业教育效果。因此，高校迫切需要建立起一套科学的创业教育效果评价体系，来引导创业教育的科学发展，着力促进全体学生创业素质的训练和提升。

层级式创业教育的评价体系应该把育人作为首要指标，以广义的、包含的创业教育观，将无法量化的创业教育成果列入创业教育效果指标。层级创业教育评价体系的基础是多元化的创业型人才培养目标，评价维度是创业素质、创业知识和创业能力。因为层级式创业教育模式将通用能力和学生综合素质提升到重要位置，建立评价体系应合理考虑弹性要素的比例，这里从评价主体和评价要素入手，初步构建层级式创业教育的评价体系，如图 7-3 所示。

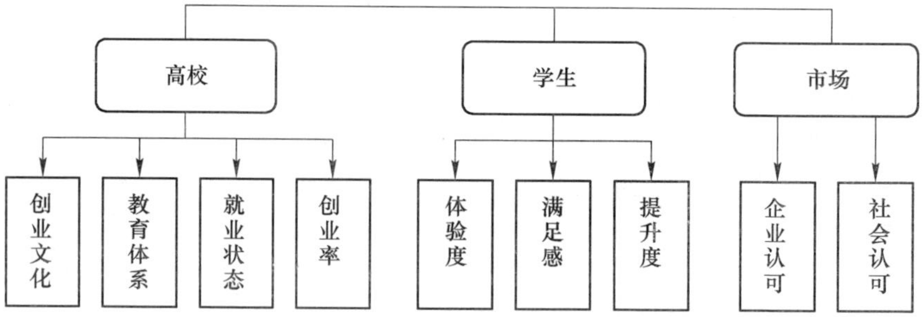

图 7-3　层级式创业教育评价体系

层级式创业教育评价体系引入了三个评价主体，即高校、学生和市场，分别从孵化、成才、验证的维度综合评价层级式创业教育的效果，打破了原有创业教育评价封闭、固化、自我评估的状况。在评价内容方面，创业文化要素突出了素质培养的重要性，与层级式创业教育倡导通识教育优先的理念吻合；就业状态突破了创业教育以创业率作为关键评价指标的现状，将“大创业观”融入了高校的创业教育评价系统中，适应全覆盖的层级式创业教育模式。在以学生视角开展的评价模式中，格外注重学生参与的广泛性、层级式创业教育体系对学生个性需求的满足程度，提升度指标反映了学生在接受创业教育后在人格素质、专业知识、创业技能等方面的成长和进步，这种将学生作为评价主体的做法颠覆了传统的“一人堂”评价模式，综合考虑了学生自我体验和社会的认可情况，充分体现了层级式创业教育以人为本的育人理念。实践教学是创业教育的突出特点，对于层级式创业教育也不例外，学生在校期间会参加各种形式的校内外实践活动。实践中学生形成的素质品格、专业水平、创业能力等如何体现呢？因此该体系中市场评价主体的引入既是高校自查、反思的有效途径，也是学生验证创业教育学习效果的尺子，市场评价在层级式创业教育中既有存在的重要性，也有采用的充分条件。

高校采用三个评价主体构成的评价体系时，可以根据自身实际需要细化评价指标，调整评价权重，但主要评价要素应以人为本，重视综合素质和通用能力的评价，构建素质能力培养的评价架构。由素质能力指标构成的科学评价体系是层级式创业教育走出概念范畴、真正落地和产生实效的制约机制，因此本书细化了综合素质能力评价指标体系，并将所有创业教育质量评价指标与创业教育内容对应，以促进层级式创业教育的深入开展，现拟构建素质能力评价指标体系如图 7-4 所示。

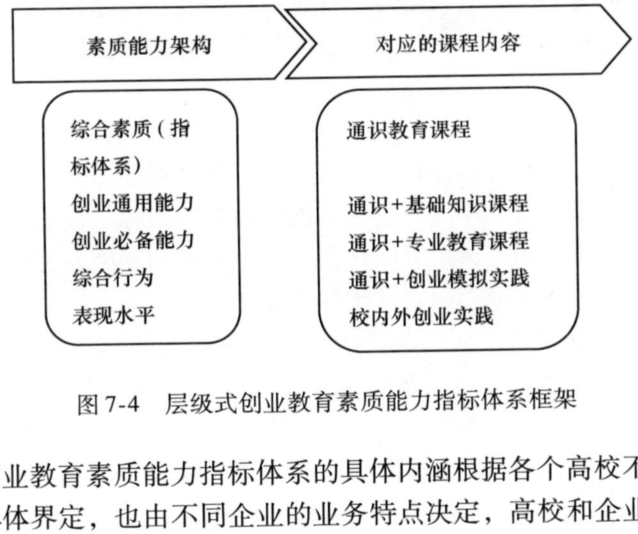

图 7-4 层级式创业教育素质能力指标体系框架

层级式创业教育素质能力指标体系的具体内涵根据各个高校不同的类型和人才培养定位具体界定，也由不同企业的业务特点决定，高校和企业应综合应用定性和定量的方法对接受创业教育的大学生进行科学评价，尤其要侧重各个评价主体的审辩性判断，因为数学方法对于素质能力的评价有很大局限性，很多素质能力要素是无法量化的，评价主体应根据行业规范和实践要求客观、科学、弹性地加以评价。高校尤其要将评价反馈用于改进层级式创业教育的实施，调整教学内容和方法，落实层级式创业教育效果。

（2）建立层级式创业教育质量跟踪体系。质量跟踪体系是对层级式创业教育的后期效果进行跟进的工具和手段，创业教育质量跟踪有利于高校根据内部和外部反馈调整教育模式和管理制度，改进和提升层级式创业教育的实际效果。质量跟踪体系是促进高校的创业教育实施与创业教育质量紧密连接的核验工具，是高校发现自身问题、提升教育改革效果的有效手段。通过质量跟踪管理，高校从近期和远期两个层面掌握开展创业教育的效果和质量，有利于避免高校开展创业教育的形式化和短视化。因此高等院校要建立层级式创业教育的质量跟踪系统，收集反馈信息，建立数据库，把现在和未来大学生的自主创业和就业质量、自由择业情况均作为评价层级式创业教育效果的重要指标，反馈指导高校的创业教育教学，建立有利于创业型人才长远发展的创业教育体系。

层级式创业教育质量跟踪体系建立的必要性容易被人们理解，但是如何体现创业教育质量、让层级式创业教育的素质教育成果成为可评价的指标，这方面缺少系统架构和操作标准。因为素质教育和通识教育是层级式创业教育的核心，因此要将各层级毕业生的综合素质跟踪置于核心位置，将大学毕业生的自主创业情况、心理适应力、人际关系协调能力、岗位胜任情况、离职情况、职业发展空间与信心、生存满意度、对母校教育的改进建议等作为质量跟踪体系的重要指标，围绕层级式创业教育的能力素质培养目标进行跟踪反思。这里引入层级式创业教育质量跟踪指标结构（见图 7-5），将其与层级式创业教育教学目标相匹配，用于开展层级式创业教育的教育质量评估。

层级式创业教育质量跟踪指标体系按照创业教育人才培养目标分为三个系列，每个系列都应按照教育规律和人才成长规律有针对性地开发，形成系统科学的创业教育质量跟踪体系。这样，层级式创业教育的跟踪、反馈、修正才能得以良性循环和持续发展，确实保障层级式创业教育效果和实施，否则再多的概念和理论研讨都无法实质性推进创业教育质量的提高。

（3）从创办企业观向全面创业观转变。目前锦标观念的形成与全社会将创业教育等同于创办企业教育的认知有关，也和人们忽略创业教育的育人功能有关。各高校风行一时的创业园建设、如火如荼的各类创业大赛、创业教育课程和实践活动主要训练学生创办企业所需的知识与技能等，都将创业教育推向注重大学生眼前创业行为的狭隘境地，导致创业教育的片面化倾向。这不仅与“全面贯

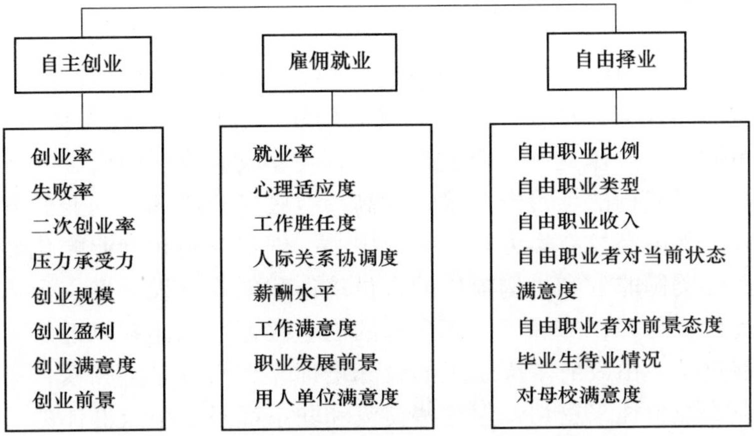

图 7-5　层级式创业教育质量跟踪指标结构

彻党的教育方针，落实立德树人根本任务”“坚持育人为本，提高培养质量”的政策（《国务院办公厅关于深化高等教育创新创业教育改革的实施意见》，国办发〔2015〕36 号）要求相悖，更不符合创业教育的教育属性和创业型经济时代对多元化创新创业人才的需求。

层级式创业教育的全面教育观就是创业教育的本质是“育人”，而非“谋利”。层级式创业教育必然要实现缓解就业困难、提高大学生就业率和自主创业率、创造社会经济财富等目标，但层级式创业教育依然属于教育范畴，创业教育要回归人的发展，才能真正实现这些具体目标。教育者要牢牢树立这样的全面创业观：创业教育要注重受教育者素质提升，关注学生的身心发展、专业知识、创业能力和人格发展，将创业教育融入人才培养全过程，杜绝创业教育的短视和急功近利的做法。

五、创业教育局限于校本教育

创业教育的本质属性决定着创业教育体系不应是各自孤立的，层级式创业教育是一个包含各种要素的复杂系统，既有社会、制度与经济等宏观环境要素，又包括高校对创业教育的理念认知、校园创业氛围、大学生对创业的态度等文化要素，还包括创业教育课程体系、教育模式、评价方式、实施路径和支持平台等资源要素。层级式创业教育就是要将这些关键要素进行系统整合，形成开展创业教育的互动协同机制，努力发挥创业教育的整体功能，提升创业教育的效率和效果。但是，目前我国高校的创业教育开展基本上属于“校本”创业状态，高校自身在课程设置、实践安排、教学管理等方面发挥着主导作用，创业教育的开展局限于高校自身的利益需求，外部力量对高校创业教育的支撑乏力。我国高校应积极构建高质量的创业教育生态系统，加强校际交流，探索多元化创业教育组织模式。

我们先反观美国创业教育生态系统的建设。美国的创业教育立足于校园，但更多的是面向社会，整合各类社会资源构建完善的创业生态体系。在美国，政府的政策倾斜、法律支持、资金投入，各类非政府组织的资金支持与赞助如天使投资、风投机构的项目资金等，让高校有底气开展基于创业教育长期效益的素质教育，保障高校有实力建设创业中心、创客空间和创业孵化器等创业实践平台。此外美国非营利机构提供的人员培训和创业课程开发，企业专家的深度介入和无偿指导等，形成了美国良好的创业教育生态体系。近年来我国的创业教育发展迅猛，由政府牵头组织的校际培训、交流也非常频繁，高校与区域内各类行业企业也往来密切，但这些交流和联系都限于小众群体的参与，如主管创业教育的领导或部分创业教育教师，创业教育活动也基本是囿于校园范围之内，甚至依然执行传统的教育制度。我国高校在开展创业教育的生态系统建设时需要秉持创新开放、协同共享的信念，建立以高校为主、以政府引导、社会支持、行业企业共同参与为辅的创业教育生态体系。基于上述认识，我们认为层级式创业教育模式要打破校本发展状态，高校应以创新的思维、联合各方力量、汇集各方智慧构建充分协作的创业教育生态体系，其构建思路阐述如下：

（1）坚持互补性、系统性和可持续性原则。层级式创业教育只有在内外力量协同运作的条件下才能健康蓬勃发展。各方力量系统运作的基础是功能互补、利益相关，只有高校、政府、社会、行业企业积极支持和参与层级式创业教育，各自发挥特有功能，创业教育才能良性、可持续发展，也只有组织参与创业教育的各组织都能获得相关利益，各方才能各司其职、相互合作、利益共享，保障创业教育形成开放的生态系统。高校开展层级式创业教育就是需要不同组织的互补性功能，在利益共享的前提下形成合力开展实质性的创业教育协作，将创业教育办成社会需要、学生渴望的利国利民工程。

在以该原则开展层级式创业教育过程中，政府、高校、企业是三类最为重要的利益相关者，他们职能互补，共同组成开放的、可持续发展的创业教育生态系统。政府是创业教育战略规划、创业教育制度完善、培育创业文化的主体，在我国高校开展创业教育活动中其中关键作用。创业教育对于政府来讲，一定程度上是在主导一项政治经济活动。创业教育开展是否具有成效关系着社会就业问题和经济发展问题，创业教育与国民和国家的未来紧密相关，是我国的一项重要发展战略；高校是我国创业教育理念的具体践行者，在开放协作的创业教育生态体系中处于中心地位，它构建和实施具体创业教育项目、构建层级式创业教育体系如建设课程体系、创业师资队伍、开展创业教育理论研究、创新实践教学模式等。

开展层级式创业教育对于高校来说是教育改革的必由之路，是高校在创业型经济时代突破传统教育模式的一条创业之路，创业型人才培养目标的实现体现着高校的社会价值和教育价值，是高校可持续发展的必然选择。在一个良好的创业教育生态体系中，我国企业一般通过各种正规与非正规项目参与高校创业教育，有的企业提供创业基金，为大学生提供创业实习机会，有的企业专家、技术人员受邀担任创业实践导师等。企业参与高校的创业教育是一种社会责任担当，如果高校创业教育富有成效，培养的创业型人才符合社会和企业需求，那么企业也是最大的受益者。因此高校、企业、政府、机构、非营利组织、校友会等各参与方要共同打造创业教育利益共同体，按照实施主体、责任主体、供给主体的职责分工互补有序合作，形成一个共生共荣的创业教育协作网络系统。

（2）实现“校际对接、创业实践一体化”。近些年来，我国关于大学生创业教育工作的具体举措越来越多地得到落实，在《教育部关于大力推进高等学校创新创业教育和大学生自主创业工作的意见》中，不但强调该创业教育在高校中落实的重要性，而且强调了创业教育支撑平台的重要性。《国家中长期教育改革和发展规划纲要（2010～2020年）》指出，高等教育要强化实践教学环节，推进创业教育。科学开展层级式创业教育的目标之一是推动经济社会发展、解决社会问题，为国家经济发展带来实实在在的利益。因此开展校际对接，整合资源，加强创业实践教学平台建设，是建设开放的创业教育生态体系的必然选择。

在这个过程中，为打破校际创业教育教学与实践独立开展的现状，政府和高校管理者要努力推动高校与高校之间的沟通和联系，探索建立同类高校协同育人新机制。校际合作的契合点包括师资弹性流动教学、共同开展创业教育理论研究、实践教学平台共享等方面。创业教育师资的校际弹性流动可以短时间弥补某些高校创业教育经验不足、教学力量紧缺的局面，通过校际师资流动工作，可以让有经验的创业教师深入更广阔的一线体会和思考目前创业教育的短板和不足、改进的空间和手段、自身进一步提升等问题，接受流动创业教育师资的高校将受益于现成的优质创业教育师资、找到自身发展提升的方向，同时节约成本，有效利用资源。

近些年，我国高校都独立建设了不同规模和功能特色的创业园区、创业教育实验室、校外创业教育实践基地、校友会资助扶持的创业教育项目，目前这些创业教育资源基本上都是为高校自身独自使用，平台建设的经验和教训没有实现校际交流和分享，这将为创业教育实践平台的后期利用和可持续发展形成隐患。高校之间要在资源共享的基础上实现协同一体化育人，各高校应积极吸引校外的创业教育资源并与其合作，将有效的资源和实践平台投入到层级式创业型人才培养中，全面推动高校创业教育的深入改革。层级式创业教育是一项综合性和复杂性的教育工程，环节、功能众多，校际共享创业教育资源既是有效开展层级式创业教育的系统要求，也是发挥校际互补优势、顺应共享经济潮流、培养多层次创业型人才的需要。

第二节 结 语

创业教育最主要的功能是塑造学生正向积极的生活观和就业观，层级式创业教育对于大学毕业生在社会经济各个领域扮演不同角色起着至关重要的作用，但是创业教育“育人”和“育才”的效果是不可能在大学生在校期间和毕业后立刻显现的，因此使用传统机械的、量化的评价体系来评价创业教育效果是不科学的，不符合教育规律和人才成长规律。创业教育效果评价最终是通过大学生毕业后创业和创业成功的比例，以及大学生在不同社会角色中的状态来衡量，但这是一个经历中长期过程才可正确评估的问题。创业教育质量跟踪评价指标体系所含要素是多元的、弹性的和科学的，但应用的范畴要从高校开展创业教育期间延伸到大学生毕业后数年，效果评价应针对特定的阶段相应调整评价方法和内容。

目前，我们整个社会包括各类高校特别关注大学生毕业时的创业和就业问题，这是一个误区。层级式创业教育跟大学生毕业时的创业和就业比例，其实并无直接关系，大学生就业和创业是一个动态的概念，人生总是有很多次选择和转型，当然不排除有些人没毕业或刚毕业就创业且非常成功的个案。大学生毕业时已具备创业意愿和创业能力，这样的情况去尝试创业是好事，但不是所有人在毕业时都如出一辙开展创业和如期就业。需要强调的是，层级式创业教育是给大学生种下创业和幸福生活的“种子”，是“因”，他们在未来数年具备创业的良好基础，能够创业成功、成就事业和幸福生活，这是“果”，从开花到结果需要度过不同的自然季节，然后才能瓜熟蒂落。因此社会和高校对创业教育的评价不能“石化”，不能急于求成，要给高校和大学生以时间和空间，这本质上是人们对创业教育的认知理念问题，也是新时代大学毕业生职业选择趋势问题。克服这个认识误区也不是一蹴而就的，所有创业教育理念不是仅仅针对学生的教育，它也是针对社会、企业、高校和教师的教育，这需要一个过程。

我国高校的创业教育是在高等教育大众化和缓解就业压力的进程中加速发展的。创业教育在训练学生自主创业、大学生创业带动就业方面具有一定程度的促进作用，但创业教育不仅仅是缓解我国大学生就业压力的应急手段，它更是提升大学生创业能力、就业能力、生活能力的素质教育。如果把创业教育看作是应对政策主张而开设几门创业基础课程、搞搞创业技能培训，这种狭隘的创业教育观只能造成短期的创业教育热潮，把创业教育当作眼下解决大学生就业的捷径，大家都去关注学生创办企业的数量、把盈利水平作为创业成功与否的评判标准、人为地树立创业典型而忽略人才内涵式素养，这样，创业教育将不可避免地会走入歧途。

诚然，我国创业教育的变革与发展存在着许多亟待突破的现实瓶颈，关键问题是我国创业教育的发展必须将解决当下就业问题与社会经济的可持续发展结合起来，以高素质的创业人才推动社会健康发展和经济转型升级。当我们在寻求破解眼前就业难题的同时，也要高屋建瓴地谋划创业教育蓝图。层级式创业教育注重受教育者综合素质的培养，视域定位于人才的长远发展、社会经济的长远发展，它不是解决社会就业的权宜之计，而是聚焦在这样一个战略层面：短期可以解决社会就业问题，长期可以提升社会人文环境氛围和保证国家经济可持续发展。层级式创业教育立足人才与社会长远进步，但也能够对接当下社会需求，是提升创业教育效能并促进创业教育科学发展的有效策略。

综观国内外成功的创业教育，都有一些共同的特点：第一，课程形成有机的系统，课程与专业的交叉性强，注重科学精神、人文情怀与信念的培养，让学生改变传统的“分数至上，毕业大吉”的学习观念，而是带着信念和目标去学习。第二，在教学方法上，具有强有力的实践特点。学校与企业之间无缝对接，真正形成协同育人，而不是流于形式，自主创业者的创业计划从启动到运行，都具备全社会成熟的体制保障。第三，创业教育类课程设置与教学方法、教学手段衔接度高，能真正实现分层分类、目标明确。承担创业课程教学的创业导师及教师的身份灵活、多元，学生的参与度和体验度较高。第四，创新创业的氛围浓郁，形成校园文化，创业教育既体现大学的人文气质，也体现出高校开展创业活动的活力，创新创业文化氛围的营造是成功开展创业教育的高校的核心优势。

国内大多数高等院校，尤其地方本科高校，创业教育的体系建设和实施都有很大有待完善和提升的空间，我国的创业教育应在探索创业教育模式、建立成熟的创业教育体系、形成创业教育生态系统方面继续深入挖掘。高校要以促进经济社会发展的育人观为导向，构建与高校自身定位和区域发展相适应的创业教育模式，构建分层分类的创业教育体系以支持立体化地培养创业型人才，面向全体学生开展多元化创业教育，并形成政府、企业、高校、学生协同互动的创业教育生态系统，动态提升创业教育的育人质量，通过整体解决大学生就业、促进经济发展和社会和谐进步等社会问题，促进整个社会经济文化的一体化发展。

因此在“大众创业、万众创新”的大背景下，创业教育不仅要成为国内高校教育教学的必备内容，而且要成为中国高等教育综合改革的突破口。创业教育本质不是培育项目，而是对“人”的教育，人是社会发展的根本。高校开展创业教育的一个中心点在于确立学生的主体地位，重视学生在接受创业教育中的切身体验和主观感受。创业教育的本质功能是“教育”，而“人”不仅是出发点也是落脚点，因此，其实质应该是实现对“人”的教育，而非仅仅是对“项目”的教育，大学生的创业“项目”只是培育创新创业人才的重要载体，学生创业“项目”即使失败了，但是创新精神、创业意识的种子已植入年轻学子的心中，相信一定会在恰当的时候开花结果。我们提倡层级式创业教育，是提倡一种培养精神和能力的实践教育，更是提倡一种“尊重个性”“创造合理人生”的创业文化，总之层级式创业教育是提倡一种基于“人”的全面发展的教育。